后浪出版公司

Why

为什么？

社会生活中
的理由

[美] 查尔斯·蒂利 著
李钧鹏 译

上海文化出版社

献给我在世的兄弟姐妹及其一生所爱：
里奇、伊丽莎白、卡罗琳、雷吉、史蒂夫和伊丽莎白
——理由无须多言

目　录

《为什么？》的理由（代译序）……… 1
序 ……………………………… 67

第一章　为什么给理由？ ……………… 1
第二章　惯　例 ………………… 35
第三章　故　事 ………………… 67
第四章　准　则 ………………… 107
第五章　技术性说明 ……………… 139
第六章　调和理由 ………………… 171

参考文献 ……………………… 197
出版后记 ……………………… 213

《为什么?》的理由(代译序)

翻译完这本书,本来只准备写两段文字作为译后记。但出版社以我曾受教于作者查尔斯·蒂利为理由,敦促我写一篇长一点的文字。我只是未出师门的学徒而已,本不敢在老师面前造次。但我研读蒂利的作品数年,倒也有一些自己的体会。国内学术界和关心抗争政治的读者对"蒂利"这个名字已不陌生,若能写出一般读者不熟悉的蒂利,也许九泉之下的老师会原谅我的造次吧。

既然这本书以"为什么?"为题,下面的文字主要讲述《为什么?》的"为什么",也就是我将这本书引入国内的理由。我依葫芦画瓢,将理由分为四种:故事、惯例、准则和技术性说明。首先以故事形式讲述翻译这本书的个人原因,希望至少能引起非专业读者的兴趣。惯例与社会关系密切相关,读者每日都会见到或用到,一笑即可。准则旨在让不明真相的读者对蒂利肃然起敬,希望成功。技术性说明部分硬且长,非专业读者可以略过;其目的在于梳理蒂利半个世纪的学术轨迹和思想演变,并将《为什么?》置于蒂利的整体学术框架中分析。最后是致谢部分。

故　事

我对自己和"蒂利"这个名字的初次接触记忆犹新。我出国前是经济学专业,从未选修过任何社会学课程。因为自小喜爱历史和政治,在 2003 年出国读书时同时申请了经济学和社会学两个学科,并由于对当时在国内风靡一时的弗朗西斯·福山(Francis Fukuyama)的兴趣而放弃经济学全奖,到北卡罗来纳大学读社会学(到了美国才知道福山是政治学家)。我在武汉大学读经济学硕士时主要从事中国城市化研究,刚到美国时仍计划以此为方向,经常在图书馆的开架书库上随意浏览。一天下午,我在城市化主题的书架上偶然发现,整整一排书的作者都是查尔斯·蒂利(蒂利在城市化领域做过大量研究),吃惊不小,不知此人是何方神圣。这是我第一次听说蒂利。

第二个学期,查尔斯·库兹曼(Charles Kurzman)开设社会运动课程。我本无兴趣,甚至以为 social movements 这个词指的是将人类社会类比为分子运动的生物社会学,但听说选课人数不足而面临取消,于是"恻隐之心"大发,选了这门课。蒂利、道格·麦克亚当(Doug McAdam)和西德尼·塔罗(Sidney Tarrow)这个著名"三人组"问世不久的《抗争的动态》(Dynamics of Contention)是这门课唯一的指定教材。通过细读这本书,知识背景几近于零的我对抗争政治产生了浓厚的兴趣。这之后的暑假,我一鼓作气、酣畅淋漓地读完了赵鼎新老师的大作,并立志将抗争政治作为自己的主要研究领域。这之后,我陆陆续续购买并阅读了蒂利的绝大多数著作。蒂利于我已是神一样的人物。

转眼几年过去,在号称回归分析和人口统计大本营的北卡并不开心的我决心转学。我申请了哥伦比亚大学社会学系并获录取,但并没有鼓起勇气给蒂利写信。就在面临选择,并准备投奔另一所学校时,我意外收到了蒂利语气亲切的电邮。除了对我的研究表示兴趣,蒂利更以不容拒绝的语气说:"哥伦比亚大学是研究抗争政治的好地方,欢迎来这里!"我大受鼓舞,终于在2007年秋季来到哥大,正式成为蒂利指导的博士生。非常不幸,蒂利于2008年4月29日因淋巴癌溘然长逝,我也无意中成为他正式指导过的最后一个学生,但蒂利留下的学术遗产已足够我终身受用。

算起来,我和蒂利在一起的时间只有大半年而已,但这大半年充满了无数让我终生难忘的回忆。尤其在前半年,我和蒂利每周见面两次,一次在他办公室单独接受指导,另一次则是他每周一次的两小时方法论必修课。在他的课上,我每次都主动坐在离他最近的地方,生怕漏过他的任何一句话。正是在他的课上,我开始领略到历史社会科学的魅力,并希望在这一领域有所耕耘。最受震撼的是第一堂课。上课前一天,蒂利给全班同学群发电邮,说他第二天上午去医院手术,下午四点钟的课可能会迟到片刻,向我们道歉。结果四点钟不到,刚刚做完癌症手术的蒂利竟提前走入教室!另一个下午,我去蒂利的办公室请教一个学术问题,不知不觉聊了一个多小时。回到家后收到他的电邮,看后眼泪夺眶而出:"谢谢你下午和正接受化疗的我聊学术,让病痛中的我好受了许多。"

关于蒂利的故事,我可以说上三天三夜,这里不再啰唆。之所以讲述这些故事,是因为它们为我翻译这本书提供了理由。我自感受惠于蒂利,且蒂利对我的影响远远超出了我和他密切接触的大半年,所以这几年一直想为他做点什么。蒂利刚去世时,自觉资历、学识都不符合条件的我婉拒了国内报刊撰写纪念小文的约请。我后来写过两篇致敬性质的学术文章,一篇介绍蒂利的学术思想,① 另一篇尝试和他的社会机制思想进行对话,② 但一直没有为他做过翻译。我对翻译之苦深有体会,曾为一本两百多页的书耗费了五年光阴,严重耽误了自己的学业。所以曾立下誓言,绝不再涉翻译。

蒂利在世的最后一年,国内正在引进他的多部著作,但几乎拿遍所有学术荣誉的蒂利在我面前只字未提中文学界对他的关注。我于 2010 年至 2011 年在北京做调研,期间购买了几本中文版蒂利著作,一方面惊叹国内学界这几年对蒂利的兴趣猛增,③ 另一方面却发现中译本存在若干不尽如人意之处,甚至在学术期刊上读到批评蒂利著作中译本质量的文章。这才使我下定决心为蒂利做一点翻译。

惯　例

有非社科专业的朋友说:"这本书不都是生活常识吗?为什么要翻译?"我会给出下面几条惯例:

- 蒂利是学术大师,大师的书总是值得引进的。
- 蒂利的书这几年国内引进了不少,销量似乎也不错。这么

---

① 李钧鹏:《新哥伦比亚学派?》,《读书》2011 年第 7 期,第 60—68 页。
② 李钧鹏:《作为社会科学哲学的社会机制》,《社会理论学报》第 14 卷第 2 期,2011 年秋季,第 359—381 页。
③ 我曾于 2006 年在网上做过搜索,发现国内对蒂利的介绍几近于零。

多人喜欢总有其道理。
- 蒂利一共有五十多本书，我单挑中这一本，这不很能说明问题嘛！
- 很多社会学大师的作品都是这样的，在看似波澜不惊的表面常识下揭示出深奥的社会学原理。
- 这就是著名的象征互动论。
- 社会学不都是这样嘛！

准　则

查尔斯·蒂利（1929—2008）是20世纪下半叶和21世纪初世界最杰出的社会科学家之一，被誉为"21世纪社会学之父"[①]"美国最多产、最有趣的社会学家"[②]。蒂利于1950年本科毕业于哈佛大学，1958年获哈佛大学社会学博士学位，并曾求学于英国牛津大学和法国西部天主教大学。他先后任教于特拉华大学、哈佛大学、多伦多大学、密歇根大学（兼任社会组织研究中心主任）、社会研究新学院（兼任社会变迁研究中心主任）和哥伦比亚大学，生前为哥伦比亚大学约瑟夫·L.伯滕威泽社会科学讲席教授，在社会学、政治学与历史学三系同时任教；是美国国家科学院、美国人文与科学院、美国哲学院院士，美国科学促进会、社

---

① Adam Ashforth, "Charles Tilly," *Proceedings of the American Philosophical Society*, vol. 153, no. 3 (September 2009), p. 372.

② Geoff Mulgan, "Charles Tilly," *Prospect*, vol. 114 (September 2005), p. 42.

会学研究学会、比较研究学会特约会员，密歇根大学、多伦多大学、巴黎政治学院、鹿特丹大学、日内瓦大学、斯特拉斯堡大学、魁北克大学、克里特大学等校荣誉博士，并获法国棕榈叶教育骑士勋章、社会科学研究委员会阿尔伯特·O.赫希曼奖（社会科学界最高荣誉之一）、美国社会学会终身成就奖（美国社会学界最高荣誉）、国际政治学会卡尔·多伊奇奖（比较政治学界最高国际奖励）以及美国社会学会、社会问题学会和美国政治学会民主化专业委员会的年度最佳著作奖等荣誉。密歇根大学设有以他的名字冠名的讲席教授职位，美国社会学会和社会科学历史学会均设有以他的名字冠名的奖项。蒂利的研究侧重于宏观社会变迁与抗争政治（尤其是1500年以降的欧洲），一生出版了五十多本学术著作（多为独著，并被译为多种文字），发表了六百多篇学术论文和评论，并主编著名的《剑桥抗争政治研究》等多套丛书。他的《从动员到革命》被美国社会学会选为1970—1995年最具影响的十七部著作之一，[1]《从动员到革命》和《抗争的动态》均跻身社会学历史上引用率最高的著作[2]。蒂利被广泛视为历史社会学和抗争政治研究的奠基人，并且是引用率最高的历史社会学家。[3]

---

[1] Dan Clawson, ed., *Required Reading: Sociology's Most Influential Books*, Amherst: University of Massachusetts Press, 1998.

[2] Neal Caren, "The 102 Most Cited Works in Sociology, 2008–2012," Neal Caren, http://nealcaren.web.unc.edu/the-102-most-cited-works-in-sociology-2008-2012/, June 1, 2012.

[3] Terrence J. McDonald, "What We Talk about When We Talk about History: The Conversations of History and Sociology," in Terrence J. McDonald, ed., *The Historic Turn in the Human Sciences*, Ann Arbor: University of Michigan Press, 1996, p. 106.

技术性说明[①]

从 1958 年获哈佛大学社会学博士学位算起,一直到 2008 年离世,蒂利的学术生涯满打满算正好五十年。在这半个世纪中,蒂利的研究横跨社会不平等、城市化、国家缔造、抗争政治等多个领域。但在多方涉猎的表面之下,蒂利的研究体现出深刻的历史维度:他长期关注宏观社会与政治变迁,追踪社会结构与形态的历史延续和断裂,注重历史事件在历史发展中的作用,强调研究对象在截面和纵面上的差异。同时,他的研究以揭示历史现象背后的因果机制为宗旨,研究问题呈现出鲜明的社会学色彩,并重视理论的检验和积累。和沃勒斯坦一起,蒂利开创了一种独特的社会科学理路:历史社会科学(historical social science)。不同于历史社会学(historical sociology),这种理路拒绝将对历史的考察和理论化界定为社会科学研究的一个分支,而主张历史性是社会现象的固有特征和内在结构,对历史的关注必须渗透于一切社会科学研究中。

下文梳理蒂利半个世纪的学术研究和思想演变,以此点出《为什么?》的学术背景及其在蒂利学术成果中的位置。我试图阐明四点:第一,蒂利题材各异的研究蕴含了社会关系这一连贯主题;第二,蒂利的学术轨迹映衬出美国社会学在过去半个多世纪的一对充满张力的核心概念,即结构(structure)与能动

[①] 本节部分内容曾发表,参见李钧鹏:《蒂利的历史社会科学——从结构还原论到关系实在论》,《社会学研究》2014 年第 5 期,第 191—216 页。

（agency）（以及宏观与微观），可视为结构主义社会学的发展缩影；第三，在这半个世纪中，蒂利的历史社会科学发生了深刻的变化，静态结构主义色彩逐渐淡化，最终由结构还原论转变为关系实在论；第四，《为什么？》是关系实在论在微观层面的应用，是蒂利以小范围的人际互动来检验社会关系论的尝试。

一、20世纪60年代：结构还原论

要研究一个学者的学术思想，最妥当的手段是采取"历史主义"立场，将其置于当时的社会背景与学术潮流之下，尤其要着重考虑它与主流学术思潮之间的关联。[①] 在这个意义上，蒂利的学术起点可以说是社会学中的结构主义以及帕森斯。为了建立起学科的合法性，社会学的奠基者们竭力将社会学与心理学区分开来，将前者定位为对社会行动背后的社会关系与社会结构的分析。从马克思的"经济基础决定上层建筑"断言，到涂尔干的"社会超越个人总和"思想，再到韦伯对新教伦理促进资本主义发展的肯定，早期社会学家都试图用社会结构框架以及与之相关的规范、价值等概念来解释社会行动。[②] 结构主义思想首次得到系统理论阐述，则要等到帕森斯的结构功能论（structural functionalism）。

[①] Robert Alun Jones, "Durkheim's Response to Spencer: An Essay Toward Historicism in the Historiography of Sociology," *Sociological Quarterly*, vol. 15, no. 3 (June 1974), pp. 341–358; Quentin Skinner, "Meaning and Understanding in the History of Ideas," *History and Theory* (February 1969), vol. 8, no. 1, pp. 3–53. 相关质疑参见 Mark Bevir, *The Logic of the History of Ideas*, Cambridge: Cambridge University Press, 1999。

[②] 李钧鹏：《新哥伦比亚学派？》，第60页。

蒂利于1950年从哈佛大学获得本科学位，正是由帕森斯创建于1946年的跨学科性质的社会关系系首届本科毕业生。[①]之后，蒂利开始在一家医院工作，同时攻读社会学博士学位，一年后获奖学金，赴牛津大学进修一年。返回哈佛校园后，蒂利继续修读了一年的博士课程，随后加入美国海军，并远赴韩国服役。蒂利于1954年重返校园，其间曾赴法国调研，最终于1958年获哈佛大学社会学博士学位。值得指出的是，加上本科四年，蒂利求学的十年正是以帕森斯为代表的结构功能论如日中天的时候。从20世纪30年代一直到70年代初期，结构功能论在美国社会学占有统治性地位。尽管在60年代初之后受到日渐猛烈的抨击，甚至时至今日已被大多数美国社会学家抛弃，帕森斯所开创的辉煌至今无人能及。受其影响，美国社会学在相当长的时期在事实上都是一门研究社会结构的科学。[②]受生物学以及赫伯特·斯宾塞（Herbert Spencer）等早期社会学家的影响，结构功能论将社会与生物体类比，视前者为一个由互有关联的部分组成的系统，并强调不同部分各自的职能，以及它们合为一体对社会系统的积极影响。[③]更具体地，帕森斯区分了文化、社会和个性系统：作为分析起点的

[①] 社会学家在1970年集体脱离该系，单独成立社会学系。大部分其他分支在1972年左右陆续独立。

[②] 关于结构主义思潮在社会科学中的历史演变，参见 Tom Bottomore and Robert Nisbet, "Structuralism," in Tom Bottomore and Robert Nisbet, eds., *A History of Sociological Analysis*, New York: Basic Books, 1978, pp. 557–598; Neil J. Smelser, "Social Structure," in Neil J. Smelser, ed., *Handbook of Sociology*, Newbury Park: Sage, 1988, pp. 103–129。

[③] 参见 Donald N. Levine, "The Organism Metaphor in Sociology," *Social Research*, vol. 62, no. 2 (Summer 1995), pp. 239–265。

文化系统核心价值制度化为社会系统中的角色与规范要求，最终内化为个性系统中的需求与秉性。帕森斯从来没有从反方向分析这三个系统：核心价值是如何形成或改变的？行动者如何在社会互动中创造性地扮演自己的角色？行动者如何反思、改变自己的角色或游戏规则？这些问题从来不是帕森斯关注的重点。更甚者，在著名的 AGIL（调试、目标达成、整合、模式维系）框架中，行动彻底消失：由于每个子系统进一步裂变为四个次系统，并遵循同样的系统与制度逻辑，这一理论框架没有给包括集体行动者在内的行动者及其能动性留出多少空间。[1] 战后美国社会学的最重大理论转向正是以帕森斯社会系统理论为代表的结构功能论的全面衰落。社会学家对帕森斯几乎完全脱离于经验研究的理论构建表示出强烈的不满，并对其宏大却空洞的理论大厦的实用性与适用性表示怀疑。尽管这之后再未出现另一个"一统天下"的理论范式，结构功能论的霸主地位从 20 世纪 70 年代早期开始已不复存在。

蒂利学术生涯的起点一方面是结构主义社会学，另一方面却是对帕森斯的不满和批判。在发表于 1998 年的一篇访谈中，蒂利明确指出，在学生时期，自己和其他一小群师生自我界定为"反帕森斯主义者"。在这里，帕森斯与"反帕森斯主义者"显然是蒂利学术观形成阶段的两个对立的参照系，它们为蒂利评估、定位

---

[1] Talcott Parsons, "Suggestions for a Sociological Approach to the Theory of Organizations–I," *Administrative Science Quarterly*, vol. 1, no. 1 (June 1956), pp. 63–85.

自己的理论取向提供了参考。[1] 但与后来更大规模的"反帕森斯"思潮略有不同,帕森斯对蒂利的影响主要表现在两个方面:首先,蒂利具有社会主义色彩的左翼政治立场,在很大程度上是对帕森斯的社会过程论所代表的保守主义的反向回应;其次,学生阶段的蒂利已经对结构功能论的反历史取向产生不满:"[帕森斯的范式]没有时间维度。它过于抽象。人失去了任何能动性。……你应该研究真实的历史形势,你应该能够重构当事人的经历……"[2] 在方法论层面,蒂利曾在回顾自己的求学经历时有如下描述:

> 在半个多世纪以前的"黑暗年代",……方法意味着统计分析;解释则意味着以下三者之一:(一)将一个现象置于更宏大的社会结构中(以整个社会或文明为界);(二)挖掘两个变量之间的高度相关关系;或(如果走运的话)(三)确立某个重要现象的必要与充分条件。……然而,即便在研究生阶段,我已经对历史分析有所了解,并意识到对联袂发生(constant conjunction)和关联的探寻有两个严重缺陷:它忽略了变革性过程,并倡导不成熟的简化。[3]

---

[1] 这种影响可以借助参照群体理论得到较好的解释,参见 Robert Merton and Alice Kitt, "Contribution to the Theory of Reference Group Behaviour," in Robert K. Merton and Paul F. Lazarsfeld, eds., *Continuities in Social Research: Studies in the Scope and Method of "The American Soldier"*, Glencoe: Free Press, 1950, pp. 40–150。

[2] Bruce M. Stave, "A Conversation with Charles Tilly: Urban History and Urban Sociology," *Journal of Urban History*, vol. 24, no. 2 (January 1998), p. 189.

[3] Charles Tilly, "Method and Explanation," in Charles Tilly, *Explaining Social Processes*, Boulder: Paradigm, 2008, p. 2.

蒂利对社会关系的兴趣来自社会交换理论的奠基人乔治·霍曼斯（George Homans）。在霍曼斯的课堂上，时为哈佛大学本科生的蒂利第一次得以剥开社会现象的表层，认识到深层社会关系在宏观和微观层面同时发挥的形塑作用。[①] 尽管后来和霍曼斯的研究取向分歧渐深，尤其对后者的方法论个人主义以及具有极度心理还原倾向的行为理论提出尖锐批评，[②] 蒂利仍然从霍曼斯那里（尤其是霍曼斯对小群体的研究[③]）学到了从社会关系视角看待或大或小的社会现象。不仅如此，霍曼斯明确反对以简单的理性人假定为社会科学的微观基础，而主张从行为心理学中寻找基础；同时始终坚持将因果解释的重心放在人际互动上，而不是个人的心理状态。[④] 尽管很少得到深入讨论，霍曼斯在这一点上对蒂利的影响是绝对不可忽视的。[⑤] 除此之外，霍曼斯具有鲜明美国特色的经验主义影响了蒂利的终身研究，可以说是蒂利的社会科学哲学的起点。他对系统历史分析的鼓励也直接影响了蒂利的博士论文选题。[⑥]

[①] Bruce M. Stave, "A Conversation with Charles Tilly: Urban History and Urban Sociology," p. 186.
[②] 参见 Charles Tilly, "George Caspar Homans and the Rest of Us," *Theory and Society*, vol. 19, no. 3 (June 1990), pp. 261–268。
[③] 参见 George C. Homans, *The Human Group*, New York: Harcourt, Brace, 1950。
[④] Charles Tilly, "Foreword: Homage to Homans," in A. Javier Treviño, ed., *George C. Homans: History, Theory, and Method*, Boulder: Paradigm, 2006, p. viii.
[⑤] 斯廷奇科姆曾深刻地指出，蒂利的研究实质是要"重建政治理性理论的微观基础"。见 Arthur L. Stinchcombe, "Tilly on the Past as a Sequence of Futures," in Charles Tilly, *Roads from Past to Future*, Lanham: Rowan & Littlefield, 1997, p. 406。
[⑥] George Steinmetz, "Charles Tilly, German Historicism, and the Critical Realist Philosophy of Science," *American Sociologist*, vol. 41, no. 4 (December 2010), pp. 316–317.

蒂利更广为人知的学术导师是历史社会学大师巴灵顿·摩尔（Barrington Moore）。①摩尔是比较历史分析在20世纪中叶最具影响力的代言人，也是历史社会学走向成熟过程中承前启后的关键人物。在其代表作《专制与民主的社会起源》中，摩尔详细考察了世界多个国家的历史演变，探讨了民主、法西斯和共产主义三种现代政体的社会根源，尤其是工业化进程如何与既有的农业政体产生互动，从而引发了截然不同的政治轨迹。②关于摩尔，学术界存在不少误解，这里不妨引用摩尔本人在书中的一段小结：

> ［我］试图理解上层地主阶级和农民在以下三场革命中的角色：导致资本主义民主的资产阶级革命、导致法西斯主义的中途夭折的资产阶级革命以及导致共产主义的农民革命。在面临商业化农业的挑战时，上层地主阶级和农民的不同反应是决定政治后果的关键因素。③

---

① 蒂利的博士论文由摩尔和霍曼斯这两位从研究领域、研究理路到政治倾向、家庭背景都截然不同的学者共同指导。在哈佛大学，蒂利还深受塞缪尔·比尔（Samuel Beer）和皮季里姆·索罗金（Pitirim Sorokin）的影响。前者启发他进行宏观历史比较，后者给了他游走于历史学与社会学之间的激励与灵感。见 Bruce M. Stave, "A Conversation with Charles Tilly: Urban History and Urban Sociology," p. 186。

② Barrington Moore, Jr., *Social Origins of Dictatorship and Democracy: Lord and Peasant in the Making of the Modern World*, Boston: Beacon, 1993 [1966]. 中译见 [美] 巴灵顿·摩尔：《专制与民主的社会起源：现代世界形成过程中的地主和农民》，王茁、顾洁译，上海：上海译文出版社，2012年。

③ Barrington Moore, Jr., *Social Origins of Dictatorship and Democracy: Lord and Peasant in the Making of the Modern World*, p. xxiii. 本文所有引文均由笔者据原文译出。

有三点值得注意。第一，摩尔将阶级作为一个关键解释变量；他眼中的世界历史由地主、农民等不同阶级构成。《专制与民主的社会起源》的解释逻辑来自社会史；作为一个发轫于马克思主义和经济史的研究领域，社会史强调政治变迁背后的经济与社会因素。《专制与民主的社会起源》将阶级构成的变化和冲突视为历史事件背后的宏观形塑力，这一点在蒂利的终身研究中同样得到了体现。第二，摩尔并非机械的阶级决定论者："角色""反应"等用词都具有强烈的能动性色彩；换言之，摩尔极为重视行动者的历史能动性与对社会结构的反作用力。但如何将这种能动性有机地融入历史分析中，摩尔并没有很好的解决方案，这也是蒂利半个世纪研究的重要目标之一。第三，摩尔指出，在不同的历史时点，行动者做出了不同的决定，引发了不同的后续事件和连锁反应，最终导致了截然不同的政治后果和历史形态。蒂利在晚年所明确化和系统化的社会机制、历史或然性、社会过程等思想正是对这一观点的回应和深化。[①] 蒂利曾对比较历史方法进行过细致的归类和分析，对试图在不同个案之间寻找共同路径的一般化比较（universalizing comparison）持批判态度，并认为个体化比较（individualizing comparison）和差异发现比较（variation-finding comparison）是较为理想的比较方法：前者将某一现象的特例进行对比，目的在于发现独特性；后者考察个案之间的系统差异，

[①] 本书首次出版于 1966 年，但其构思和写作过程远早于蒂利的博士学习阶段。蒂利曾回忆道，自己在学生期间已经读过《专制与民主的社会起源》书稿的部分章节。见 Charles Tilly, *Big Structures, Large Processes, Huge Comparisons*, New York: Russell Sage Foundation, 1984, p. 124。

并将这种差异加以理论化。① 终其一生，除了少部分个体化比较研究，蒂利的大部分著作都采用差异发现比较法，② 而摩尔正是这一方法最娴熟的运用者之一。在此意义上，蒂利的研究是对摩尔的比较历史分析的自觉传承。

除了理论和方法，蒂利的研究对象和主题更是打上了摩尔的深深烙印。终其一生，摩尔始终深切关注社会中的集体暴力和冲突，他对暴力的理解更是迥异于帕森斯的结构功能论。在结构功能论看来，社会的正常、平稳运行会产生相应的社会化过程，制造"噪音"的人们最终将接受主流社会的规范和意识形态，具有自我调适功能的社会秩序得以在代际间复制；社会冲突和暴力活动这些"越轨行为"（deviant behavior）是社会化失灵的产物，是社会中的一小群人由异化感驱使而做出的绝望之举。③ 摩尔则认为，民主制度是历史的产物，是不同群体之间斗争的特定后果。事实上，正是对民主与正义在学术意义上的长期关注和政治立场上的坚定支持激励了摩尔对革命与暴力的研究。④ 摩尔指出，在特定情

---

① Charles Tilly, *Big Structures, Large Processes, Huge Comparisons*, pp. 82–83.
② 这方面最经典的研究是 Charles Tilly, *Coercion, Capital, and European States, AD 990–1992*, Oxford: Blackwell, 1992 [1990]. 中译见 [美] 查尔斯·蒂利：《强制、资本和欧洲国家（公元 990—1992 年）》，魏洪钟译，上海：上海人民出版社，2007 年。
③ 参见 Talcott Parsons, *The Social System*, New York: Free Press, 1951, pp. 169–219。
④ 摩尔在正义与社会不公方面至少有四部专著，参见 Barrington Moore, Jr., *Terror and Progress, USSR: Some Sources of Change and Stability in the Soviet Dictatorship*, Cambridge: Harvard University Press, 1954；Barrington Moore, Jr., *Reflection of the Causes of Human Misery and on Certain Proposals to Eliminate Them*, Boston: Beacon, 1972；Barrington Moore, Jr., *Injustice: The Social Bases of Obedience and Revolt*, White Plains: M. E. Sharpe, 1978；Barrington Moore, Jr., *Moral Purity and Persecution in History*, Princeton: Princeton University Press, 2000。

况下，革命是通往民主的必由之路：

> 对一个西方学者来说，为革命激进主义稍加辩护并非易事，因为这和根深蒂固的心理直觉相抵触。人们普遍认为，和革命暴力相比，渐进的、增量的改革在增进人类自由方面已经展现出优越性。这一假设是如此深入人心，连对它加以质问都显得很奇怪。但在考察了相关证据之后，我不情愿地认识到，温和行动的代价至少和革命的代价一样惨烈，甚至远甚于后者。①

蒂利从摩尔那里直接承袭了对革命和暴力运动的关注，并最终发展出一套系统的抗争政治理论。② 和摩尔一样，蒂利也发现，通往民主之路往往充满了暴力和抗争的插曲。③ 根据博士论文改编的第一部专著《旺代之乱》是一项对发生在 1793 年的旺代叛乱的个案研究，该事件是法国大革命中的一场举足轻重的农民反叛运

---

① Barrington Moore, Jr., *Social Origins of Dictatorship and Democracy: Lord and Peasant in the Making of the Modern World*, p. 505.
② 蒂利一直到 1996 年才正式以"抗争政治"指代不同形式的社会与政治抗争，见 Doug McAdam, Sidney Tarrow, and Charles Tilly, "To Map Contentious Politics," *Mobilization*, vol. 1, no. 1 (March 1996), pp. 17–34。但为了避免术语混乱，除了个别之处，本文统一使用"抗争政治"一词，而不保留蒂利原有文本中的表述。
③ 蒂利曾明确指出摩尔在这方面对自己的影响，见 Charles Tilly, "Where Do Rights Come From?" in Theda Skocpol, ed., *Democracy, Revolution, and History*, Ithaca: Cornell University Press, 1998, pp. 55–72。蒂利在这方面最系统的论述为《民主》，见 Charles Tilly, *Democracy*, Cambridge: Cambridge University Press, 2007。中译见［美］查尔斯·蒂利：《民主》，魏洪钟译，上海：上海人民出版社，2009 年。

动。①蒂利细致入微的档案研究具有浓厚的历史学色彩,但他的研究问题具有十足的社会学意味:为什么在法国西部,一些农民群起叛乱,反抗大革命,另一些农民却保持沉默?在他看来,历史学家只关注宗教信仰、农民对法国大革命的敌意等心理动因,却无法解释不同地区(甚至不同阶级)参与度的重大不同。通过对两个邻近地区社会结构的系统比较,蒂利将解释点放在农村地区社会关系的差异上,并从城市化水平的差异中找到了突破口。由此,从社会结构和社会关系的视角来看,被历史学家和大多数社会学家视为绝望之举的旺代叛乱就得到了更有说服力的解释。蒂利显然继承了摩尔对阶级关系的重视,但他对社会关系的关注已经暗含了动态元素,他对农民创造性的强调也给能动性留出了空间。然而,此时的蒂利仍是一位坚定的结构主义者:阶级仍然是他的重要解释概念;他的一整套理论工具箱仍然以长时段的静态结构变迁为主,包括阶级构成的变化、城市化水平以及全国政治局势的演变;他笔下的"社会关系"和"社会结构"也并不易区分;他的解释框架仍然是行动者如何回应地方社会结构的变化,而这个"引爆点"点燃之后最终导致内战的历史轨迹,只是被他语焉不详地描述为冲突升级。

在20世纪60年代中后期,蒂利继续在城市化方面做出大量研究,具体题材包括人口流动、人口结构变迁、城市社区、殖民化、种族冲突等。在这些研究中,蒂利的论述始终展现出宏大的

---

① Charles Tilly, *The Vendée*, Cambridge: Harvard University Press, 1964. 这是蒂利一生为数不多的研究对象限定于特定个案的专著。

视野、鲜明的历史性和比较研究的进路。① 一直到 80 年代，蒂利的研究始终具有浓厚的结构主义色彩（尽管持续弱化）。连对蒂利抱有崇高敬意的历史学家小威廉·休厄尔（William H. Sewell Jr.）也尖锐地批评道："[蒂利]醉心于自己的一套一般化修辞，坚持认为政治抗争行为源于宏观的、不凸显特定人物的社会过程的渐进演化……"② 综上所述，蒂利的学术起点可以被界定为将社会过程化约为结构性因素和社会变迁后果之间静态对应的结构还原论。正如《旺代之乱》所体现出来的，蒂利将历史过程和社会冲突的解释点放在初始性的结构因素上，将复杂的政治过程化约为具有静态色彩的社会结构变迁。

二、20 世纪 70 年代：政治过程论

20 世纪 70 年代的结构主义已经和 60 年代大有不同。在结构功能论跌下神坛之后，70 年代的结构主义呈现出多元态势。③ 不同于结构功能论的自我实现、自我修正的结构，此时的"社会结构"更多地指涉社会生活中可以觉察的形态、可以观察的规律以

---

① 参见蒂利编写的教科书《城市天地》，见 Charles Tilly, *An Urban World*, Boston: Little, Brown, 1974。
② William H. Sewell Jr., "Three Temporalities: Toward an Eventful Sociology," in Terrence J. McDonald, ed., *The Historic Turn in the Human Sciences*, Ann Arbor: University of Michigan Press, 1996, p. 253. 关于小休厄尔对蒂利"不凸显特定人物的社会过程"的批评，塔罗做出了辩护（尽管同意小休厄尔对蒂利早期结构主义思维的总体评价），见 Sidney Tarrow, "Charles Tilly and the Practice of Contentious Politics," *Social Movement Studies*, vol. 7, no. 3 (December 2008), p. 227。
③ 参见 Peter M. Blau, ed., *Approaches to the Study of Social Structure*, New York: Free Press, 1975; Peter M. Blau and Robert K. Merton, eds., *Continuities in Structural Inquiry*, Beverly Hills: Sage, 1981。

及可以认识的格局。[1] 这一时期的结构主义社会学有几个发展态势。第一，结构—能动与宏观—微观这两对概念逐渐分离，不再完全重合。更具体地，结构主义社会学既可以是宏观研究，也可以是微观研究。这一趋势尤其凸显在格尔哈特·伦斯基（Gerhard Lenski）和乔治·霍曼斯二人几乎截然不同的理论取向上。伦斯基是一位宏观社会学家，研究整部人类历史的不同阶段；他眼中的人类历史和社会结构是一个朝着特定方向进化的长期历程。[2] 霍曼斯的视角正好相反：作为方法论个人主义者，霍曼斯用行为心理学来解释日常社会关系中的基本人类行为、人际互动中的心理过程及其衍生的小群体结构。[3] 但尽管理论进路两极分化，二人关注的都是社会结构的内在规律：伦斯基不惜牺牲深度来换取广度，霍曼斯则以对自己关注视野的设限来获得解释的心理学深度。第二，结构主义的分析起点不再必然是社会制度。帕森斯的理论关注点是不同制度子系统（以及次系统）在上一级制度系统框架内的互相联系，并主张将社会制度与行动者视为截然不同的分析单位。詹姆斯·科尔曼（James Coleman）的理论起点正好相反，他试图从个人行动出发，以此解释社会制度。[4] 尽管帕森斯和科尔曼

---

[1] Peter M. Blau, "Introduction: Parallels and Contrasts in Structural Inquiries," in *Approaches to the Study of Social Structure*, p. 3.

[2] Gerhard E. Lenski, *Power and Privilege: A Theory of Social Stratification*, Chapel Hill: University of North Carolina Press, 1966. 中译见 [美] 格尔哈特·伦斯基：《权力与特权：社会分层的理论》，关信平、陈宗显、谢晋宇译，北京：社会科学文献出版社，2018年。

[3] George Caspar Homans, *Social Behavior: Its Elementary Forms*, revised ed., New York: Harcourt Brace Jovanovich, 1974 [1961].

[4] James S. Coleman, *Power and the Structure of Society*, New York: W. W. Norton, 1974.

最终试图解释的都是更高层次的复杂结构类型，后者的理论基石却是个人的理性行为与社会关系。[①] 第三，结构主义社会学家开始试图打通宏观与微观分析之间的鸿沟。罗伯特·K. 默顿（Robert K. Merton）明确指出："社会学中的结构主义分析必须成功揭示微观与宏观层面的现象……并致力于发展相应的概念、方法与数据，将微观与宏观分析连接起来。"[②] 第四，社会学家对在人类学占统治地位的克劳德·列维-施特劳斯（Claude Lévi-Strauss）式的"纯粹"结构主义[③]缺乏对历史场景的考量提出批评，认为社会结构对历史过程的影响具有或然性，必须伴以对历史过程的分析。[④] 第五，社会结构概念开始向外部和内部两个方向同时深化。霍曼斯眼中的社会结构是重复出现的行为类型，他所感兴趣的是心理元素对个人行为的影响；但在默顿看来，社会结构是社会状况对个人行为与选择的外部约束。这种张力同样表现在关于宏观社会学是否需要微观基础的争论上。迈克尔·赫克特（Michael Hechter）和科尔曼等人致力于以理性选择假设为宏观社会学奠定

[①] 某种意义上，爱弥尔·涂尔干和马克斯·韦伯在理论与方法论取向上的差异已经预示了美国社会学在 20 世纪下半叶（且延续至今）在宏观与微观、结构与能动之间的张力。

[②] Robert K. Merton, "Structural Analysis in Sociology," in *Approaches to the Study of Social Structure*, p. 34.

[③] 参见 Claude Lévi-Strauss, *Structural Anthropology*, New York: Basic Books, 1963。中译见 [法] 克洛德·列维-施特劳斯：《结构人类学》，张祖建译，北京：中国人民大学出版社，2006 年。

[④] Tom Bottomore, "Structure and History," in *Approaches to the Study of Social Structure*, pp. 159–171; Lewis A. Coser, "Structure and Conflict," in *Approaches to the Study of Social Structure*, pp. 210–219. 事实上，除了少数拥趸，列维-施特劳斯的结构主义从未在美国社会学界打上深深的烙印。基于列维-施特劳斯式结构主义的最著名理论阐述可能是 Ino Rossi, *From the Sociology of Symbols to the Sociology of Signs: Toward a Dialectical Sociology*, New York: Columbia University Press, 1983。

理论基础,并分别于 20 世纪 80 年代和 90 年代初写出了两部重要著作。[1] 彼得·布劳(Peter Blau)则走上了一条截然相反的道路。他的早期研究具有浓厚的方法论个人主义色彩,并成为交换理论的奠基之作;[2] 但到了 20 世纪 70 年代,布劳公开放弃自己的早期立场,甚至否认宏观社会学有寻找微观基础的必要性。[3] 第六,社会结构的客观与主观维度得到区分。在布劳和刘易斯·科塞(Lewis Coser)笔下,组织动态、群体冲突与社会变迁源于客观社会角色,西摩·马丁·李普塞特(Seymour Martin Lipset)则认为这些变化是社会价值与规范变动的结果;李普塞特认为社会价值观是社会结构的有机组成,布劳和科塞则将其视为构成了社会结构的客观社会角色分化的结果。尽管他们均认为必须从社会结构中寻找社会变迁的根源,但对结构的不同概念化导致对主、客观维度的不同强调。[4]

在这种背景下,蒂利的理论取向从早期的变量式结构还原论过渡到了具有动态色彩的政治过程论。到了 20 世纪 70 年代,蒂利的研究重心从城市化转向更为宏大且互有联系的几个主题,包

---

[1] Michael Hechter, *Principles of Group Solidarity*, Berkeley: University of California Press, 1987; James S. Coleman, *Foundations of Social Theory*, Cambridge: Belknap Press of Harvard University Press, 1990. 后者中译见[美]詹姆斯·S. 科尔曼:《社会理论的基础》,邓方译,北京:社会科学文献出版社,2008 年。

[2] Peter M. Blau, *Exchange and Power in Social Life*, New York: Wiley, 1964. 中译见[美]彼得·M. 布劳:《日常生活中的交换与权力》,李国武译,北京:商务印书馆,2008 年。

[3] Peter M. Blau, "Presidential Address: Parameters of Social Structure," *American Sociological Review*, vol. 39, no. 5 (October 1974), pp. 615–635.

[4] Peter M. Blau, "Presidential Address: Parameters of Social Structure"; Lewis A. Coser, "Structure and Conflict"; Seymour Martin Lipset, *Rebellion in the University*, Boston: Little, Brown, 1972.

括资本主义、国家缔造（state-formation）[①]和抗争政治。[②] 1972年和1973年，蒂利接连发表两篇重要论文《法国政治冲突的现代化》和《现代化孕育了革命吗？》，为他之后几十年的研究奠定了基调。在前一篇文章中，蒂利指出，以工业化和城市化为核心的现代化是一个漫长的过程，且往往伴以高昂的社会代价。现代化并没有导致社会冲突的消散；相反，现代化是一个地方事务被整合进全国政治的过程，是一个曾经相对自治的群体向国家政治领袖臣服的过程，而这些群体往往以愤怒和对抗来回应；从而，现代化是一个新的冲突形式取代原有冲突形式的过程。蒂利注意到，在过去两个世纪的法国，社会冲突从小范围、自发性的暴力活动转向大规模、高度组织化的集体行动。[③] 在后一篇文章中，蒂利对塞缪尔·亨廷顿（Samuel Huntington）《变化社会中的政治秩序》的机械结构主义倾向进行了深刻的批评。亨廷顿基于截面比较数据，将20世纪中叶世界范围政治冲突和集体暴力的升级归结为"快速社会变迁"的直接后果。[④] 依据长时段数据，蒂利指出，社会结构变迁的速度与暴力冲突的数量之间并不存在简单的线性关系。由此，蒂利呼吁研究结构变迁影响暴力冲突的具体方式和逻

[①] 或称 state-building。中文学界一般将这两个术语译为"国家形成"或"国家建设"，这里译为"国家缔造"是为了凸显国家政权打造过程的历史性和能动性。
[②] 蒂利曾对自己研究方向的转变做出过解释，见 Bruce M. Stave, "A Conversation with Charles Tilly: Urban History and Urban Sociology," pp. 190–191。
[③] Charles Tilly, "The Modernization of Political Conflict in France," in Edward B. Harvey, ed., *Perspectives on Modernization*, Toronto: University of Toronto Press, 1972, pp. 51–95.
[④] Samuel P. Huntington, *Political Order in Changing Societies*, New Haven: Yale University Press, 1968. 中译见 [美] 塞缪尔·亨廷顿：《变化社会中的政治秩序》，王冠华、刘为译，上海：上海人民出版社，2008年。

辑。①这里有几点值得注意：第一，虽然尚未形成清晰的理论框架和概念体系，蒂利已经从长时段的历史数据中看出抗争形式在不同时期的差异；第二，蒂利对静态的、覆盖率（covering law）式的结构主义解释提出了明确批评，主张寻找中层变量和解释手段，尤其是"确定和追踪每个主要［社会］部门与变化中的权力结构之间的关系"；②第三，蒂利首次将革命比喻为由舞台、演员、冲动和行动组成的剧场行为，③这一思想在他学术生涯晚期得到了充分的体现。

与早期相比，蒂利这一阶段研究的最明显转变发生在风格上。《旺代之乱》是一部细致入微的个案研究，20世纪70年代的蒂利则痴迷于量化历史分析。一方面，蒂利从美国国家科学基金会等机构申请到了数额不菲的研究经费；另一方面，从1969年至1984年，蒂利在密歇根大学担任社会组织研究中心主任，在学校的支持下，吸引了一大批研究生和访问学者从事历史与社会科学的交叉研究。蒂利和他的合作者一起，以报纸为主要数据来源，对长达数百年的欧洲抗争运动进行逐年统计。在当时刚刚进入社会科学研究领域的电子计算机的协助下，蒂利对资本主义、国家缔造等宏观社会过程对社会冲突的影响进行了大量研究。例如，在与爱德华·肖特（Edward Shorter）合著的《法国罢工（1830—

---

① Charles Tilly, "Does Modernization Breed Revolution?" *Comparative Politics*, vol. 5, no. 3 (April 1973), pp. 425–447.

② Charles Tilly, "Does Modernization Breed Revolution?" p. 437.

③ Charles Tilly, "Does Modernization Breed Revolution?" p. 428.

1968）》中，蒂利以令人眼花缭乱的图表和量化数据表明，资本主义是法国一百多年以来罢工形式变迁的主要驱动力。不仅如此，基于长时段的历史数据，蒂利观察到，1914年前的一波短暂但影响深远的罢工潮改变了法国罢工活动的基本形态。"抗争形式在不同历史阶段存在差异"这一命题再次出现，并成为他的研究主题。[1]

早期的蒂利基本沿袭了现代化理论的框架，将集体暴力形式的历史变迁视为从原始型（primitive）暴力到反应型（reactionary）暴力，最后发展至现代型（modern）暴力的进化过程。[2] 在20世纪70年代中期，蒂利转而将集体暴力划分为竞争性诉求（competitive claims）、消极诉求（reactive claims）和积极诉求（proactive claims）。[3] 但在《反叛的世纪（1830—1930）》以及对英国集体行动的研究中，蒂利开始意识到，这三者间的界限并不那么清晰；例如，罢工可以三者兼备。不仅如此，这一分类体系区分的是诉求，而不是行动的形式。更让蒂利警觉的是，一些学者开始用这

---

[1] Edward Shorter and Charles Tilly, *Strikes in France, 1830–1968*, Cambridge: Cambridge University Press, 1974.

[2] 参见 Charles Tilly, "The Changing Place of Collective Violence," in Melvin Richter, ed., *Essays in Theory and History: An Approach to the Social Sciences*, Cambridge: Harvard University Press, 1970, pp. 139–164。

[3] 参见 Charles Tilly, "Major Forms of Collective Action in Western Europe 1500–1975," *Theory and Society*, vol. 3, no. 3 (September 1976), pp. 365–375. 在蒂利之前，对集体暴力最广为采用的分类是 E. J. 霍布斯鲍姆（E. J. Hobsbawm）和乔治·鲁德（George Rudé）对前政治（pre-political）与政治（political）反叛的粗糙划分。参见 E. J. Hobsbawm, *Primitive Rebels: Studies in Archaic Forms of Social Movement in the 19th and 20th Centuries*, New York: W. W. Norton, 1965 [1959]; George Rudé, *The Crowd in History: A Study of Popular Disturbances in France and England, 1730–1848*, New York: John Wiley & Sons, 1964. 前者中译见［英］艾瑞克·霍布斯鲍姆：《原始的叛乱：十九至二十世纪社会运动的古朴形式》，北京：社会科学文献出版社，2014年。

一体系构建具有进化论色彩的现代化理论。①1977 年，蒂利首次提出"集体行动的剧目"（repertoire of collective action）这一比喻性概念。在《勃艮第整装待发（1675—1975）》一文中，蒂利指出："集体行动的剧目……在两个方向演化：人们可用的手段随着社会、经济与政治的变化而改变，而每一种行动手段与新的利益和行动机会相适应。追踪这种剧目的双重演化过程是社会史的一项基本任务。"②在这之后的两三年，蒂利仍继续使用竞争性、消极和积极的分类法，但"剧目"已成为蒂利更经常使用的概念。③到了 20 世纪 70 年代和 80 年代之交，蒂利终于意识到这一分类和剧目概念难以兼容，并彻底抛弃这一分类以及与之相关的现代化概念。④但"剧目"概念此时仍有待成型，最大的问题是忽略了抗争剧目形成的互动性。蒂利坦承："我最初的假定是一个单一行动者（无论是个人还是集体行动者）拥有一套手段剧目，并有策略地使用这套剧目。这是一个错误。一套既有剧目的任何惯例事实上都由两方或多方的互动组成。剧目并不由一个行动者所独有，

---

① Charles Tilly, "Contentious Repertoires in Great Britain," in Mark Traugott, ed., *Repertoires and Cycles of Collective Action*, Durham: Duke University Press, 1995, p. 28.
② Charles Tilly, "Getting It Together in Burgundy, 1675–1975," *Theory and Society*, vol. 4, no. 4 (December 1977), p. 493.
③《从动员到革命》有一节专门以抗争剧目为主题，见 Charles Tilly, *From Mobilization to Revolution*, Reading: Addison-Wesley, 1978, pp. 151–159。
④ Charles Tilly, "Contentious Repertoires in Great Britain," pp. 28–29. 值得回味的是，这种分类法在今天仍被国内外学者广泛采用。参见 Kevin J. O'Brien and Lianjiang Li, *Rightful Resistance in Rural China*, Cambridge: Cambridge University Press, 2006；应星：《草根动员与农民群体利益的表达机制——四个个案的比较研究》，《社会学研究》2007 年第 2 期，第 1—23 页；于建嵘：《当前我国群体性事件的主要类型及其基本特征》，《中国政法大学学报》2009 年第 6 期，第 114—120 页。

而属于一系列抗争者。"①

在资本主义和国家缔造方面，蒂利主编的论文集《西欧民族国家的缔造》已经成为一部经典之作，在社会学、历史学和政治学界都被广泛引用。②这本七百多页的厚书有两个重大贡献：首先，蒂利和合作者对以摩尔为代表的机械的、决定论的历史观提出了明确质疑，认为历史行动者的诉求极为复杂且有其特殊场景，而不仅仅是摩尔笔下的对世界主导政治秩序的抵抗或再改造。基于对西欧不同国家缔造过程的历史分析，蒂利和合作者们令人信服地表明，民族国家的形成不是一个简单的自由与解放的过程，而是充满了意料之外的后果；大量的革命与反革命运动不是意在改变历史进程的有意识行动，而是人们为了追求自己的特定利益而发生互动的不经意后果。从而，要理解历史，就必须采取自下而上的视角。其次，这本书对20世纪中叶的主流现代化范式做出了严厉的批评，指出政治发展道路通常是一个多元的、路径依赖的过程，且多伴有暴力和反抗。这本书"摧毁了比较政治中的现代化范式"③，并彻底改变了后人对国家缔造这一主题的看法。④

另一个相对独立但密切相关的领域是抗争政治。蒂利与戴

---

① Charles Tilly, "Contentious Repertoires in Great Britain," pp. 30.
② Charles Tilly, ed., *The Formation of National States in Western Europe*, Princeton: Princeton University Press, 1975.
③ Mark Lichbach, "Charles Tilly's Problem Situations: From Class and Revolution to Mechanisms and Contentious Politics," *Perspectives on Politics*, vol. 8, no. 2 (June 2010), p. 544.
④ 蒂利曾对这本书的写作背景做过介绍，见 Bruce M. Stave, "A Conversation with Charles Tilly: Urban History and Urban Sociology," pp. 195–197。

维·斯奈德（David Snyder）合作的论文《法国的困苦与集体暴力（1830—1960）》对当时在抗争政治领域风行一时的相对剥夺（relative deprivation）理论给出了沉重一击。相对剥夺理论认为，社会抗争和集体暴力发生在经济发展较快之后的相对停滞期；相比之前的快速发展期以及少数富庶者，当民众感到经济表现和生活水准明显下降时，他们产生相对剥夺感，暴力事件由此产生。[1] 斯奈德和蒂利将相对剥夺理论加以操作化，对法国一百多年来集体暴力事件做出时间序列分析，发现经济衰减年份和暴力事件高发年份并不直接对应；真正与暴力事件频率直接对应的变量是全国性政治活动与政府镇压行为。尽管自己的理论尚未成型，斯奈德和蒂利对相对剥夺理论的批评以及对国家政权的强调在事实上终结了后者在社会学的统治地位。[2]

1978年，蒂利以《从动员到革命》一书对抗争政治理论做出了系统阐述。在当时，一方面，帕森斯的结构功能论余威尚存，社会抗争被视为群众对结构性紧张关系（structural strain）的非理

---

[1] 参见 James C. Davies, "The J-Curve of Rising and Declining Satisfactions as a Cause of Some Great Revolutions and a Contained Rebellion," in Hugh Davis Graham and Ted Robert Gurr, eds., *Violence in America: Historical and Comparative Perspectives*, New York: Bantam, 1969, pp. 690–730; Ivo K. Feierabend and Rosalind L. Feierabend, "Aggressive Behavior within Polities, 1948–1962: A Cross-National Study," *Journal of Conflict Resolution*, vol. 10, no. 3 (September 1966), pp. 249–271; Ted Robert Gurr, "A Causal Model of Civil Strife: A Comparative Analysis Using New Indices," *American Political Science Review*, vol. 62, no. 4 (December 1968), pp. 1104–1124。

[2] David Snyder and Charles Tilly, "Hardship and Collective Violence in France, 1830 to 1960," *American Sociological Review*, vol. 37, no. 5 (October 1972), pp. 520–532. 另参见 Charles Tilly, Louise Tilly, and Richard Tilly, *The Rebellious Century, 1830–1930*, Cambridge: Harvard University Press, 1975。

性反应;[1] 另一方面,具有社会心理学色彩的集体行为(collective behavior)理论和相对剥夺理论仍然将抗争活动视为一种社会病症,或源自对自身福祉期待与现实感受之间的落差。[2] 但从20世纪70年代起,资源动员(resource mobilization)理论异军突起,后者强调抗争活动的物质资源以及抗争者的理性和策略性,将集体行动界定为无权无势者使用被当权者视为不合法或不正当的手段实现资源(主要是物质资源)再分配的努力。[3]《从动员到革命》同意资源动员理论的基本观点,但在几个方面将其向前推进了一大步。第一,蒂利明确提出,社会运动(social movements)只是涵盖面更广的集体行动(collective action)的一种特定形式,而一系列看似不同的集体行动的共同元素在于"抗争集会"(contentious gathering)。[4] 第二,蒂利倡议对集体行动剧目的历史演变进行系统研究,而不再将其视为给定;这就要求把集体行动和民族国家在近现代的兴起结合起来研究。第三,蒂利更强调抗争者对集体利益的追求和政治环境的变动对抗争行动的诱发作用,并凸显了政治契机(political opportunities)在集体行动中的关键

---

[1] 参见 Chalmers Johnson, *Revolutionary Change*, Boston: Little, Brown, 1966; Neil J. Smelser, *Theory of Collective Behavior*, New York: Free Press, 1962。
[2] 参见 Ted Robert Gurr, *Why Men Rebel*, Princeton: Princeton University Press, 1970; Ralph H. Turner and Lewis M. Killian, *Collective Behavior*, Englewood Cliffs: Prentice-Hall, 1957。亨廷顿的理论可视为这两种理论的调和,参见 Samuel P. Huntington, *Political Order in Changing Societies*。
[3] 参见 William A. Gamson, *The Strategy of Social Protest*, Homewood: Dorsey, 1975; John D. McCarthy and Mayer N. Zald, "Resource Mobilization and Social Movements: A Partial Theory," *American Journal of Sociology*, vol. 82, no. 6 (May 1977), pp. 1212–1241; Anthony Oberschall, *Social Conflict and Social Movements*, Englewood Cliffs: Prentice-Hall, 1973。
[4] 另参见 Louise Tilly and Charles Tilly, eds., *Class Conflict and Collective Action*, Beverly Hills: SAGE, 1981。

作用。这本书现已被公认为主流的政治过程（political process）理论的开山之作。[1]

关于蒂利在20世纪70年代的研究，我们可以总结出几个特色。第一，蒂利对主流社会学以及自身研究中的结构主义倾向和目的论（teleology）偏见有了清醒的认识，开始主动修正，尤其体现在他对现代化范式的批判上。第二，蒂利开始以"集体行动的剧目"概念调和结构与能动之间的矛盾，并在抗争政治研究中强调行动者的创造性和行动的偶发性。第三，蒂利已经产生了"社会过程"的初步思想，《从动员到革命》后半部分对抗争政治复杂性的强调即为这一思想的体现。第四，"社会关系"概念开始受到重视，这体现在蒂利对抗争政治的剧场性以及行动者互动的关注上。但蒂利这一阶段的研究存在三个关键问题。首先，"集体行动"仍然是一个边界不明的模糊概念，这直接导致了蒂利对于自己在集体行动长时段统计（尤其是《反叛的世纪[1830—1930]》）的准确性的质疑。其他学者同样面临这一难题：革命、罢工、骚乱、反叛、社会运动、集体行动、集体行为、集体暴力等概念到底是什么关系？它们之间的边界是什么？学术界对此并无共识。尽管蒂利在《从动员到革命》中做出了努力，他并不完全满意。其

---

[1] Charles Tilly, *From Mobilization to Revolution*. 社会学中的"集体行动"和经济学与政治学中的含义并不完全一致。经济学家和政治学家所说的集体行动远不止政治抗争，其覆盖面要广得多。参见 Russell Hardin, *Collective Action*, Baltimore: Johns Hopkins University, 1982; Mancur Olson, *The Logic of Collective Action: Public Goods and the Theory of Groups*, Cambridge: Harvard University Press, 1965. 后者中译见曼瑟尔·奥尔森：《集体行动的逻辑》，陈郁、郭宇峰、李崇新译，上海：上海三联书店，上海人民出版社，1995年。

次，蒂利对抗争政治的解释在本质上仍然是静态性的；"过程"概念究竟如何概念化和操作化，他并未提供一个较好的答案。第三，究其本质，抗争政治中的政治过程理论及其核心概念"政治契机"仍然具有浓厚的结构主义色彩：蒂利的理论模型对政体变动如何诱发抗争政治做了大量分析，能动性却基本只停留在纸面上。

三、20 世纪 80 年代：抗争剧目论

20 世纪 80 年代的蒂利开始从量化历史分析向历史叙事回归，这与蒂利对自身研究的批判性反省密切相关。在临终前的一次访谈中，蒂利回忆道，自己在中期阶段的研究中意识到"哈佛大学教给他的那种社会科学"越来越不适用于他想回答的问题，因为"过程本身才是［他］要解释的对象，而不是［变量之间的］静态比较"[①]。但与此同时，两个宏观背景不能不提。首先，以蒂利为代表的量化历史分析在 70 年代受到了不少历史学家的批评。在一篇回顾历史学与社会科学发展历程的重要文章中，劳伦斯·斯通（Lawrence Stone）将蒂利等人的《反叛的世纪（1830—1930）》列为量化历史学的代表。在肯定这本书的学术贡献和学术素养的同时，斯通也对它与它所代表的量化历史分析提出批评，认为这种研究路径有意无意地忽略了无法被量化的证据。[②] 此时的蒂利已经

[①] Daniel Little, "Interview with Charles Tilly: Origins, The Vendée," YouTube, https://www.youtube.com/watch?v=hlJVsMOyb_I&list=PL73ABDF5D9781DF91, December 15, 2007.

[②] Lawrence Stone, "The Revival of Narrative: Reflections on a New Old History," *Past and Present*, vol. 85 (November 1979): 3–24.

对这一局限有了深刻的认识。其次，在量化历史分析强势崛起几十年之后，从20世纪70年代后半期起，叙事分析已不再是被追求科学性的历史研究扫入历史尘埃的过时方法，而是在历史学界焕发出了新的活力。这些都影响了蒂利的学术选择。

然而，蒂利此时的历史叙事和《旺代之乱》已经有了很大的差异。《抗争的法国人》既放弃了标准的统计分析（尽管仍保留了大量图表和描述性统计），也没有进行深入的个案分析，而是对法国境内不同区域前后四个多世纪的群体性抗争事件做出历史叙述和分析。事实上，这本书的每一章都是对一个特定区域抗争事件的长时段分析。[1] 和20世纪70年代不同，蒂利没有对资本主义、国家缔造和抗争政治的形式进行复杂的统计分析，但这些过程被蒂利放到幕后，成为给定变量。[2] 对具体抗争事件的选取也反映了蒂利的结构主义思维：蒂利以二十多页的篇幅近乎不厌其烦地讨论格列夫广场（Place de Grève）前后四个世纪所发生的抗争事件，而只给波澜壮阔的1848年革命留出十一页的篇幅，正因为格列夫广场是巴黎的商业交易、价格制定和政府征税的场所。[3]

这本书最重要的贡献在于两个方面。首先，蒂利第一次正式提出"抗争剧目"（repertoire of contention）概念，并且"剧目"

---

[1] Charles Tilly, *The Contentious French*. Cambridge: Belknap Press of Harvard University Press, 1986. 中译见［美］查尔斯·蒂利：《法国人民：四个世纪、五个地区的历史》，汪珍珠译，北京：北京大学出版社，2019年。

[2] William H. Sewell Jr., "Three Temporalities: Toward an Eventful Sociology," p. 254.

[3] Sidney Tarrow. "Charles Tilly and the Practice of Contentious Politics," pp. 229–230.

首次成为蒂利的核心概念；事实上，整本书讲述的正是法国在四个世纪中抗争政治形式的延续和断裂。在将抗争政治定位为冲突（conflict），而非失序（disorder）时，蒂利指出：

> 抗争形式本身体现了这种秩序。通过追踪当权者所说的失序行动本身，我们看到有限数量的行动反复出现。在17世纪的法国，普通民众并不知道如何示威、游行或罢工。但他们有自己的一套常规手段：驱逐税吏、收回对腐败官员的忠诚以及羞辱道德败坏者。……每一种行动类型都将某个特定群体和其他个人、群体或多个群体联系起来。每一种类型都随着持续的群体互动（斗争、合作、竞争或某种混合形式）而产生和变动。①

其次，蒂利将抗争剧目视为政治过程中的不同形式互动的产物，并明确提到了抗争过程中不同行动者之间的"信号传递、协商和斗争"，②这里的社会关系色彩已经非常鲜明，并为蒂利日后的社会机制理路埋下了伏笔。

然而，特定的抗争剧目到底是强是弱，具有普遍性还是特定性，此时的蒂利并没有明确的答案。他也没有找到梳理和利用自己搜集到的庞大历史数据对抗争剧目的演化进行追踪的最佳研究手段。③

---

① Charles Tilly, *The Contentious French*, p. 4.
② Charles Tilly, *The Contentious French*, p. 4.
③ Sidney Tarrow, "Charles Tilly and the Practice of Contentious Politics," p. 230.

例如，在一篇文章中，蒂利敦促社会史学家关注宏观社会变迁和特定群体之间的相互作用，① 但仍然被批评为具有结构主义偏见，给人一种"人们被没有喜怒哀乐的过程牵着鼻子走，而并没有真正发生互动"的印象。②

与此同时，蒂利对社会互动的中层过程越来越关注，并对《从动员到革命》中的一般性理论（general theory）立场开始产生怀疑。在这里，不能不提的是美国社会学在 20 世纪下半叶一个更大范围的理论范式变化：中层理论（theories of the middle range）的崛起。1949 年，在帕森斯的结构功能论正如日中天之时，帕森斯的学生默顿号召社会学家转而关注中层理论："中层理论既非日常研究中多如牛毛的琐屑但必要的初步假设，也不是……解释一切被观察到的社会行为、社会组织与社会变迁的统揽一切的统合性理论，而是介于这二者之间的理论。"默顿强调，在局部理论完善之前，一般性理论的时机并不成熟；社会学家在现阶段的任务是"发展适用于有限概念范畴的特定理论"；这些特定理论必须能提炼出经验性假设。③ 中层理论同时避开了"粗糙的经验主义"（raw empiricism）与宏大但空洞的理论框架的双重陷阱，在之后

---

① Charles Tilly, "Retrieving European Lives," in Olivier Zunz, ed., *Reliving the Past: The Worlds of Social History*, Chapel Hill: University of North Carolina Press, 1985, pp. 11–52.

② Peter N. Stearns. 1987. "Review of *Reliving the Past: The Worlds of Social History*," *Journal of Interdisciplinary History*, vol. 18, no. 2 (Autumn 1987), p. 336. 蒂利并不讳言自己当时在结构和能动之间的挣扎，参见 Bruce M. Stave, "A Conversation with Charles Tilly: Urban History and Urban Sociology," pp. 202–204.

③ Robert K. Merton, "On Sociological Theories of the Middle Range," pp. 39–51 in Robert K. Merton, *Social Theory and Social Structure*, enlarged ed., New York: Free Press, 1968 [1949]. 中译见 [美] 罗伯特·K. 默顿：《社会理论和社会结构》，唐少杰、齐心译，南京：译林出版社，2006 年。

的半个世纪产生了深远的影响。不夸张地说，当代美国主流社会学无处不见默顿的中层理论思想的影响。[1]虽然蒂利对默顿的直接征引多与具体概念和理论有关，总体而言并不算多，但仔细比较早期和中期的蒂利，默顿的影响是显而易见的。蒂利在20世纪80年代的研究可以视为默顿的中层理论在历史社会科学中的自觉运用与检验。在处理微观与宏观问题的关联时，他有意避免统揽一切的化约性理论陈述，而总是将相对低一层次的理论与特定范围的经验研究紧密结合起来。

在方法论上，蒂利在学术上的好友阿瑟·斯廷奇科姆（Arthur Stinchcombe）的影响不容忽视。[2]斯廷奇科姆是美国社会学历史上对方法论认识最为深刻的学者之一。1978年，斯廷奇科姆出版了一本颇为奇特的小书《社会史的理论方法》。这本书剖析了列夫·托洛茨基（Leon Trotsky）、亚历克西·德·托克维尔（Alexis de Tocqueville）、尼尔·斯梅尔瑟（Neil Smelser）和莱因哈特·本迪克斯（Reinhard Bendix）这四位看似风马牛不相及者的历史研究，并指出，他们具有说服力的研究，都是进行了有力度的深度类比（deep analogies）；当他们试图将一般性理论运用于

---

[1] 参见 Peter Hedström and Peter Bearman, eds., *The Oxford Handbook of Analytical Sociology*, Oxford: Oxford University Press, 2009。
[2] 蒂利曾向我表示，当世社会学家中，他最敬佩的有两位，一位是哈里森·怀特，另一位就是斯廷奇科姆。据我所知，除了在学术上惺惺相惜，二人也是私交甚笃的朋友。斯廷奇科姆曾为蒂利的论文精选集《过去通往未来之路》撰写回顾和点评性质的结语，参见 Arthur L. Stinchcombe, "Tilly on the Past as a Sequence of Futures," pp. 387–409；蒂利更是将自己生前出版的最后一部著作《解释社会过程》题献给斯廷奇科姆，并称后者为"深刻的、富有挑战性的学术源泉"，参见 Charles Tilly, *Explaining Social Processes*。

宏观历史事件的研究时，则往往难逃谬误。从而，斯廷奇科姆得出了一条影响深远的结论（或毋宁说开宗明义地提出论点）："我们并不将理论运用于历史；相反，我们用历史来发展理论。"[1] 在1981年的《当社会学遇上历史》的第一章《社会学，和历史相会吧！》中，蒂利对斯廷奇科姆的论点进行了深入的讨论。[2] 蒂利原则上认同斯廷奇科姆将细致的历史分析作为社会变迁理论的基石这一观点，认为有效历史分析的关键不在于建立单一事实，而在于从深度类比中提炼出可靠的历史事实，并将一连串事实的集合构建为一个累积性的因果过程，以每一个事实作为下一个事实的前提。[3] 然而，蒂利并不同意斯廷奇科姆的"论从史出"的观点，而坚持认为，即便是历史学家，也仍然依赖于一般性理论。在他看来，不管理论多么粗糙，历史学家研究的起点总是理论，而历史研究的重要目的仍然是解释。从而，蒂利也得出了他的著名结论："即便是一件蹩脚的工具也胜过没有工具。"[4] 尽管二人对于理论与历史之间的优先关系存在分歧，在具体的理论构建上，斯廷奇科姆的思路已经具有日后成型的因果机制（causal

---

[1] Arthur L. Stinchcombe, *Theoretical Methods in Social History*, New York: Academic Press, 1978, p. 1. 事实上，这本书正是蒂利主编的《社会断续研究》（*Studies in Social Discontinuity*）丛书中的一本。

[2] Charles Tilly, "Sociology, Meet History," in Charles Tilly, *As Sociology Meets History*, New York: Academic Press, 1981, pp. 1–52. 本章原作为密歇根大学社会组织研究中心的工作论文发表于1979年，下载地址为：http://deepblue.lib.umich.edu/bitstream/handle/2027.42/50967/193.pdf?sequence=1。

[3] Charles Tilly, "Sociology, Meet History," p. 8.

[4] Charles Tilly, "Sociology, Meet History," p. 11. 蒂利的立场在20世纪90年代发生了变化，开始将自己视为一个"从事社会分析的历史学家"，见 Bruce M. Stave, "A Conversation with Charles Tilly: Urban History and Urban Sociology," p. 190.

mechanisms）元素，[1] 而此时的蒂利已经基本接受了这一中层理论建构思想。在宏观历史社会科学的宣言《大结构、大过程、大比较》中，蒂利已经开始从理论和方法论上谈论时间对社会科学研究的重要意义，以及时间和空间比较对于提炼可靠研究结论的价值。[2] 此时的蒂利为自己的结构主义研究注入了时间与空间场景。

四、20世纪90年代：关系实在论

20世纪90年代的美国社会学经历了深刻的变革，尤其是"文化转向"（cultural turn）浪潮。如上所述，帕森斯的结构功能论在70年代初"跌下神坛"后，美国社会学呈现出不同类型结构主义"百花齐放"的态势。但不幸的是，"反帕森斯"运动在批判帕森斯的文化系统理论的同时，也"将婴儿和洗澡水一起倒掉"，抛弃了作为解释变量的文化。到了80年代，社会学之外的其他学科开始重视文化。例如，历史学家小休厄尔和林恩·亨特（Lynn Hunt）强调话语、仪式、符号、认同等文化因素在法国大革命中的重要角色；[3] 詹姆斯·克利福德（James Clifford）与乔治·马库

---

[1] 参见 Arthur L. Stinchcombe, "The Conditions of Fruitfulness of Theorizing about Mechanisms in Social Science," in Aage B. Sørensen and Seymour Spilerman, eds., *Social Theory and Social Policy: Essays in Honor of James S. Coleman*, Westport: Praeger, 1993, pp. 23–41。

[2] Charles Tilly, *Big Structures, Large Processes, Huge Comparisons*.

[3] Lynn Hunt, *Politics, Culture, and Class in the French Revolution*, Berkeley: University of California Press, 1984; William H. Sewell. Jr. *Work and Revolution in France: The Language of Labor from the Old Regime to 1848*, Cambridge: Cambridge University Press, 1980. 前者中译见 [美] 林·亨特（即林恩·亨特）：《法国大革命中的政治、文化和阶级》，汪珍珠译，上海：华东师范大学出版社，2011年。另参见 Lynn Hunt, ed., *The New Cultural History*, Berkeley: University of California Press, 1989. 中译见 [美] 林·亨特主编：《新文化史》，姜进译，上海：华东师范大学出版社，2011年。

斯（George Marcus）发起了一场人类学的"写文化"运动；[1] 马歇尔·萨林斯（Marshall Sahlins）对历史唯物主义的批判以及对文化的历史性的强调也深刻影响了当时的美国人类学；[2] 源于欧洲的文化研究也在这一时期的美国达到高潮。[3] 进入90年代，"文化转向"浪潮终于席卷美国社会学界，其影响延续至今，并扩散至政治学和其他学科。[4] 社会学中的"文化转向"有两个重要特点。第一，对社会科学中的结构主义思维做出批评，转而强调文化的自主性。[5] 第二，受后现代思潮影响，解构国家、阶级等传统概念；淡化社会科学的"科学"色彩，强调社会科学的建构性和相对性；否认解释（explanation）和解读（interpretation）[6]的差异，甚至主张解读的优越性。[7]

蒂利本人常被视为结构主义的代表，他不可避免地要对相关

---

[1] James Clifford and George E. Marcus, eds., *Writing Culture: The Poetics and Politics of Ethnography*, Berkeley: University of California Press, 1986.

[2] Marshall Sahlins, *Culture and Practical Reason*, Chicago: University of Chicago Press, 1976.

[3] 参见 Lawrence Grossberg, Cary Nelson, and Paula Treichler, eds., *Cultural Studies*, London: Routledge, 1992。

[4] 参见 Victoria E. Bonnell and Lynn Hunt, eds., *Beyond the Cultural Turn: New Directions in the Study of Society and Culture*, Berkeley: University of California Press, 1999; Roger Friedland and John Mohr, eds., *Matters of Culture: Cultural Sociology in Practice*, Cambridge: Cambridge University Press, 2004; George Steinmetz, ed., *State/Culture: State-Formation after the Cultural Turn*, Ithaca: Cornell University Press, 1999; Michael Thompson, Richard Ellis, and Aaron Wildavsky, *Cultural Theory*, Boulder: Westview, 1990。

[5] Jeffrey C. Alexander, *Fin de Siècle Social Theory: Relativism, Reduction, and the Problem of Reason*, London: Verso, 1995. 中译见 [美] 杰夫瑞·C. 亚历山大：《世纪末社会理论》，张旅平等译，上海：上海人民出版社，2003年。

[6] Interpretation 也可译为"诠释"。

[7] Steven Seidman, "Relativizing Sociology: The Challenge of Cultural Studies," in Elizabeth Long, ed., *From Sociology to Cultural Studies: New Perspectives*, Oxford: Blackwell, 1997, pp. 37–61.

质疑做出回应。在《英国的大众抗争，1758—1834》中，蒂利明确表示了自己对文化转向的态度。第一，捍卫社会科学知识的科学性和累积性："到了今天，许多历史学家和社会科学家都开始认为一切社会行动都不过是话语而已，这种解构使得社会科学的常规手段再无用武之地。……我将大赌注押在我所考察的政治过程的连贯性和外部可知性上。"[1] 第二，强调结构性因素在因果链中的主导地位："我将文化……视为社会行动发生的外在框架，将话语视为行动的主要手段，但我不认为文化和话语穷尽了社会现实。"[2] 第三，否认文化的决定性作用：文化不是"笼罩在社会生活上的云雾，随风摇摆，像下雨下雪一般随意制造社会行动"。[3] 第四，后现代主义有其合理之处，尤其是对元叙事（master narratives）的挑战，但它只擅长"破"，而无法"立"；[4] 各种社会建构学说无法提供对议题与框架建构过程中的动态过程加以理论化的工具。第五，主张以社会关系为分析单位："社会关系（而不是个人心理或社会整体）是最基本的现实。"[5] 事实上，在20世纪90年代，蒂利对后现代主义和文化转向给予了充分的重视，写了大量关于身份认同、心理、话语、叙事方面的文章，[6] 并积极修正自己的理论，甚至宣称自己已经接受了在20世纪60年代盛极一时，但被

---

[1] Charles Tilly, *Popular Contention in Great Britain, 1758–1834*, p. 38.
[2] Charles Tilly, *Popular Contention in Great Britain, 1758–1834*, p. 38.
[3] Charles Tilly, *Popular Contention in Great Britain, 1758–1834*, p. 40.
[4] Charles Tilly, "Softcore Solipsism", *Labour/Le Travail*, vol. 34 (Fall 1994), pp. 259–268.
[5] Charles Tilly, *Popular Contention in Great Britain, 1758–1834*, p. 39.
[6] 部分相关文章被收入 Charles Tilly, *Stories, Identities, and Political Change*, Lanham: Rowan & Littlefield, 2002。

以他本人为代表的政治过程学派所取代的"失范理论、非理性理论等"。但蒂利不满足于后现代主义的一味解构以及对因果解释的摈弃,而试图提出更具解释力的理论。他始终对后现代主义的解构陷阱保持高度的警惕,认为许多社会建构形成了本体,例如群体、制度、市场和自我,而社会学家的任务应当是解释建构的形成与后果,而不是停留在社会建构的表层,甚至否定本体的存在。蒂利不是一个单纯的社会理论家,他从不将自己的理论构筑于文本和思辨之上,而是从有血有肉的历史叙述中构建理论。他对自己酝酿多年的抗争剧目理论寄予厚望,希望以此打通宏观与微观、结构与能动,尽管此时的蒂利承认这一理论并不完善。[1]

20 世纪 90 年代的蒂利已年过花甲,但学术创作力却越来越旺盛,这和他对社会关系的理解日益深化有关。[2] 这十年的蒂利非常高产,这里只讨论两部有代表性的著作:《英国的大众抗争(1758—1834)》和《韧性不平等》。在对英国抗争政治的历史研究中,蒂利对七份重要报纸杂志上所描述的八千多场抗争集会进行了编目和分析,并查阅了英国各大档案馆的馆藏和文献。表面上看,《英国的大众抗争(1758—1834)》和《抗争的法国人》颇为类似,只是研究对象从法国换成了英国;除了第二章的统计分析,历史叙述仍然是主要的研究方法。但前者的目录透露出一些端倪:除了纲领性质的前三章和最后一章的结语,这本厚实的书以时间和事件为轴,将英国近百年的大众抗争划分为时长为

---

[1] Bruce M. Stave, "A Conversation with Charles Tilly: Urban History and Urban Sociology," p. 203.
[2] 另一方面,蒂利也曾在私人交谈中向我提到养儿育女对其早年学术产量的限制。

六到三十年的四个阶段。这种编排和叙述方式赋予这本书以厚重的历史感,但也体现出蒂利仍在摸索如何将单一抗争事件和社会运动置于一个统一的框架下研究:《旺代之乱》关注一场重大革命;《反叛的世纪(1830—1930)》和《欧洲革命(1492—1992)》分别关注一个世纪和五个世纪的革命运动[1];《法国罢工(1830—1968)》关注的是单一的罢工事件,对不同事件组成的罢工潮并没有给予足够重视;《抗争的法国人》开始将局部抗争和革命浪潮放到一起考虑;《从动员到革命》明确指出不同抗争形式的共同点——抗争集会。《英国的大众抗争(1758—1834)》则第一次以抗争集会为分析单位:至少十个非政府人员"聚集在一个公开场所,对至少一个其他人提出诉求;一旦得到满足,这种诉求将影响到其对象的利益"。[2] 这时的蒂利已经在有意识以"事件"(events)打通微观和宏观之间的鸿沟,尽管尚未完全成功。

更为重要的是,蒂利明确与曾经的结构还原主义倾向切割:"抗争本身有相对独立的历史,这种历史不是简单的生产组织变化或国家权力结构变化的反映——它影响了生产的组织和国家权力的结构。"[3] 这本书的核心主张更是和斯廷奇科姆十七年前的倡议遥相呼应:"前一阶段的集体诉求对集体诉求的后继形式产生限制,

---

[1] Charles Tilly, *European Revolutions, 1492–1992*, Oxford: Blackwell, 1993.

[2] Charles Tilly, *Popular Contention in Great Britain, 1758–1834*, Cambridge: Harvard University Press, 1995, p. 63.

[3] Charles Tilly, *Popular Contention in Great Britain, 1758–1834*, p. 37.

影响了大众抗争的主题、行动者、背景和结果。……抗争的特定轨迹之所以重要,是因为每一次集体诉求都包含了当事人之间的妥协、对互动的记忆、不同互动潜在后果的新信息以及当事人内部和当事人之间变化的关系网络。"①

1998年的《韧性不平等》让许多人大吃一惊。有别于过去对长时段宏观历史现象的分析,蒂利转而研究抽象的、超越特定历史场景的不平等现象。但究其本质,这本书关注的是社会关系如何固化某种社会类型。尤其值得指出的是,这本书是蒂利第一次系统采用社会机制(social mechanisms)框架,即"反复出现的、具有普遍意义的因果序列"。② 在蒂利看来,导致性别、种族、民族等不平等关系以及不平等"固化"的原因在于两种社会机制:第一,剥削(exploitation)——有权有势、交际面广的人享有提供递增报酬的排他性资源,而其他人无法享有这种资源所带来的好处;第二,机遇囤积(opportunity hoarding)——某个基于类别的群体成员得以享受某种宝贵的、可再生的、垄断性的资源,而这种垄断性又被社会网络所维系。这是蒂利第一次令人信服地解决了宏观现象的微观机制问题:微观层面的人际关系和互动如何产生对立性的群体认同,并在持续对立中得到固化,最终产生宏观社会结构。蒂利终于将关系、过程、机制、结构、能动等他一直关注的理论元素有机地融合在一起。③

---

① Charles Tilly, *Popular Contention in Great Britain, 1758–1834*, p. 37.
② Charles Tilly, *Durable Inequality*, Berkeley: University of California Press, 1998, p. 7.
③ Charles Tilly, *Durable Inequality*, p. 10.

但不可否认,《韧性不平等》并未彻底摆脱结构主义嫌疑。蒂利坚持认为,信念、意识形态、情感、文化等因素在不平等的生成和维系中不扮演因果性角色:"认同感和群体之间的敌对感很可能伴随、促成或源自用以解决组织问题的类别不平等。但这些态度的相对盛行在不平等的范围和形式上只扮演次要角色。错误的信念强化了剥削、机遇囤积、效仿和调适,但对于它们的生成不具有多少独立影响。……研究这种韧性不平等的社会科学家必须切割掉意识形态的繁乱枝叶,直达结构性根源。"[1]

20世纪90年代后期的另一个事件同样不容忽视。约翰·洛夫兰德（John Lofland）曾经描述过抗争政治研究中的"理论痛殴"（theory-bashing）现象,指出不少抗争政治学者对于前辈学者猛烈炮轰,以此凸显自己理论的革新性和完善性,试图取而代之,形成新的范式。[2] 蒂利的理论取向也成了年轻一代的靶子。1999年,杰夫·古德温（Jeff Goodwin）和詹姆斯·贾斯珀（James Jasper）发表了一篇论文,对以蒂利、塔罗和麦克亚当为代表的政治过程理论进行了猛烈抨击,指责这一理论的结构主义偏见。[3] 这篇文章迅即引起热烈讨论,引来几代学者的加入,[4] 并深刻影响了抗争政治研究的发展轨迹。作为回应,蒂利一方面承认政治契机在概念

---

[1] Charles Tilly, *Durable Inequality*, p. 15.
[2] John Lofland, "Theory-Bashing and Answer-Improving in the Study of Social Movements," *American Sociologist*, vol. 24, no. 2 (Summer 1993), pp. 37–58.
[3] Jeff Goodwin and James M. Jasper, "Caught in a Winding, Snarling Vine: The Structural Bias of Political Process Theory," *Sociological Forum*, vol. 14, no. 1 (March 1999), pp. 27–54.
[4] 相关讨论被收入一部文集,见 Jeff Goodwin and James M. Jasper, eds., *Rethinking Social Movements: Structure, Meaning, and Emotion*, Lanham: Rowan & Littlefield, 2004。

上的含糊其词；[1]另一方面坚持将文化因素融入对社会互动的分析，而不将它视为一个先在或独立的领域。[2] 这场争论对蒂利最后七八年的学术轨迹影响深远。众多年轻学者加入文化"阵营"迫使他反思自己对结构—能动关系的思考，更加注重社会互动对社会结构的反作用。

最后，20世纪90年代后期的关系社会学和社会机制思潮对蒂利影响至深。[3] 前文说过，受斯廷奇科姆的影响（尽管未正式加以界定），蒂利从70年代后半期就开始有意识地以社会机制理路思考问题，同时吸取以哈里森·怀特（Harrison White）为代表的社会网络学派的洞见。[4] 到了90年代，蒂利开始重新发掘罗伯特·默顿所主张的对社会过程的机制式解释（尽管默顿同样没有使用这一称谓）。在《隐形的手肘》中，蒂利指出，默顿对"有意图行动的非意图性后果"的研究忽略了一个问题：有意图的社会行动何以产生系统的、韧性的社会结构？[5] 在这里，主体能动性已经成为蒂利的研究主轴，而他的答案是：在于能动者之间的

---

[1] 2001年的《抗争的动态》在很大程度上淡化了政治契机的客观性和结构性，转而强调它的主观性和知觉性。见 Doug McAdam, Sidney Tarrow, and Charles Tilly, *Dynamics of Contention*, Cambridge: Cambridge University Press, 2001。中译见［美］道格·麦克亚当、西德尼·塔罗、查尔斯·蒂利：《斗争的动力》，屈平、李义中译，南京：译林出版社，2006年。中译标题不甚准确。

[2] Charles Tilly, "Wise Quacks," *Sociological Forum*, vol. 14, no. 1 (March 1999), pp. 55–61.

[3] 参见 Ann Mische, "Relational Sociology, Culture, and Agency," in John Scott and Peter J. Carrington, eds., *The Sage Handbook of Social Network Analysis*, Thousand Oaks: Sage, 2011, pp. 80–97。

[4] 《从动员到革命》专门有一节将怀特的思想用于抗争政治，见 Charles Tilly, *From Mobilization to Revolution*, pp. 62–69。关于蒂利的社会网络思想，参见李钧鹏：《新哥伦比亚学派？》。

[5] 究其本质，《韧性不平等》的研究主旨正在于此。

互动。[1]尽管"互动"(interaction)这个词在他以往的研究中多次出现,蒂利终于将这一概念一般化、理论化,并用于抗争政治之外的领域。1997年,蒂利在社会研究新学院期间的同事穆斯塔法·埃米尔巴耶尔(Mustafa Emirbayer)发表重要论文《关系社会学宣言》,正式标志着这一理论取向从幕后走向台前。[2]在1998年的一篇论文中,蒂利首次在本体论(ontology)层面上提出了关系实在论(relational realism)。蒂利区分出社会科学中常见的四种本体论:整体论(holism)、现象个人论(phenomenological individualism)、方法个人论(methodological individualism)和关系实在论。关系实在论主张"交易、互动、社会纽带以及对话构成了社会生活的核心",侧重于"快速串联和分解,生成了组织结构,并同时塑造了个人行为的连接关系",倡导"追踪沟通、庇护关系链、雇佣网络、对话者的关系以及权力关系等从小到大(以及从大到小)的动态变化"。[3]尽管对社会关系和社会互动的关注贯穿蒂利学术生涯始终,一直到20世纪90年代,蒂利才开始系统思考一个问题:社会关系如何被蕴含且孕生意义的社会过程建构出来?此时的蒂利格外注重社会网络在不同历史场景下的形塑与变化,以及社会关系如何与人口、技术等变量一起引发了政治

---

[1] Charles Tilly, "Invisible Elbow," *Sociological Forum*, vol. 11, no. 4 (December 1996), pp. 589–601.
[2] Mustafa Emirbayer, "Manifesto for a Relational Sociology," *American Journal of Sociology*, vol. 103, p. 2 (September 1997), pp. 281–317.
[3] Charles Tilly, "Micro, Macro, or Megrim?" in Charles Tilly, *Stories, Identities, and Political Change*, Lanham: Rowan & Littlefield, 2002[1998], p. 72. 蒂利在1997年的一篇文章中有类似的主张,但并没有使用"关系实在论"这个词,而用了本体论色彩较弱的"关系分析"(relational analysis)一词,见 Charles Tilly, "Social Itineraries," in Charles Tilly, *Roads from Past to Future*, pp. 1–13。

冲突。在结构、场景之外，社会关系作为蒂利理论体系的第三根支柱终于立了起来。

如果再将关系社会学与前文提到的结构与能动这一对概念联系起来，我们可以发现，在以蒂利和怀特为代表的关系社会学家这里，结构主义社会学得到了新生。① 不同于帕森斯笔下的自我循环、自我修复、自我论证的社会系统，蒂利和怀特将社会结构从单数意义上的概念转化为复数意义上的概念，也就是我们更常说的社会关系。在这种新理路中，社会结构被概念化为个人、群体和角色之间的关系网络。不同于传统的结构主义，怀特笔下的（复数的）社会结构不再是一个稳定的、先定给予的认识论实体，而成为贯穿了意义的、源于社会互动的多重动态关系。怀特认为，网络概念是建构社会结构理论的最佳方案；身份认同是一种控制行为，是能动者对或然性的反应，换言之，是抵消不同网域（network-domain，简称 netdom）之间转换所带来的冲击的缓冲地带；网域间的来回转换意味着主体进行反思、报告和更新的过程，而意义和身份认同正是在网域边界交错之处产生。通过关系性结构的思路，怀特在微观和宏观、能动和结构之间找到了一个微妙的平衡点。蒂利的结构主义思想同样比传统结构主义社会

---

① 随着量化与质化社会网络研究的完善，新一代社会学家的结构主义分析已经焕然一新，参见 Peter S. Bearman, *Relations into Rhetorics: Local Elite Social Structure in Norfolk, England, 1540–1640*, New Brunswick: Rutgers University Press, 1993; Peter Hedström, *Dissecting the Social: On the Principles of Analytical Sociology*, Cambridge: Cambridge University Press, 2005; John Levi Martin, *Social Structures*, Princeton: Princeton University Press, 2009; Paul D. McLean, *The Art of the Network: Strategic Interaction and Patronage in Renaissance Florence*, Durham: Duke University Press, 2007。

学（以及他本人的早期研究）复杂许多。首先，在认识论上，蒂利寻求发掘社会现象背后可以验证、可以观测的事实，并构建它们之间的联系，同时指出，一个事实或一种结构并不足以引致相应的社会现象，从而，行动者的认知与动机必须得到分析；在本体论上，蒂利认识到个人、整体、形势与关系作为研究单位各自的优势，并不试图将任何单元置于优先地位，而是根据研究对象和研究问题进行综合。其次，蒂利反对覆盖率解释模式，而诉诸成套的、特定时间或空间节点内的因果解释机制。再次，蒂利主张先将分析对象的高阶单元分解，然后分析低阶单元的因果关系，最后将这种低阶的多个因果关系合成为高阶的因果关系。蒂利反对方法论个人主义，强调分析单元的多层次性，包括环境机制、认知机制以及关系机制。环境机制是改变社会生活与政治过程的外部影响；认知机制是基于个人与群体感知的变化；关系机制改变个人、群体与人际网络之间的关系与连接。最后，蒂利强调历史过程的时序性（temporality），将历史过程分解为历史事件，认为历史事件在因果解释中的地位不仅应该受到承认，而且应该加以进一步的概念化与分析。如果说，怀特在空间维度上将古典社会学中先定给予的、刚性的社会结构分解成互动性的、多重的关系网络，蒂利则在时间维度上将传统社会学静态的、覆盖率导向的结构主义思维改造为历时性的、动态的、多层次的社会过程。①

---

① 李钧鹏：《新哥伦比亚学派?》。

不同于许多其他关系社会学家,蒂利并不将社会关系视为一种简单的抽象存在,而将关系置于具体、真实的时空场景中。在这种意义上,蒂利的关系实在论和社会科学哲学中的批判实在论(critical realism)有异曲同工之妙。英国哲学家罗伊·巴斯卡尔(Roy Bhaskar)结合本体论实在主义(ontological realism)与认识论相对主义(epistemological relativism),试图在实证主义和建构主义中找到一个平衡点,既保有研究对象的可知性,又强调知识的主观性、历史性以及相应的社会场景。巴斯卡尔还对实证主义者所秉承的因果关系提出批评,认为它只是事件序列的先后组合,而不是生成某一后果的真正成因。[1]巴斯卡尔对本体论极为重视,并认为因果机制可以有不同的层次;还强调社会结构本身的因果内涵以及不同层次社会机制的不可化约性。这些都和蒂利的社会科学理路不谋而合。[2] 尽管据笔者的检索,蒂利从未在作品中直接征引过巴斯卡尔的研究,后者从 20 世纪 70 年代起在社会科学哲学元理论(meta-theory)中的长期探索很可能以间接的方式影响到蒂利的社会科学观。[3] 更为重要的是,世纪之交的美国社会

---

[1] Roy Bhaskar, *The Possibility of Naturalism: A Philosophical Critique of the Contemporary Human Sciences* 3rd ed., London: Routledge, 1998.
[2] 关于批判实在论对社会科学的借鉴意义,参见黄光国:《社会科学的理路》,台北:心理出版社,2013 年第三版,第 441—464 页;Philip S. Gorski, "'What is Critical Realism? And Why Should You Care?'" *Contemporary Sociology*, vol. 42, no. 5 (September 2013), pp. 658–670。
[3] 关于批判实在论和蒂利的关系实在论之间的关系,参见 George Steinmetz, "Charles Tilly, German Historicism, and the Critical Realist Philosophy of Science," pp. 312–336。万毓泽也在这方面做出了初步尝试,参见 Poe Yu-ze Wan, *Reframing the Social: Emergentist Systemism and Social Theory*, Surrey: Ashgate, 2011。

科学界出现了一股势头强劲的实在论热潮。[1] 篇幅所限，此处无法详述，只强调一点：一个学者的思想和洞见绝非空中楼阁，而是深植于他所处的时代；把蒂利的关系实在论放在这股热潮下考察，尤其是它和批判实在论之间的关系，有助于我们从宏观层面上更好地把握蒂利学术思想的来龙去脉。

五、21 世纪：社会机制论

从 20 世纪 90 年代后期开始，包括社会学在内的整个美国社会科学界对社会机制越来越重视，后者也成为一项系统的研究课题，甚至在短短几年间引发了一场横扫社会科学的"机制运动"（mechanism movement）。[2] 这赋予蒂利以新的灵感，"社会机制"也成为他生命最后几年最频繁使用的词汇之一。进入 21 世纪，蒂利的创作力越发旺盛，他对抗争政治几十年的研究和思考也终于彻底成型。[3] 2001 年，蒂利和塔罗、麦克亚当出版了广受瞩目的《抗争的动态》，对抗争政治研究做出了基于社会机制和关系社

---

[1] 参见 Mario Bunge, *Social Science under Debate: A Philosophical Perspective*, Toronto: University of Toronto Press, 1998; Berth Danermark, et al., *Explaining Society: Critical Realism in the Social Sciences*, London: Routledge, 2002 [1997]; Andrew Sayer, *Realism and Social Science*, Thousand Oaks: Sage, 2000; Ian Shapiro, *The Flight from Reality in the Human Sciences*, Princeton: Princeton University Press, 2005。

[2] Zenonas Norkus, "Mechanisms as Miracle Makers? The Rise and Inconsistencies of the 'Mechanismic Approach' in Social Science and History," *History and Theory*, vol. 44, no. 3 (October 2005), pp. 348–372.

[3] 除了学术思考的成熟，还有一个实际原因：蒂利在 21 世纪初被诊断为癌症晚期（淋巴癌复发），知道自己不久于人世，所以强烈的紧迫感驱使他尽快把自己的思想表述出来。（蒂利先后几次患癌，本书曾有提及。）

学的系统宣言。①这本书和蒂利过去的抗争政治研究存在以下重大差异。第一，蒂利明确以"抗争政治"这个词涵盖过去使用过的"社会运动""集体行动""集体暴力"等术语，在概念和不同类型抗争活动的关系梳理上取得突破："……不同类型的抗争——社会运动、革命、罢工潮、民族主义、民主化，等等——具有类似的机制和过程。……对它们的动态过程加以比较，而不是局限于每一种活动本身，我们可以获知更多。"②蒂利和合作者这样界定抗争政治："提出诉求的人和诉求对象之间不定期的、公开的、集体的互动，并且（一）至少有一个政府部门是诉求方、诉求对象或诉求相关者；（二）若得到满足，诉求将影响至少一个诉求方的利益。大体上说，这个定义指的是群体性政治斗争。"③第二，从书名可见一斑，蒂利将抗争（包括民主化在内）视为一个动态过程，是行动者长期互动的后果，而不只是国家缔造、资本主义或现代化的产物。第三，这本书抛弃了蒂利过去常用的抗争事件分类和统计，转向三大基石：（一）机制：数量有限的，以相同或相近方式改变特定要素组合之间在不同场合中的关系的事件；（二）过程：引发上述要素类似变革的机制的常规序列；（三）剧集（episodes）：持续的抗争事件，包括影响他人利益的集体诉求。④第四，这本书明确了一系列中层机制，如连接（brokerage）、扩散（diffusion）、协同行动（coordination action）、社会移用（social appropriation）、

---

① Doug McAdam, Sidney Tarrow, and Charles Tilly, *Dynamics of Contention*.
② Doug McAdam, Sidney Tarrow, and Charles Tilly, *Dynamics of Contention*, p. 4.
③ Doug McAdam, Sidney Tarrow, and Charles Tilly, *Dynamics of Contention*, p. 5.
④ Doug McAdam, Sidney Tarrow, and Charles Tilly, *Dynamics of Contention*, p. 24.

边界激活（boundary activation）、认证（certification）、身份转换（identity shift）。[1] 这本书是蒂利首次系统运用和检验自己的关系实在论，标志着他从早期沿袭自摩尔的结构主义的彻底转向。曾经被视为阶级变迁、资本主义兴起、国家缔造等宏观结构力量产物的抗争政治现在成为不同动态机制和过程之间长时间互动的产物。同时，蒂利也对其他社会机制主张加以批判性反思，[2] 并发展出了自己的一套系统的社会机制观，强调社会机制的解释性、因果性、多层次性以及时序性。[3]

基于本体论上的关系实在论和方法论上的社会机制论，蒂利在去世前几年出版了一系列精彩纷呈的著作。《集体暴力的政治》研究社会关系在集体暴力中的角色，深入探讨边界的确立、维系

---

[1] 另参见 Charles Tilly and Sidney Tarrow, *Contentious Politics*, Boulder: Paradigm, 2007。中译见[美]查尔斯·蒂利、西德尼·塔罗：《抗争政治》，李义中译，南京：译林出版社，2010年。
[2] 除了斯廷奇科姆，蒂利的主要对话者还包括 Peter Hedström and Richard Swedberg, eds., *Social Mechanisms: An Analytical Approach to Social Theory*, Cambridge: Cambridge University Press, 1998; Peter Hedström, *Dissecting the Social: On the Principles of Analytical Sociology*, Cambridge: Cambridge University Press, 2005。后者中译见[瑞典]彼得·赫斯特洛姆：《解析社会：分析社会学原理》，陈云松等译，南京：南京大学出版社，2010年。关于蒂利的社会机制观与其他社会科学哲学家（尤其是马里奥·本赫[Mario Bunge]）的社会机制观的同与异，参见万毓泽：《回应李钧鹏〈作为社会科学哲学的社会机制〉》，《社会理论学报》第15卷第1期，第43—65页。
[3] Charles Tilly, *Explaining Social Processes*；李钧鹏：《作为社会科学哲学的社会机制》。这一思路在政治学界也有重要影响，参见 Derek Beach and Rasmus Brun Pedersen, *Process-Tracing Methods: Foundations and Guidelines*, Ann Arbor: University of Michigan Press, 2013; David Collier, Henry E. Brady, and Jason Seawright, "Sources of Leverage in Causal Inference: Toward an Alternative View of Methodology," in Henry E. Brady and David Collier, eds., *Rethinking Social Inquiry: Diverse Tools, Shared Standards*, Lanham: Rowman & Littlefield, 2004, pp. 229-266; Alexander L. George and Andrew Bennett, *Case Studies and Theory Development in the Social Sciences*, Cambridge: MIT Press, 2005。

和模糊如何导致纠纷，最终引发暴力行为。[①]《欧洲的抗争与民主（1650—2000）》是摩尔和早期蒂利对民主化和大众抗争之间互动关系研究的拓展。[②]《信任与统治》深化了《抗争的动态》提出的"信任网络"（trust networks）概念，研究信任网络与政治权威之间的不同关系，以及社会网络之间不同类型的关系和形态如何导致威权主义、神权和民主政体。[③]《民主》承袭了《抗争的动态》的民主过程理论以及《韧性不平等》的类属不平等（categorical inequality）和信任网络理论，审视民主化历程中的暴力现象，将民主化视为三种相对独立却又相互依赖的社会关系互动的后果：公共政治（环境机制）、类属不平等（关系机制与认知机制的结合）与信任网络（关系机制）。[④]《政体与剧目》将蒂利终身关注但相对独立的两个研究领域有机地融为一体：国家缔造和抗争政治。蒂利指出，政体类型（以及为了打造特定政体所做出的政治行动）和社会抗争是存在有机联系并相互影响的两个历史过程。为了阐明这一论点，蒂利提出了一系列理论陈述，并以丰富的历史个案和比较分析来加以验证。[⑤]

[①] Charles Tilly, *The Politics of Collective Violence*, Cambridge: Cambridge University Press, 2003. 中译见［美］查尔斯·蒂利：《集体暴力的政治》，谢岳译，上海：上海人民出版社，2011年。
[②] Charles Tilly, *Contention and Democracy in Europe, 1650–2000*, Cambridge: Cambridge University Press, 2004. 中译见［美］查尔斯·蒂利：《欧洲的抗争与民主，1650—2000》，陈周旺、李辉、熊易寒译，上海：格致出版社，2015年。
[③] Charles Tilly, *Trust and Rule*, Cambridge: Cambridge University Press, 2005. 中译见查尔斯·蒂利：《信任与统治》，胡位钧译，上海：上海人民出版社，2010年。
[④] Charles Tilly, *Democracy*.
[⑤] Charles Tilly, *Regimes and Repertoires*, Chicago: University of Chicago Press, 2006. 中译见［美］查尔斯·蒂利：《政权与斗争剧目》，胡位钧译，上海：上海人民出版社，2012年。

蒂利的遗著，也是他临终前完成的最后一部著作《抗争表演》，是他对抗争剧目概念最系统的检验，标志着他对抗争剧目研究的高峰，也是关系实在论的最彻底体现。这里的抗争剧目不再只是对类似抗争形式和诉求反复出现的静态观察，而是以社会关系为核心：

> 剧目概念来自我对法国五个区域1600到1975年间数以千计"抗争集会"的检索和编目。我可以从我整理出的事件列表中轻易观察到复现、变化和消散。我虽然对"剧目"这一术语的描述力颇为自信，但在这里是把它呈现为一个向其他抗争研究者提出的挑战性假说，以检验他们自己的系统编目。……但在很大程度上，大众抗争的分析者……只是采纳了这个术语，用它来表示诉求的重复性，而没有认真思考什么证据支持或推翻了剧目对诉求的促进和引导作用，就像戏剧剧本或标准爵士乐调一样。……我唯有亲自从事这项检验工作。[1]

在这本书里，量化与质化、宏观与微观、结构与能动、相关与过程、物质与文化、解释与解读、形式分析与故事讲述、事件清点（event counts）和以事件为轴的历史叙述（eventful histories）[2]之间的壁垒被彻底打破；通过对故事的系统描述和分析，蒂利走出了一条将逻辑上的严密性和人际互动的微妙性结合起来的中间

---

[1] Charles Tilly, *Contentious Performances*, Cambridge: Cambridge University Press, 2008, pp. xiv.
[2] William H. Sewell Jr., "Three Temporalities: Toward an Eventful Sociology."

路线。在新生代学者批评他忽略了文化时，蒂利并未采取回避态度，而是积极将文化因素融入自己的分析。但不同于受后现代思潮影响的社会学家，蒂利没有成为"文化结构主义者"（cultural structuralist），[1]没有机械地将文化视为一个塑造社会行为的独立场域，而选择以具有互动性、关系性、机制性和解释性的关系实在论来回应。不同于将社会结构视为给定的自上而下的影响的早期研究，蒂利在晚年越来越关注社会结构通过社会群体之间的互动而形成和固化的自下而上的过程。在他看来，社会结构并不来源于抽象的或本体意义上的文化，而是不同行动者、不同群体、不同关系网络之间长期互动的产物。他半个世纪的思想演变和反思是社会学（乃至整个社会科学和历史学）的发展轨迹和争论的缩影，从这个意义上，我们可以说，理解了查尔斯·蒂利，也就理解了过去半个世纪的社会科学。

六、《为什么？》[2]

那么，《为什么？》在蒂利的学术生涯和社会学界占什么地位？初看起来，除了姐妹书《功与过》，这本书和蒂利的任何一本著作都大相径庭。在风格上，它是蒂利五十多部著作中最为通俗、轻快的一部，可能许多对蒂利不陌生的中国读者也很难相信

---

[1] Jack A. Goldstone, "From Structure to Agency to Process: The Evolution of Charles Tilly's Theories of Social Action as Reflected in His Analyses of Contentious Politics," *American Sociologist*, vol. 41, no. 4 (December 2010), p. 359.
[2] 本节部分内容曾发表，参见李钧鹏：《理由性动物：〈为什么？〉的理由世界》，《思想》（台湾）第 28 期（2015 年），第 301—317 页。

它出自蒂利之手。在内容上，它不再侧重于宏大的历史与政治变迁，而近乎不厌其烦地从生活细节中提炼出社会学智慧。在序言中，蒂利明确提到了欧文·戈夫曼（Erving Goffman）、约翰·杜威（John Dewey）、乔治·赫伯特·米德（George Herbert Mead）甚至亚里士多德（Aristotle）的影响，而这些人的名字几乎从未出现在蒂利过去的作品中。[①] 但如果抛开风格和主题的表面，我们会发现，这本小书是蒂利的关系实在论在微观层面的集中演练和体现，"关系""互动""故事"这些贯穿全书的关键词正是蒂利从20世纪90年代以后所关注并试图融入自己的关系实在论框架的概念。对于一个成熟的社会科学家来说，具体的研究题材只是粗浅的表面；无论宏观还是微观，其背后的机制和理论都是相通的。从资本主义兴起、国家缔造、抗争政治、民主化、社会不平等到日常生活中的理由给定，蒂利真正的理论关注点都是社会关系。

这本书意义何在？不妨先举几个例子：

- 2013年12月29日，美国杜兰大学（Tulane University）政治学教授、著名电视节目主持人梅利莎·哈里斯-佩里（Melissa Harris-Perry）在她主持的MSNBC电视台政论节目中，和几位嘉宾一起，对前总统候选人米特·罗姆尼（Mitt Romney）怀抱收养的黑人孙子的全家照有说有笑、指指点点。这迅即在美国引起轩然

[①] 事实上，蒂利非常欣赏和熟悉戈夫曼的作品，并多次在课堂上兴奋地谈论戈夫曼的研究以及他和戈夫曼的个人交往。

大波。在铺天盖地的抗议声中,哈里斯-佩里被指责为"种族主义者",无数人要求电视台解雇她,甚至要求杜兰大学解除她的教职。哈里斯-佩里在推特上连续五次道歉,但未能平息风波。六天之后,她在自己的节目上声泪俱下地解释原因:"上周日,我们邀请了几位喜剧演员做年度回顾。我们称之为年末笑谈。但其中一个板块展现了几张在这一年中引起我们注意的照片。在这一板块,我要求嘉宾对照片做出即兴发言。其中一幅照片是米特·罗姆尼州长的全家福,上面有罗姆尼州长的孙辈,包括他收养的非裔孙子。"之后,哈里斯-佩里提到了自己的跨种族家庭背景(父亲是黑人,母亲是白人),提到了她对种族融合的向往以及对家庭多元化的支持。事态很快平息,她顺利保住了自己在电视台和大学里的工作。

- 有兄弟姐妹的人都知道,未成年兄弟姐妹之间的"明争暗斗"近乎常态。我在童年时,每次遇上姐姐做错事(如打碎茶杯)时,总希望父母能给予"充分"的责罚。但几乎无一例外,姐姐给出的原因总是一句话:"我不是故意的。"每次听到这句话,我就会暗中来气:"这哪里是解释,这分明是狡辩!"但它似乎很管用,父母从不细究姐姐到底是不是故意的,也不追究"不是故意的"和"责罚与否"之间的因果关系。唯有我在一旁暗自气恼。

- 在美国，高中毕业生每年申请大学的平均数量直线上升，这直接导致人均拒信越来越多。这些拒信几乎都是一个模式："非常遗憾地向您通报，我们今年无法录取您。今年敝校申请人数众多，申请者也都非常优秀，我们希望能录取所有申请者，但录取名额有限。请放心，我们对每一个申请者都给予了认真的考虑。"哈佛大学在这方面做得最好，他们多加了一句："过去的经验告诉我们，一个学生在哪里求学远不及他在大学四年中为发展自己的专长付出了哪些努力重要。"[①] 但请放心，所有申请哈佛遭拒的学生都在信上看到了最后这句话。

- 学者、政府官员和一般读者都想了解群体性事件背后的原因。相应地，抗争政治研究也有成为"显学"的迹象。麦克亚当、塔罗和蒂利合著的《抗争的动态》是最经典的抗争政治研究之一。但非专业读者（甚至许多专业读者）很可能会发现这本书不堪卒读：连接、扩散、协同行动、社会移用、边界激活、认证、身份转换这些华丽的辞藻到底是什么意思？人们起来闹事，原因难道不是很简单的不开心吗？或者稍微专业一点，矛盾激化？

---

① Sue Shellenbarger, "Rejection: Some Colleges Do It Better Than Others," *Wall Street Journal*, April 29, 2009, B9.

明眼人会看出，上面四个例子都和理由有关。不管什么人，无论个人还是组织，我们几乎每天都会对别人或自己给出理由。这本书是一项关于理由（解释、借口、辩护、表述）的社会学研究。蒂利以一个 2×2 联立表区分出四种理由：惯例、故事、准则和技术性说明。惯例是人们在日常生活中给出的惯常理由。我的姐姐小时候常说的"我不是故意的"即为一例。故事是具有因果色彩的解释性叙事。哈里斯-佩里讲述了关于她的节目和自己种族背景的两个故事。准则遵循一套特定的范畴、证据处理程序和解读规则。美国高中生们收到的拒信显然来自模板；即便更具人性化的哈佛大学发出的拒信，你也不要幻想它只为你一人而写。技术性说明以推定的因果关系为核心，它要求专业知识背景和权威地位。麦克亚当、塔罗和蒂利在对抗争政治的研究中问道：人们起来闹事当然和不开心有关，但不开心的人很多，不开心的时候也很多，为什么政治抗争只在特定时间和地点发生？这背后的机制是什么？而认真阅读这本书的读者，往往也知道三位作者的学术地位和显赫声名。

读者也许会以为，理由有优劣高低之分：技术性说明是比惯例好得多的理由。非也！在蒂利看来，理解理由的关键在于社会关系。他告诉我们，理由没有层级之分，理由的给定和个人性格也没有关系。在某些场合，惯例要比技术性说明有用得多。蒂利也不是在所有场合、对所有人都做技术性说明的科学怪人。我的父亲是一位森林保护学家，一辈子和白僵菌（不要问我这是什么）打交道。一次在他去外地出差时，省领导来校视察，并亲临他的实验室参观。领导亲切地问起实验室的研究领域。负责接待的年轻有为的森保学副教授（父亲的学生）显然没有读过蒂利的书，兴奋地给出了技术性说明，松毛虫、白僵菌等一连串专业名词脱口而出。一旁陪同的校办秘书眼见不妙，急忙打断，以一句话让领导连声说好："森林里的树上有许多坏虫子，但化学杀虫剂有许多副作用；我们这个实验室研究的就是如何以好虫子来吃掉坏虫子。"在日理万机的领导面前，技术性说明显然不是一个好的选择。

回到上面的例子。尽管我在一旁暗中抱怨姐姐打破茶杯和"不是故意的"之间缺乏因果关系，我的父母却并不指望姐姐对这件事给出因果关系充分的技术性说明：她如何在那一刻大脑开小差，引发手和茶杯之间的摩擦力减弱，从而导致茶杯滑落在地；地砖的硬度如何高于地毯，从而落地茶杯破碎的可能性高出数倍；等等。他们也未必有耐心听姐姐说故事：最近和好友关系如何紧张起来，今天早上刚吵了一架，刚才端茶杯时如何想到这件事，心里盘算如何缓和关系，最终分神导致茶杯落地（读者看到这里想必已经头疼）。姐姐的一句"我不是故意的"，父母的一句"下次小心点"，可能已足够。2014 年 3 月，马来西亚航空公司从吉隆坡飞往北京的 MH370 航班神秘失踪，所有人都在焦急地等待或寻找原因。飞机解体、自杀、劫机、恐怖袭击、美国阴谋、马来西亚军方击落……各种臆测的原因甚嚣尘上。记者多方打探，试图了解关于飞行员和乘客的一切故事。机械、物理、地理、气象、航空、军事、历史等领域专家纷纷登场，根据自己的专长，给出相关推断。试想一下，如果马来西亚政府给出惯例式理由（"坐飞机总有风险"），而不是技术性说明，人们将会如何反应！再试想，如果哈里斯-佩里在电视上给出的理由不是故事（和眼泪），而是惯例（"我有言论自由"），那又该如何？！

在这四种理由中，惯例和故事属于较为通俗的理由，准则和技术性说明则对听者的专业背景有一定要求。如果以因果性区分，故事和技术性说明追溯状态 A 到状态 B 的因果过程，准则和惯例则以适当性而非因果性为主要标准。翻译完这本书，我童年的心结终于可以解开了！姐姐给出的是惯例式理由，它本来就和因果推导合理与否、充分与否无关，只要适用于相关场合（关系：父女/母女，地点：家里），就已足够。

理由的奥妙远不止于此。理由给定实质上是一个给出者和接收者确认、建立、协商或修复相互之间适当关系的过程。热恋中的男女每天通话；如果男生几天没有主动给女生打电话，女生就会心生疑虑："为什么一个星期没有消息？！"女生当然想知道男生为什么"消失"了一个星期，但更为重要的是，她想确证自己仍然是男生心中的唯一。通过这篇代译序（以及这本书的翻译），我试图建立起自己蒂利的翻译者（这一点似无争议）和思想传播者（这一点有待读者确认）的地位。几年前，我在北京采访了几十位知识分子，希望了解他们的思想形成经历以及对其他相关知识分子的看法。我面临一个问题：如何让受访者说出自己内心真正所想？于是，在访谈时，我做的第一件事是递上名片，让对方知道我不是无良的记者伪装而来；第二件事是拿出签上自己姓名的知情同意书，向对方保证，不经对方授权，我不会将访谈内容外泄。通过告知受访者访谈原因，我试图协商自己和受访者之间的关系。人们还经常以理由来修复关系。我大学期间曾在校报上读到一篇很长的文章，作者是一位男生。文章第一句这样说："我是一个喜欢看星星的男孩，但已经很久没有看星星了。"原来，这位男生最喜欢做的事情就是和女友一起坐在操场上看星星，但女友后来离他而去，他再也没有一个人看星星。不单单是这些。这位男生讲述了他和女友初相识的经历、之后的幸福生活，以及他们如何因为误解而分手。我不知道他的前女友看到这篇文章后反应如何，但它一直映在我的脑海里。现在我又知道，通过故事，这位男生其实是在试图协商（挽救）他和前女友的关系。

蒂利被许多人视为结构主义者，这当然是有缘由的（上文有详细论述）。蒂利从不同的理由给定形式中看出了社会结构和类型的形成（2×2 联立表可以说是结构的体现）。但他绝没有忽略人的能动性。例如，蒂利指出，即使同样是惯例式理由，人们也会依据不同的社会场景加以灵活选择。如果 A 在图书馆里将 B 的书撞到地上，我们可以期待 A 说出以下几句话中的一句：

- 对不起，老兄。瞧我这笨手笨脚的。
- 真是抱歉。我没看见你的书。
- 呆瓜！我又把书撞掉了。
- 你把书放这儿干吗？
- 我早就让你把书摆整齐一些。

这里的每一句话都对应了 A 和 B 之间的不同关系。同理，在美国，如果听到恋爱中的一方（尤其是男方）对另一方说："问题不在于你，在于我。"（It's not you—it's me.）我们基本可以确认，对于说话的一方，爱情已不复存在。在中国，对应的理由可能是："我们不合适。"对于恋人来说，有了这一句惯例，千言万语都已不再重要。在说这一句话时，理由的给定者往往并不真的打算详细解释为什么双方不合适，哪里不合适，或他到底出了什么问题。从理由中，我们不难探知双方的关系。

读者也许会说，这不都是生活常识嘛！未必。马尔科姆·格拉德威尔（Malcolm Gladwell）给出的两个例子展现了理由在政治生活中的重要性。2006 年 2 月，美国副总统迪克·切尼（Dick Cheney）受老友凯瑟琳·阿姆斯特朗（Katherine Armstrong）邀请，和几个朋友一起在她位于德州的家庭农场打猎。不想切尼误伤七十八岁的律师朋友哈里·惠廷顿（Harry Whittington），后者体内被射入多达几百颗霰弹珠。熟悉美国政治的人都知道，此时正是小布什总统和切尼政治声誉的最低点：伊拉克战争、中央情报局特务泄密案丑闻等一系列事件令切尼应接不暇、鼻青脸肿。误伤事件一经媒体报道，立刻成为举国上下的关注点，且有政治化的趋势。这时，理由的给定成为焦点。切尼的盟友当然试图淡化此事。"谁都会遇上意外。"盟友们给出了惯例式理由。惠廷顿表现得颇为大度，在六天后发布声明："不管做什么事，我们总要承担风险。不管我们做什么，不管我们经验多么丰富，多么专注，多么投入，意外总会发生，这是不可避免的。"惠廷顿给出的惯例可谓雪中送炭。德州枪支主管部门说，切尼没有花七美元购买狩猎特别许可证，违反了该州的法律。他们关注的是准则。切尼的批评者们同样从准则中寻找突破口：为什么白宫在事发十二个小时之后才确认此事？切尼是否蓄意隐瞒？一个没有有效执照而打猎的副总统该受到什么惩罚？狩猎专家也不甘寂寞。他们给出了技术性说明：切尼等人当时有三把猎枪，但在狩猎鹌鹑时，最多只应有两支猎枪同时存在；为什么惠廷顿要亲自跑去捡被击落的鹌鹑，而不是由猎犬效劳？切尼打猎的姿势是否正确？为什么天快黑的下午五点半还在打猎？……此时，四面楚歌的切尼做了什么？他来到镜头前，面色沉重、满脸悔意地说："我永远忘不了［哈里］倒下的那一刻。我开了一枪，哈里随之倒下。我必须说，这是我一生中最黑暗的几天。"你猜后果如何？此事很快烟消云散，切尼安然逃过一劫。故事修复了切尼和听者的关系。这既避免了误伤事件升级为全国性政治丑闻，也为小布什、切尼政府赢得了宝贵的喘息机会。

围绕堕胎的争论已经成为当代美国政治生活中最重要、最具分歧性的话题之一，主张堕胎权和反堕胎的人士激烈交锋，互不相让，几乎没有任何妥协余地。从双方的主张中，我们可以发现不同的理由给定形式。主张堕胎权的人通常以惯例为理由（"我有权处置自己的身体"）和技术性说明（"母体内的胎儿到最后三个月才被界定为人类"［美国］；"只有出生后的胎儿才算人类"［中国］）。反对堕胎的人士则诉诸令人心碎的故事：一个初生的小生命被母亲残酷无情地扼杀。有宗教信仰者还会提到"神的旨意"，以及"地狱之惩罚"等。堕胎权的支持者觉得反对者的故事没有科学依据，意识形态先行；反对者则批评支持者道德堕落，信仰缺失。对不同理由给定形式的偏好引发了激烈的政策分歧，而要寻求和解，双方唯有重新审视自己的理由。①

理由给定成功与否甚至会改变历史的进程。2009年，巴拉克·奥巴马（Barack Obama）成为美国历史上第一位非裔总统。在竞选活动热火朝天之时，不止一位美国（和中国）朋友对我说："美国人不可能选一位黑人做总统。"惯例显然对奥巴马不是好消息。技术性说明？电视辩论在美国总统选举中的分量越来越重，但这种快餐式的当面交锋更多的是凸显两位候选人的个人魅力，双方在限时的辩论中难有机会详细阐述自己的政策纲领。最后，竞选在很大程度上变成惯例和故事的交锋。反对奥巴马的人强调奥巴马在资历上的硬伤：尚未完成一届联邦参议员任期，且在任期内多次缺席投票（从而被竞选对手批评为时间都花到竞选上去了）；从未有过任何独当一面的重要领袖经历；他的长期社区组织者的经历成为反对者的笑柄。但奥巴马有一件无可比拟的武器：故事。奥巴马身世复杂，母亲是白人，父亲是肯尼亚黑人；出生于"最不具美国味"的夏威夷；两岁时父母分居，随后离异；父亲在哈佛大学读完经济学博士后返回肯尼亚，1982年因车祸去世；母亲后来嫁给一位印度尼西亚学生，生有一女，1980年离婚，于1992年获博士学位，三年后去世；童年和青少年时期分别在印

---

① Malcolm Gladwell, "Here's Why," *New Yorker*, vol. 82, no. 8 (April 10, 2006), pp. 80–82.

度尼西亚和夏威夷度过；曾是"问题少年"，逃学、吸毒、泡妞，几乎"五毒俱全"，最终皈依基督教；先后求学于常春藤学府哥伦比亚大学和哈佛大学，以优异成绩获得法律博士学位，并成为《哈佛法学评论》的首位非裔学生主编；等等。可以说，奥巴马的经历充满了故事，而他被誉为史上最佳的竞选团队将这些故事打造为一个个"高超的故事"。在很大程度上，最终将他推上总统宝座的正是这些故事。相形之下，竞争对手约翰·麦凯恩（John McCain）虽然也有很好的故事（越战老兵，当了五年半的战俘，受到酷刑但拒绝叛国），却无法像奥巴马的故事那样引起人们的普遍共鸣。四年之后，挑战者米特·罗姆尼更是缺乏故事：他太一帆风顺，家境太优越，太有钱，笑容太"假"，发型太"美"，甚至肤色太"白"，一切完美得近乎虚假。惯例在这里输给了故事。

这本书同样可以启发我们对当代中国的思考。在对中国当代知识分子的访谈中，我发现，受访者普遍喜欢强调自己在关键时刻的决断力，却很少谈及他们所处的知识场域（例如知识界20世纪90年代以来的一系列激烈辩论）对其思想的塑造作用。受访者喜欢讲故事，尤其是他们持之以恒、毫不动摇地坚守自己立场的故事。我则试图洞悉他们立场形成的不同阶段，以及外界因素对其立场的形塑作用，这构成了我的技术性说明的基础。总之，《为什么？》给我们提供了重新审视社会关系的理论工具，不管是我们在日常生活中的谈话方式，还是政治冲突中的有意决策与无意行为。作为译者和蒂利的追随者，我也在此发出邀约：让我们一起思考理由的给定吧！

致　谢

借这次出新版的机会，我对译稿做了认真的修订，在此要感谢武学、张晓辉、郭伟娜、马健、吴琼和张鹏为前后三个版本所做的努力。刘骥、何淑静、方志操、张潇冉、张翼鹏、高远致、李康、传叔银、王佳鹏等友人曾对译稿和代译序提出了修改意见，特此致谢。感谢为中译本"捉虫"的网友。最后要感谢我的母亲刘玉珍，无须更多理由。

李钧鹏

2014 年 3 月 21 日初稿于曼哈顿晨边高地

2015 年 3 月 21 日改定于布鲁克林科尼岛

2020 年 8 月 14 日定稿于武昌桂子山

序

你可曾疑惑，为何人们对自己做过的事、对别人对他们做过的事，或者更一般地，对世上发生的事给出他们的理由？我有过疑惑，于是写了这本书。写作这本书暂时中断了我平素对革命和民主化等宏观政治过程的分析。两股不同的风使我偏离了航向。

首先，目睹了大众媒体、学生和社会科学界同行通常是如何解释复杂社会现象的，我不禁困惑，为何他们如此不约而同地侧重于少数关键行动者的决策过程，而忽略了意料之外的后果、增量效应以及社会互动的持续且微妙的协商过程。毕竟，个人经历和对社会过程的专业研究都使我相信，人们鲜能恰好实现自己有意识的计划，事情的进展时常出乎他们的预料。那么，为何人们对社会过程的描述和解释压倒性地强调有意识的思虑呢？

再者，很少有人接受我这个感伤的主张：大多数社会过程更像是一场激烈的对话，而非独白或象棋大师的布局。这或许是因为我自己的分析处理的是太过宏大的社会尺度。也有可能是因为，对于如何使一种描述或解释能懂可信，我考虑得还不够周全。无论如何，我决定以一本书的篇幅来回应这一双重挑战。呈现在你们面前的就是最终的成果。

给出理由是一种社会活动，因此，正当理由因社会场景而异，我从未声言这是我的发现。在本书中，我明确借鉴了亚里士多德的诗学和修辞学思想。如果这是一部学术论著，我肯定会将自己的论点追溯至约翰·杜威（John Dewey）和乔治·赫伯特·米德（George Herbert Mead）的美国实用主义。在这一谱系中，著名评论家暨哲学家肯尼思·伯克（Kenneth Burke）坚持认为，用来表达动因（motives）[①]的语词所描述的实为场景（situations），而非内在状态（inward states）。异想天开的是，伯克表示，这一主张甚至适用于狗："一只毛皮油亮的乡村梗所具有的动因词汇表（vocabulary of motives）迥异于一只肠肥脑满、娇生惯养、过度喂育的城市贵宾犬，后者的冒险活动仅限于糖果和坚硬路面上的散步。"（Burke 1989: 127）不同品种的狗在不同的场景中具有不同的理由。

在一篇著名的文章中，社会学家C. 赖特·米尔斯（C. Wright Mills）就伯克"动因词汇表"的想法进行了讨论，阐明了它的社会性，并明确将自己的表述与约翰·杜威的说法等同起来。米尔斯以一种比他用于对美式生活和政府政策的强硬有力、广为人知的批判生硬得多的语言说道：

> 会出现对动因的归属和承认的常规场景涉及，第一，有语言的生物（明言）的方案的**社会**行为，即以参照他人的言行

[①] 国内学界通常将 motive 和 motivation 不加区分地统译为"动机"，但在英文中，前者表示具体行动的具体理由，后者则表示更深层次上的行为或行动方式的理由。除了个别之处，我统一将 motive 译为"动因"，而将 motivation 译为"动机"。——译者注

为导向的方案与行动；第二，对动因的承认和归属伴随着被认为是"问题"的言语形式。问题背后的场景往往涉及**不同或出乎意料**的方案或行动，其状态分析性地表示为"危机"。问题格外重要，因为它通常会引出另一个**言语**行动，而非运动反应（motor response）。问题是**对话**的一个元素。（Mills 1963: 440）

在这段佶屈聱牙的话中，米尔斯基本上将对动因的承认与归属等同于给出理由。他几乎是在说，这种承认和归因永远具有正当化、理性化和修补的社会职能。

除了时而让人想起亚里士多德，你面前的这本书几乎未耗一字铺陈错综复杂的理论，也没有追溯它们的谱系，或标示我和其他理论家的异同之处。的确，关于惯例的一章提到了见微知著的社会学家欧文·戈夫曼（Erving Goffman）对相近问题的处理。我还在出现难点的地方悄悄引用了一些学术作品，包括我自己的，借此做了些手脚。我掺入那些引用是为了帮助有志于寻根究底的学生，以及想了解这些思想从何而来的专家。但我并不是要展示自己的论点如何与关于给出理由的既有研究相契合，而是侧重于帮助读者认识到理由是如何出现在他们每时每刻面临的社会场景中的。本书的价值不在于是否在现有文献的基础上有所推进，而在于读者是否就自己和别人对"为什么？"这一问题的回答有了更透彻的认识，或至少是不同于以往的认识。

在本书写作过程中，安德鲁·阿博特（Andrew Abbott）、阿龙·西库雷尔（Aaron Cicourel）、林恩·伊登（Lynn Eden）、莫娜·古巴什（Mona El-Ghobashy）、杰克·卡茨（Jack Katz）、道格拉斯·米切尔（Douglas Mitchell）、凯瑟琳·纽曼（Katherine Newman）、戴维·罗斯曼（David Rothman）、罗伯特·考特尼·史密斯（Robert Courtney Smith）、劳拉·蒂利（Laura Tilly）、薇薇安娜·泽利泽（Viviana Zelizer）以及两位匿名审稿人向我提出了不可或缺的批评、信息、建议和鼓励。在一波三折的审稿过程中，蒂姆·沙利文（Tim Sullivan）对本书的出版热情振了我的精神。乔恩·芒克（Jon Munk）麻利的编校加工是眼明手快的绝佳体现。第一章的早期版本曾作为《理由》（"Reasons Why"）刊载于《社会学理论》（*Sociological Theory* 22〔2004〕, 445-455）；文中材料经美国社会学会（American Sociological Association）许可在此重印。

第一章　为什么给理由？

最初的一批见证者只是想弄明白发生了什么。2001年9月11日上午8点19分，空姐邓月薇（Betty Ong）呼叫美国航空公司位于北卡罗来纳州凯里市（Cary）的东南区订票处。电话从十一号班机上拨出，这架飞机早上8点钟离开波士顿，飞往洛杉矶。在北卡罗来纳接电话的是尼迪娅·冈萨雷斯（Nydia Gonzalez）。邓月薇告诉冈萨雷斯，劫机者已经控制了她所在的班机，刺伤了另外两名空乘，杀死了至少一位乘客，还向她和其他人喷射了某种灼伤眼睛并让他们难以呼吸的物质。（9/11 Report 2004: 5）

8点27分，冈萨雷斯将邓月薇的电话转给位于得克萨斯州沃思堡市（Fort Worth）[①]的美国航空公司运营总部值班经理克雷格·马奎斯（Craig Marquis）。大约在同一时间，根据空中交通管制员的报告，飞机在纽约州奥尔巴尼市（Albany）附近的上空急转向南飞行。"'他们在往纽约飞！'马奎斯先生记得自己喊道。'快给纽瓦克（Newark）和肯尼迪（JFK）机场打电话，告诉他们有人劫机。'他以为劫机者要降落飞机，于是匆匆下达指令。'我再怎么做梦也想不到飞机会往楼上撞。'马奎斯先生说道。"（CBS News 2002: 47）身经百战的值班经理马奎斯合情合理地将十一

[①] 原文误为Forth Worth。——译者注

号班机被劫和过去曾发生的数起鲜活的劫机案联系起来，在这些事件中，劫机者要么索取钱款，要么寻求避难，要么要求释放政治犯。他假定，他们劫机是想拿飞机、机组人员和乘客当作谈判的筹码。几乎在同一时刻，波士顿的空中交通管制员通知联邦航空管理局指挥中心，劫机者可能已经控制了飞机。（Duenes et al. 2004: A16）邓月薇在继续悄声报告飞机上的最新进展。8点38分，她报告说飞机正在下降。8点44分，电话戛然中断。（9/11 Report 2004: 6）

十一号班机的劫持者很快证明了，克雷格·马奎斯的理由是错误的。冈萨雷斯与邓月薇的电话断线两分钟后，在位于新泽西州伊丽莎白市（Elizabeth）的办公室中，美国海关总督察凯文·麦凯布（Kevin McCabe）从窗户向东望去。"8点46分，他正边喝咖啡边打电话，"根据史蒂文·布里尔（Steven Brill）的报告，"这时他看见第一架飞机撞上世界贸易中心。因为曾亲眼领略过同型号飞机的庞大体积，他意识到这可能是一场袭击。他打开电视，然后给位于世贸中心的纽约海关办公室打电话，想了解到底发生了什么。"（Brill 2003: 1）

在麦凯布呼叫总部几分钟之后，布赖恩特·冈贝尔（Bryant Gumbel）正在曼哈顿现场直播哥伦比亚广播公司的电视新闻。他刚获悉，一架身份不明的飞机撞上世界贸易中心。8点52分，他迎来了第一位目击者斯图尔特·纽里克（Stewart Nurick）。纽里克正在苏豪区（SoHo）的一家餐馆里招待用餐的顾客，这时"我亲眼见到了一架……看上去像是一架小型飞机……我刚刚听到几声巨响,飞机好像从大厦中弹了出来,然后楼顶上出现一个巨大的火团。之后我就看到一片浓烟,瓦砾或玻璃之类的东西不断从楼上掉下来"(CBS News 2002: 16)。随后不久,世贸中心万豪大酒店(Marriott World Trade Center Hotel)的门卫温德尔·克莱因(Wendell Clyne)接受了冈贝尔的采访:

> 冈贝尔:您当时站在大厦外面,是吧?请告诉我们,您看到了什么,听到了什么。
> 克莱因:我首先听到爆炸声。一开始我以为是一架刚驶过的飞机。忽然之间,我看到砖头、纸片等东西往下落,所有东西都掉了下来。我跑到楼里,想躲开掉下来的碎片和玻璃。当这一切差不多停止的时候,我听到有人尖叫。我抬头一看,有个人浑身是火。我赶紧跑过去,想扑灭他身上的火。他一直在尖叫。我不断叫他打滚,但他说没法打滚。这时另一个人跑过来……把他身上的火扑灭了。(CBS News 2002: 17)

此时大概是9点2分。

冈贝尔转向第三位目击者特雷莎·雷诺(Theresa Renaud)。她住在第八大道和第十六大街相交处,就在世贸中心以北两英里[①]。她当时正在自己的公寓里观望世贸中心。"大概十分钟以前,"雷诺说,

---

[①] 约3.22公里。——编者注

从八十层左右传来巨大的爆炸声——大概有四到八层楼受到影响。大楼北侧和东侧冒出冲天的火光。爆炸声巨大，然后就看见熊熊的烈火，看上去大楼内部现在还在着火。

天哪，又来了一架——又一架飞机撞上了。[大声喘气；尖叫]天哪！刚才又有一架飞机撞上了——它撞上了另一座大楼，直接扑向大楼正中间。我的天，就在大楼正中间。

冈贝尔：撞上了[二号楼]？

雷诺：是的，是的，直接撞上了大楼正中间。……这绝对是……故意的。

冈贝尔：为什么说绝对是故意的？

雷诺：因为它直挺挺地撞了上去。（CBS News 2002: 18）

导演朱尔·诺代（Jules Naudet）正在拍摄一部关于曼哈顿下城消防公司的纪录片，他在第一架飞机撞向世界贸易中心之后就和消防队大队长一起奔赴现场。当第二架飞机撞上南楼时，他正在北楼（首先被撞上的楼）大厅里拍摄救火队员的行动："我们忽然听见外面传来爆炸声，就在我转头朝窗外望时，我看见燃烧的碎片不断掉在院子里，然后就听见广播通知，说二号楼被另一架飞机撞上。任何'这只是一场可怕的偶然事件'的想法荡然无存：纽约正受到攻击。"（CBS News 2002: 23）华盛顿特区也正遭受攻击。一场令人困惑的大劫难降临了。

那个9月的上午，当被劫持的客机撞向纽约世界贸易中心、华盛顿五角大楼以及宾夕法尼亚的农田时，全世界的人都开始问为什么。为什么会有人做出如此邪恶的暴力行径？为什么针对美国？为什么美国当局没能阻止这次袭击？观察家从仅仅厘清眼前发生了什么，迅速转向寻找这场劫难的理由。亲历者则面临双重挑战，一方面想知道整场可怕事故何以发生，另一方面想为他们所经受、见证或导致的特定事件寻找理由。

在现场，急救人员迅速开展工作，而没有问太多问题。只有在工作之中，他们才能开始认真寻找眼前这场灾难的可靠理由。例如，纽约市消防局的救护员加里·斯迈利（Gary Smiley）前一天晚上在布鲁克林商业区连夜工作，忽然救护车里的对讲机发出通知，说一架飞机撞上了共一百一十层的世贸中心北楼（一号楼）。这时是早上 8 点 48 分。几分钟不到，斯迈利就带领他的小分队从布鲁克林大桥冲入曼哈顿。

斯迈利在两座大楼之间设了一个分检区。当他抬着一个刚离开一号楼的受伤女子穿过马路时，女子忽然大喊"飞机"。他抬起头，看见第二架飞机撞上南楼（二号楼）。此时是早上 9 点 3 分，距前一次撞击仅仅过了十七分钟。瓦砾开始砸到他们身上，马路过到一半，他把女子推倒在地，飞身跃到她的身上。一只着着火的断臂灼伤了他的后背。"当时一片混乱，"他后来说道，"所有人都在四处逃生。我顿时恍然大悟。我完全知道正在发生什么了。1993 年，当那些家伙炸那座楼的时候，我就在那里。我最终在街对面的千禧大酒店（Millennium Hotel）照料了上百个人。所以我知道这是一场袭击。我们就是这样告诉人们的，而这才让他们行动起来。"（Fink and Mathias 2002: 33）斯迈利首先为正在发生的事情找出了自己的理由,然后将这些理由告诉了其他人。据他所言,人们不仅接受了他的理由,而且立刻据此行动。他把消防车开到一个相对安全的地方,躲开那些从北楼顶层跳落、将要坠亡的人体,进入大楼开展营救。就在这时(早上9点50分),南楼轰然坍塌,变为一片熊熊燃烧的废墟。

南楼坍塌后不久,斯迈利打算去营救那些被困在大楼废墟中的其他医护人员。但这项工作没多久就结束了。北楼轰然倒塌(早上10点29分)形成的一股气流将斯迈利卷走,他被狠狠摔在人行道上。他爬到一辆卡车下面,以为自己可能会在这令人窒息的尘土中一命呜呼。这时,根据斯迈利的回忆,他想起自己的父亲三年前是如何死于一场无端的街头抢劫的,然后又想到自己的死会对他的两个孩子造成怎样的打击,不禁怒从心生。他再次顿悟:

> 我在那一刻改变了主意,我觉得这让我真正有了逃生的欲念。有些东西忽然击中了我,我想,我不会今天就死。我要逃离这里。
>
> 人们常说:"上帝对你另有安排。"我觉得是我父亲对我另有安排。一定是他在庇佑我,所以我开始用手挖。我不知道在想清楚前自己已经在卡车下困了多久,但我开始挣扎着爬出来,在石头和瓦砾中挖出一条生路。就在我爬出来时,一个同样被埋在瓦砾中的消防员也爬了出来。我们俩都因惊惶而蹒跚。(Fink and Mathias 2002: 34)

斯迈利裸露在外的皮肤全部被灼伤了，他来到北端大道上的一家熟食店，许多受伤的警察和消防员已经躲在那里了。他们在那儿听到了爆炸声，并为之给出了理由："一个警察觉得那可能是二次爆炸。当恐怖分子干这种事的时候，他们会在附近放置二次炸弹，以杀害救援人员。这是恐怖主义的特点。而在那一刻，你不知道该相信什么。所有人对眼前发生的一切都毫无头绪，一切都悬而未决。我们仅仅知道，他们袭击了整个曼哈顿。"（Fink and Mathias 2002: 35）然而在那时，在场的许多人对正在发生之事以及如何应对还是达成了共识：恐怖分子正在袭击我们，我们必须保全自己来与之对抗。

高层官员也赶赴灾难现场，为他们的发现寻找理由。当助手捣响浴室门，通报一架飞机刚撞上世贸中心楼顶时，纽约市警察局局长伯纳德·凯里克（Bernard Kerik）刚在总部大楼锻炼完身体。一路以警笛和眩光开道，他和两位手下驱车来到世贸中心附近，在那里目睹了人们从北楼坠楼身亡。凯里克下达了全城警力动员令。没过多久，第二架飞机撞上了南楼，飞机的碎片和机身部件掉落到下面的广场上。（由于他们看不见飞机，警察局长的保镖赫克托·圣地亚哥[Hector Santiago]后来说："上司本来觉得可能是炸弹。现在人们都认为是恐怖分子干的，现在他也随大流这么想了。"[Fink and Mathias 2002: 106]）

凯里克和助手们一路狂奔，死里逃生。他们躲到了世贸中心七号楼的邮局后面。凯里克回忆道，在此之后：

我回头看，满目疮痍。这个时候，我能听见军用飞机和飞行员通过广播高喊，撞上大楼的是一架客机。在那一刻，我意识到，我们正在遭受袭击。我朝约翰（皮恰诺［John Picciano］，他的秘书长）大喊：快给总部打电话。可电话已经不能用了。手机宕机，我们只好用无线电。我大喊：快派军用机封锁领空。我们急需空中支援，于是我朝这些家伙大喊：快派空中支援。

他们看着我，好像在说："你他妈的有电话号码来呼叫F-16吗?"一副"我们叫谁? 怎么叫?"的表情。

但军用飞机已经封锁了领空。他们已经调遣了部队过来。在那一刻，我下令全城戒严。所有大桥和隧道一律关闭。不准进城。不准出城。当时我主要的担忧是，地面上可能会有二次袭击。他们正从上空袭击我们，但他们有没有在地面上做了什么? 他们在地面上吗? 另一件我关心的事情是他们到底是谁。他们是什么人? 你知道，当事情接连发生时，你试着将它们拼接在一起。你试着同时想许多事情。(Fink and Mathias 2002: 110-11)

不久，市长鲁道夫·朱利安尼（Rudolph Giuliani）加入了凯里克一行人。市长给白宫打了电话，了解到还有一架飞机撞上了五角大楼，总统办公室的工作人员正在疏散白宫（布什总统在佛罗里达州）。纽约分遣队在世界贸易中心的残留建筑物附近设立了一个指挥中心，却随即遇上了南楼的坍塌。他们将临时指挥处转移到位于东二十街的市警校内。那天的表现给了凯里克和朱利安尼在全国政治舞台抛头露面的机会；凯里克因此在 2004 年被提名为美国国土安全部部长。①

本书有何理由？

在寻找理由时，世界贸易中心和五角大楼的目击者遵循了极为普遍的人类惯习。我们甚至可以将人类界定为给理由的动物。按照定义，其他灵长目动物也运用语言和工具，甚至有其文化；但只有人类自幼起就给出和索取理由，并在此后的生活中继续寻求理由。

理由为"X 为什么做（做了或应该做）Y？"这一问题提供了有条有理的答案。当你告诉我为什么约会迟到时，X 可以是你；当我解释我如何中了彩票时，X 也可以是我；X 还可能是驾机撞向世贸中心和五角大楼的劫机者。X 并不一定是一个或一群人，X 可以是上帝、邪灵、伊斯兰教，或者干脆是"他们"。X 可以是个人、群体、组织、类属、势力，甚或不可见的实体。X 产生 Y。

在世贸中心大劫难中，人们在多重层次上给出理由，包括：

- 劫机者为什么劫持飞机，并撞向大楼？

---

① 随着记者深挖他的背景，凯里克在几天后退出对这一职务的角逐，并承认自己曾雇用过一个非法移民做管家和保姆，却没有申报相关税务信息。又经过几个星期的喧嚣，凯里克从朱利安尼在"9·11"恐怖袭击之后创办的生意兴隆的安全咨询公司辞职，并发表声明：对保姆事件、他的爱情生活以及他过去与犯罪分子的关联的诸多不公平指控已经对公司造成伤害。至少这些是他给出的理由（Lipton and Rashbaum 2004; Rashbaum and Dwyer 2004）。

- 大楼为什么燃起熊熊烈火并轰然坍塌？
- （对于亲历者来说）我当时为什么那么做？**我们**（不管我们是谁）当时为什么那么做？
- （对于亲历者和旁观者来说）其他人（个人或群体）为什么那么做？
- 是什么导致了恐怖主义？
- 在更宽泛的意义上，是什么导致了暴力？

这本书兼顾不同的层次，一方面设身处地理解理由的给出，另一方面对这一现象追根究底。我试图了解，人们如何且为何为他们所做之事、别人所做之事、发生在他们身上之事以及发生在别人身上之事给出理由，这些理由又在哪些方面有所不同——我的关注点不在人生、邪恶或生命之脆弱这些宏大的理由上，而在于不同类型的人在处理日常事务、遇到麻烦、评判他人或遭遇"9·11"恐怖袭击这种紧急情况时所给出或接受的具体理由。

本书侧重于理由给定的社会层面：人们如何共享、交流、争辩和共同修正既有的理由，而不考虑个人神经系统如何处理新接收的信息。我并不关注人们给出的理由是对是错，是好是坏，合理与否。我感兴趣的是人们给出理由的社会过程。至于事情为何会如此发生，我没有做多少笼统的学术讨论，遑论如何就重大事件发生的理由取得一致意见。

"9·11"袭击引发了大量的辩论。"无可争议的一点是，"一本讨论"9·11"袭击意义的文集的主编们指出，"'9·11'袭击的根本意义只有通盘综观才能理解,但这个盘有多大,本身就吵得热火朝天。"(Hershberg and Moore 2002: 1)两位主编继续说道,针对"9·11"袭击提出的严肃理由包括"基地"组织(al-Qaeda)的狂热主义、被误导的美国外交政策、中东地区政体的独特性、一度稳定的(如果又是危险的)世界秩序的瓦解,等等。所有这些议题在我听来都不陌生。我本人的大多数专业工作都与厘清宏观政治过程的理由有关:为什么会爆发革命,是什么导致了民主化和去民主化,恐怖主义为何狡兔三窟,诸如此类。不过,本书并不打算探讨这些宏大的政治问题,而关注人们面对面时给出理由的社会过程。理由的给定在这么小的尺度上同样重要。

我们稍后将看到,理由的给出将人们相互联系起来,即便旁观者可能觉得这些理由不足为信、装腔作势或异想天开。在像"9·11"袭击这样充满变数的情况中,大多数人对于正在发生之事,依照过去在与他人的互动中所习得的模式来采纳理由。可用的模式随群体、情况和关系的变化而大有不同。但不管具体内容如何,理由为这样那样的行为方式提供了理论依据,并为正在发生之事提供了可共享的说明。它们还道出了理由的给出者和接收者之间的关系。

再回过头来看看对9月11日那天发生在世贸中心之事的理由给定。在为当时发生之事寻找理由时,应急救援人员和市政府官员至少有过往的经验、其可被归入的类别和例行程序可供参考。楼内的工作人员可用的资源就少得多了。就连见多识广的查克·艾伦(Chuck Allen)也随着劫难的发展而改换了理由。

艾伦当时在位于北楼八十三层的拉瓦交易公司从事计算机操作工作。他还是一位有执照的飞行员和业余无线电报务员。早上 8 点 45 分左右,艾伦看见一架飞机在哈德逊河上向南低飞,他感到颇为惊讶,但以为飞机正驶向纽瓦克机场。但随后不久,他注意到飞行员加大飞机油门的熟悉声音,随后听到飞机撞向他上方十三层的轰鸣声。大楼开始晃动,瓦砾开始坠落,坠落的飞机燃油开始引燃烈火。

惊恐的计算机程序员用对讲机问他是怎么回事,艾伦大喊:"好像是一架喷气式直升机撞上了大楼!"(*Der Spiegel* 2001: 48)之后,在和其他人一起从八十三层快速向楼下跑时,他试图用带在身上的双向无线电向外发出求救信号:

> 刚一接通,他的广播就被挂起了:"为了保证紧急呼救信号的畅通,所有流量都被清空。请下线。"他们以为他是在胡闹。他从零星的对话中了解到,一架美国航空公司的喷气式飞机刚刚撞上了大楼。他无法理解。"好吧。飞机撞上了,看来没错。可为什么撞上大楼呢?有没有搞错,整个哈德逊河都在飞行员的面前。这家伙出什么毛病了?"(*Der Spiegel* 2001: 55)

在艾伦领着一群人从八十三层逃至楼下,跑到大楼北侧的广场上时,一个警察告诉他:"我们觉得这是有意的。"(*Der Spiegel* 2001: 108)一系列新的理由开始浮现。

甚至在逃离被撞大楼之时，纽约"9·11"袭击的幸存者就已经开始思考这场灾难的理由了。格里·加埃塔（Gerry Gaeta）是负责管理世贸中心的纽约港口事务管理局的一名建筑师。事后在讲述自己从北楼八十八层（比查克·艾伦的出发点高了五层）惊险逃生的经历时，加埃塔讲述了他和办公室一群同事是怎么从瓦砾和黑暗中死里逃生的。房地产事业部的伊莱恩·杜奇（Elaine Duch）浑身都被飞机撞击所引燃的大火烧焦，连衣服都烧化在皮肤上。

伊莱恩是最早一批跑下来的人之一。她和房地产事业部的另一位秘书多琳·史密斯（Doreen Smith）在一起。为［拉里·］西尔弗斯坦（Larry Silverstein）［大楼的候任承租人］工作的一个女孩将一件毛衣裹在伊莱恩的腰上，帮她保持体面。毛衣的两只袖子在腰后打了一个大结。多琳走在伊莱恩的前面，为她开路，并防止她摔下来，我走在她的身后，拽住大结，这样她就不会摔倒。我们就这样走完了八十八层楼。在走到七十六层时，我们路过一个本用作挡烟隔板的交叉走廊。它大概有五十英尺①长，在两侧各有一个用于阻隔烟雾的防火门。我们顺利通过了第一扇门，但怎么也打不开第二扇门。我踢了十几下，但它纹丝不动。我开始想，这可能是恐怖分子阴谋的一部分——他们可能已经算计到人们会试图逃脱，所以锁上了楼梯里的门。事后想来，实际情况可能是，飞机撞楼产生的震荡损坏了这扇门，把它卡住了。（Murphy 2002: 52-53）

---

① 约十五米。——编者注

加埃塔的第一反应是，恐怖分子将这场袭击谋划得巨细无遗。但作为一位训练有素的建筑师，他后来却觉得事情没这么简单；他觉得这场撞击有其意料之外的后果。

至少，在后来讲述自己的故事时，迪安·墨菲（Dean Murphy）、米切尔·芬克（Mitchell Fink）、路易斯·马赛厄斯（Lois Mathias）以及《明镜》周刊的记者们为了他们生动的"9·11"纪实而采访的幸存者，都几乎不假思索地将自己亲历的灾难视为一场恐怖袭击。原因可能是美国法院已经给试图在1993年用一辆载满炸药的货车炸毁世贸中心的穆斯林激进分子定了罪。也可能由于美国政府受科尔号驱逐舰2000年在也门遭炸弹袭击的提醒，在"9·11"之前很久就已经向美国人警告奥萨马·本·拉登（Osama bin Laden）的险恶用心。（State 2001a）

不管如何，许多幸存者还将"9·11"袭击视为挑起新战争的第一次卑劣袭击，另一场珍珠港事件。在美国航空公司十一号班机撞上邻近的北楼时，美国联邦存款保险公司的经济学家理查德·布朗（Richard Brown）正偕夫人卡西（Cathy）和四个孩子中的两个（分别为七岁和十岁）在位于世贸中心的万豪大酒店参加全美商业经济学会的年会。布朗一家得以快速疏散。理查德·布朗后来说："在两架飞机撞上世贸中心大楼之后，我们在巴特里公园等待。我告诉孩子们，这很像珍珠港事件。他们有时会通过最新大片来理解这一类事情。我告诉他们，这就好像《珍珠港》和《泰坦尼克号》的混合版。"（Murphy 2002: 110）至少对于接受采访的幸存者来说，他们噩梦般经历的理由并不难找。恐怖分子试图干掉他们,并几乎得手。

进一步反思过后,幸存者和目击者常常会充实他们的故事。例如,就读于位于附近曼哈顿社区学院(Manhattan Community College)的大四学生金伯利·莫拉莱斯(Kimberly Morales)就有了新的想法。她在学校附近看到了飞机撞楼、爆炸、大火以及北楼最终的倒塌。她还看见绝望的人们从楼上坠亡。在回布鲁克林的路上时:"我一路不能自已。我想了很多关于政治的问题。我一腔怒火,不知该如何发泄自己的愤怒。我们政府里的那些本该阻止这类事情发生的人在哪里?在我们遭受劫难的时候,他们是不是正在价值上百万的游艇上花天酒地?"(Murphy 2002: 128)。对理由的寻找很快导致对责任和过错的追究。就算是不知姓名的恐怖分子驾着劫持来的飞机撞上了南北双塔、五角大楼以及宾夕法尼亚的农田,但依旧是某些人员的渎职给了恐怖分子以可乘之机,让他们顺利劫持了飞机。

公职人员同样在追究理由、责任与过失。纽约市长朱利安尼在9月11日当天召开了广受赞誉的记者招待会,将理由放到大背景之下:"我相信,全体纽约市民会向所有在今天遭到恶毒攻击的人展现出我们的决心和我们的支持,我们会恢复我们的正常生活,我们会告诉所有人,邪恶的、懦弱的恐怖分子不可能阻挡我们这个自由国家的脚步与运行。我们将为此倾尽全力。"(Adler and Adler 2002: 9)理由——试图破坏"自由国家"运行的"邪恶的、懦弱的恐怖分子"——决定了合适的反应:沉着镇定。

同日,美国国务卿科林·鲍威尔(Colin Powell)针对袭击发布了一份类似的回应："我们又一次看见恐怖主义；我们看见恐怖分子，这些人不相信民主，这些人相信通过摧毁大楼，通过谋杀平民，他们可以实现其政治目的。他们可以摧毁大楼，他们可以杀死平民，我们也会为这种悲剧感到难过；但我们永远不会允许他们绞杀民主精神。他们摧毁不了我们的社会。他们摧毁不了我们对民主的信念。"（State 2001b）根据国务卿鲍威尔的说法，这场悲剧的原因是心灵扭曲的恐怖分子以为——错误地以为——他们可以通过摧毁美国的公共建筑物来动摇美国人民的坚强意志。在毁灭性的"9·11"袭击九天之后，美国总统乔治·W. 布什（George W. Bush）在对国会的演讲中进一步阐述了鲍威尔的理由，指认出罪魁祸首，并把他们和全世界的邪恶势力联系起来。"我们的反恐战争，"布什宣布，"将从'基地'组织开始，但不止于此。在发现、制止并捣毁所有全球性恐怖组织之前，我们绝不罢手。"（State 2002: i）

理由种种

不管是公职人员、应急救援人员还是社区学院学生，人们给自己或他人找理由，并不是出于对真相或自圆其说的某种普遍渴求。

他们给出的理由常常是肤浅的、矛盾的、虚伪的，或至少从旁观者的角度看是牵强的。不管人们给出理由时在做什么，他们显然是在协商自己的社会生活。他们在讲述自己和理由的倾听者之间的关系。给出者和接收者在确认、协商或修复他们之间的适当关系。

人们给定的理由通常分为四个互有重叠的类别。

1. **惯例**，即人们对渎职、差错、荣誉或好运所给出的惯常理由：火车晚点了，终于轮到你了，她有家学渊源，他一向走运，诸如此类。
2. **故事**，即结合了原因-结果说明的解释性叙事，既可以是"9·11"大劫难这种稀有现象或特殊事件，也可能是诸如朋友的背叛、获得大奖，或毕业二十年后在埃及金字塔偶遇高中同学这样的事情。
3. 支配司法判决、宗教忏悔或颁发奖章这类行动的**准则**。
4. 对以上三者后果的**技术性说明**：对于世贸中心八十八层的伊莱恩·杜奇在9月11日一架被劫飞机撞上大楼后的遭遇，结构工程师、皮肤科医生或矫形外科医生可能给出的解释。

这四种给出理由的方式都有其独特之处。给出者和接收者之间的社会关系不同，通过每种方式所给出理由的内容也都会有所不同。这些方式带来的后果之一是，它们都会影响到这些社会关系，或确认某种现有的关系，或修复这一关系，或宣告某种新的关系，或否认某种关系的存在。但这四种理由的给定在形式和内容上具有显著的差异。每种理由都具有不可替代的职能。

惯例并不需要假托充分的因果解释。如果我详细解释自己为何将咖啡泼到了你的报纸上——昨夜如何难寐，工作如何令人糟心，最近患上了难以控制的颤抖症——你很可能早就不耐烦了。"哎呀，我真是笨手笨脚！"可能已足够，尤其是如果我提出给你买一份新报纸的话。（"对不起，我被地毯绊了一下"应该也成。）不同的社会环境下有迥异的惯例。例如，同样给出一个疏忽、开小差，或好运的理由，公交车上的邻座会感到满意，但配偶却往往难以被安抚。惯例宣示、确认、修复或否认社会关系。因此，依据社会关系的不同，惯例天差地别。

然而，例外事件和陌生现象则要求不同的理由；它们要求讲**故事**。对于惨遭滑铁卢、大获全胜、颜面尽失、面临共同的悲剧或者在夜里听到异响的人来说，一句"碰巧而已"远远不够。他们也试图根据眼下的环境和社会关系来配以理由，但此时理由举足轻重。重大的人生转变，如结婚、离异或父母过世，同样要求比惯例更有分量的说明。一般而言，例外事件的理由为解释添补了一丝辩护或谴责的意味：公司给我发的奖金比你多，因为我工作更努力，卖出了更多台电脑。给出者和接收者之间对关系的质量、强度、持久性与得体性的暗含诉求，远甚于与惯例有关的诉求。

三大特点使得故事对于社会生活而言至关重要。首先，它们重构并简化了社会过程，使这些过程适于讲述；"X 对 Z 做了 Y"，这呈现出一幅便于记忆的画面。其次，它们包含了对责任的强烈归与，由此将其导向了道德评判：功劳是我的，过错是他的，他们对我们不仁。这第二个特点使得故事在厘清事实后的评估中尤为重要，并有助于解释人们为何要改变他们不那么光彩的所作所为的故事情节。第三，故事从属于眼下所处的关系，因此会随关系的不同而不同；面对同一场球赛，电视记者与落败一方的球员彼此之间的说法亦有不同。

不仅如此，故事还精简了原因-结果的关联。典型的故事只有少数几个行动者，这些行动者的秉性与行动导致了有限时空中的一切。行动者有时包括超自然的存在物和神秘力量——例如，在巫术中被用作对不幸的解释——但行动者的秉性与行动解释了既定事实。从而，故事不可避免地弱化或忽视了差错、意外后果、间接效应、增量效应、协同效应、反馈效应和环境效应在因果链中的作用。（Tilly 1995, 1996）它们符合讲故事的主导方式。事实上，早期对"9·11"袭击给出的大多数理由都采取了故事的形式。

与故事不同，**准则**不需要承担太多解释职能，只要它们遵循现行的规则。（当我在美国海军服役时，我是一个听令于规则的主计长，经验丰富的三级军士长爱德华·麦克格罗蒂［Edward McGroarty］是带我的师傅，他曾开玩笑说："这没有理由：就这么规定的！"）宗教条规、法律条文以及高规格的荣誉评定充斥了理由，但这些理由描述的是发生的事情如何遵从于现有的准则，而非究竟是何原因导致了相应的后果。法官、牧师与评奖委员会这种第三方，尤其注重依据准则来给出理由。

当我和路易丝·蒂利（Louise Tilly）想要复印一些至关重要且卷帙浩繁的19世纪米兰户籍记录时，我们与米兰市档案馆馆长钱帕（Ciampan）会计师（Ragionier）提出的准则有过一场颇富教益的遭遇。会计师一开始对我们置若罔闻，坚称只有市长才有资格授权外来人士使用这些记录。当我们借能人朋友之力，最终拿到了市长的授权信时，我问会计师，什么时候可以开始照相。这个小个子男人大步流星地走到窗户旁，取出一本大部头的市政档案规章，翻到其中一段，上书"档案馆以外的任何人不得对档案内容拍照"，然后将一只手放到这本厚书上，并举起另一只手，宣布："我必须依法办事。"我们只得徒手抄录下那些记录，苦不堪言。

甚至连准则的受害者也常常接受它们作为判准。20 世纪 80 年代中期，戴维·帕特森（David Patterson，他将在第三章再次出现）在电子行业的萎缩中大伤元气。在早些年的繁荣期，他的公司将他从加州分公司的管理职位提拔至纽约都会区的部门领导。包括两个十几岁的孩子在内，他举家迁至纽约一处富庶的郊区。两个孩子为这次搬家做出了痛苦的调整。在 80 年代中叶的萧条期，公司关闭了他的部门，解雇了他，并给了他四周的遣散费。他无法找到另一份管理职位。尽管如此，对于自己的困境，他给了凯瑟琳·纽曼（Katherine Newman）一个准则式理由："政策就是政策，程序就是程序。你必须按规定来。你要是在公司工作就知道了。这不会让你好受一些；这没有任何帮助，但你就要这样想。你必须接受它，……否则你无法在这种环境中立足。……就算重返战局，我还是会如故行事。而且我能料想，同样的事情还会再次在我身上上演。"（Newman 1988: 77）当然，我们所有人都时不时地咒骂愚蠢的政策。但对于身在局内的人而言，准则如影随形，甚至至高无上。

最后，**技术性说明**会因内部结构和内容的不同而不同，但它们都宣称建立起了可靠的因果关联。在回顾自己徒劳地踢世贸中心七十六层防火门的时候，格里·加埃塔基于自己作为建筑师的专长，为原本关于恐怖分子先见之明的故事补充了一个原因-结果说明。结构工程师以机械原理作为其原因-结果关系的核心，医生偏向人体动力学，经济学家则以市场驱动的过程为主。尽管工程师、医生和经济学家有时会在遭受攻击时花大力气为自己的专长辩护，恳切地表明他们是经由广受认可的专业程序得出了自己的结论的，总的说来，他们的理由给定以公认的原因与结果为核心。整个行业与专业知识的有组织机构都是他们的后盾。

大体而言，理由可以这样划分：

	通俗	专门
程式	惯例	准则
原因-结果说明	故事	技术性说明

从左到右，图表展现的是理由经过组织、有条有理以及内在融贯的程度，其中"通俗"的理由普遍可得，"专门"的理由则依赖大量的话语训练。从上到下，图表依次给出的是 X 与 Y 之间以适当性而非因果性为标准的匹配（程式），以及对从 X 至 Y 的因果过程的追溯（原因-结果说明）。显然，这个图式所排列的，是由给出者所提出，或由接收者所接受的主张，而非任何由包括你我在

内的第三方对理由充分性的判定。

全部四种理由通常都作用于关系。其最为深藏不露的作用是，它直接**确认**了给出者与接收者之间的关系，例如，就像一个忏悔者接受牧师以一种与原因和结果关系不大，或完全无关的准则做出的对其罪过的解读，以及如何向人和神做出适当补偿的训示。其更为明显的作用则是，理由的给出常常**建立**关系，例如，一个采访者在做关于食品、电视或政治偏好的调查前，先向受访者解释访谈的目的。它有时还起到协商关系的作用。例如，技术性说明的作者出示职业资格证书，以获得听者的尊重和服从。最后，许多理由的给出可以**修复**关系。例如，某人在伤害了另一个人之后，讲了一个故事以表明这种伤害是无心之过，或是不得已而为之；因此，尽管看上去很糟糕，这并不意味着给出者和接收者之间关系的恶化。一段修复关系的故事常常以"对不起，但是……"开篇。程式和原因-结果说明都作用于关系。

程式在 Y（眼下的事件、行动或后果）和 X（先于 Y 的事件、行动或后果）之间确立起一种适当的对应关系，但很少或完全不进入将 Y 和 X 相联的因果链中。原因-结果说明追溯从 X 到 Y 的因果线路——即便我们旁观者觉得它们荒诞不经或不可思议。面向不同公众的"通俗"理由显然大有不同，例如，它可以为宗教热忱或宗教信条所用。不同领域的专门理由同样千差万别，神学家所阐述的准则、技术性说明与医务人员所提出的截然不同。

老到的读者应当提防一对容易上钩的错误假设：通俗的理由兜售的是准则和技术性说明的劣质、无知和过度简化的版本；从而,真正好谋善断的人从不诉诸惯例或故事。我们这些久经世故的人容易犯下这种错误,因为我们时常需要将我们自己的准则或技术性说明转换为用其他术语工作的人能够理解的说法。罗素·哈丁(Russell Hardin)在一个"万事通"所掌握的知识(例如相对论知识)与务实者的日常知识之间做出了一种必要的区分。他倡导一种基于街头认识论(street-level epistemology)的经济学理论:

> 知识的经济学理论是关于典型的个人(甚至特定的个人)为什么获知各种事情的理论。在经济学理论中,说你知道一件事,而我知道一件相反的事,在某些语境下是讲得通的。或许我最终认识到我的知识是错误的,并加以改正,尤其是在听到你对你相反知识的辩护后。但一个能够评判我们的立场之真的万事通在此并无用武之处。我们是我们自己的裁判。如果我们希求更好的知识,必须决定去什么媒介或来源中去寻求的是我们自己。街头认识论与何谓某一领域(例如物理学)的知识无关,而是[关于]你的知识,我的知识,普通人的知识。(Hardin 2002: 4)

在日常生活中,我们都会用到实践知识。实践知识不仅源自个体经验,还取自我们所处的社会场景。实践知识既可能遵从适当性的逻辑(程式),也可能采用可信的解释(原因-结果说明)。适当性和可信性也依社会场景的不同而不同。

因此，给出者与接收者的不同组合为相同事件提供了不同类型的理由。以"9·11"袭击事件为例。我们已经看到目击者和亲历者给出了惯例（"这是战争"与"这是恐怖袭击"）与故事（"恐怖分子故意撞毁他们的飞机"），并在格里·加埃塔对撞击如何卡住了世贸中心防火门的解释中看到了技术性说明的兆头。在那之后，工程师和物理学家花费了大量时间再现两架飞机的撞击（后来发现，油箱着火是更关键的因素）是如何压塌两座设计上防震的大楼的；对"9·11"袭击的技术性说明现在已经汗牛充栋（例如 Glanz 2004 中的论述）。但持反美立场的神学家和国际律师同样做出了准则式分析，在他们看来，这场袭击是一场应得的报应。理由的类型依事件类型的变化并不像依对话类型的变化那么大——谁在对谁说话尤为重要。

当然，理由的给出也存在中间形式。在人际互动过程中，一种形式有时会转化为另一种形式。对于宗教团体来说，"这是神的旨意"介于惯例与故事之间，其解释力可大可小，取决于神意介入人间事务的盛行信念。棒球迷的谈话在惯例、故事、准则与技术性说明之间疯狂转换，让其他体育项目的爱好者——或不爱体育的人——对其从缜密的原因-结果论证向简单口号的跳跃困惑不已。专业人士和教师经常在技术性说明与故事之间转换，这取决于听众是否跟得上其领域内通行的解释。长期患病者和疑病症患者成为自己病患的专家，他们和医生的谈话也变为关于诊断、预后（prognosis）和治疗的半专业讨论。在修理汽车时，对机械术语一知半解的车主将冒着受骗或被无视的风险。

反过来，给出技术性说明和准则的专家往往倾注大量心血，或将惯例和故事翻译为他们自己的行话，或帮助别人做这种翻译。保罗·德鲁（Paul Drew）抄录了一段辩护律师、法官和被告之间的对话：

> 律师：在你敲门之后和门被打开的时间之前，有经过一段时间吗？
>
> 被告：在我看来像是过了三天。
>
> 法官：我没听清。
>
> 被告：噢，门过了好久才打开，就像是花了三天。就好像……
>
> 律师：[清了清嗓子]除了由于你当时的心灵状态，在你**看来**过了多久之外，你能就实际时间做出任何估算吗？是一分钟？还是一分半钟？或者你能给我们你的最佳判断。不是在你看来过了多久门开了，而是实际过了多久门开了。就说你最精确的估算吧。
>
> 被告：噢，嗯，我觉得是一分半钟。（改编自 Drew 2003: 918）

"在我看来像是过了三天"在闲聊中可能很奏效，却永远不可能通过庭审记录这一关。我们见证了辩护律师将惯例式语言翻译成准则用语的做法。观察医疗问诊或宗教教义问答，我们也同样能看到从日常对话到专业说明的翻译。不过话说回来，惯例、故事、准则、技术性说明这四种类型还是区分了多数人常见的理由给出形式,并且容易辨别。

解释理由

在此,我的任务并非为人们在日常生活中相互给出的一切理由做出全面的、有说服力的解释。这本小书只求对下面三个问题给出初步答案:

1. 理由的社会给定是否存在通俗与专门、程式与原因-结果说明之间的系统差异(就如我已声言的那样)?如若果真如此,那么譬如说,我们应该就会发现,尽管在文化意涵上千差万别,惯例之间具有家族相似性(family resemblances),并与技术性说明截然不同。
2. 给出者和接收者之间的社会关系是否(再如我已声言的那样)强烈地影响到他们提出、接受或抗拒的理由?如若果真如此,那么譬如说,我们应该就会发现,专业人士和客户之间的理由给定与夫妻之间的理由给定大相径庭,因此,为自己的配偶提供技术性服务的专业人士将难以找到适当的沟通模式。
3. 不同类型的社会关系对可接受与不可接受的理由的协商会有显著差异吗,就如我的论证所表明的那样?若果真如此,那么譬如说,我们应该就会注意到,当人们就其关系的本质有分歧,当这种关系较为紧张,或当至少其中一方会因对这种关系特质的承认而有所损失时,他们一般会就理由争论得更加激烈。

还未有人对理由给定的广泛而充足的例证做出过充分的分析,以得出最终总括的答案。不过,一个出其不意的类比有助于理解种种理由的给出和接收。理由的给出就像是通常人们在应对不平等的社会关系时所发生的事情。[1] 处于不平等社会关系中的人可能会觉察、确认、强化或挑战这些关系,但在这样做的同时,他们也采取了相应的沟通模式,这些模式标示出了他们正在做的是这些事情中的哪一个。事实上,不受挑战地给出理由的能力通常伴随着一个强有力的地位。在诸如高级公职科室与组织化行业的极端情况下,权威的理由给定有其势力范围。[2] 不管在理由给出的过程中发生什么,给出者和接收者都在对他们之间平等或不平等关系的界定进行协商。

对不平等关系的协商与理由的给出之间进行类比表明了如下这些可能:

- 在其专业领域内,专家给出者提倡并强调准则和技术性说明之于惯例和故事的优先性。

---

[1] Bashi Bobb 2001, Burguière and Grew 2001, Fitch 1998, Gould 2003, Schwartz 1975, Scott 1990, Tilly 2001.
[2] Abbott 1988; Tilly 1998, 第五章; Tilly and Tilly 1998, 第二、三章。

- 尤其是，专家给出者通常能娴熟地将惯例和故事翻译为他们更加青睐的说法，并指导他人在这种翻译中予以配合。
- 从而，在任何社会场景中，知识的专业化程度越高，准则和技术性说明越会占据主导地位。
- 在理由的给出者和接收者之间差异悬殊，或给出者的地位较高时，给出者给出程式，而非原因-结果说明。
- 从而，程式的给出者宣示了自己的优越性或与接收者之间的差异。
- 理由的接收者通常会要求给出者做出原因-结果说明，以此挑战对方所宣告的优越性。
- 这些要求通常表现为对对方提出的程式表示怀疑，并要求了解 Y 究竟如何且为何发生的细节。
- 即便是权威性地给出的准则，一个有经验的接收者也同样可以通过运用这些准则，并表明它们遭到了给出者的误用，以挑战给出的理由。
- 即便理由给出者和接收者之间存在差异或不平等关系，只要接收者具有明显的影响给出者后继"福利"的力量，给出者就会从程式转为原因-结果说明。

在每一种情况中，给定理由的接受程度都取决于这些理由是否匹配给出者和接收者之间的社会关系。正如处于不平等关系中的人经常就可接受的尊重或差异的信号进行协商，理由给出的参与者也在两个方向上进行这项活动：通常给出与推定的关系相匹配的理由，但也用给出的理由释放信号，表明自己希望如何界定与对方的关系。

从原则上讲，这种解读很容易出错。例如，如果你认为，大多数人依据自己的成长经历、所属群体、基本信念或根深蒂固的秉性给定理由，你就应该期待人们会在不同的社会情景中给出同样的理由。反之，如果你认为理由的给出在两个层次上运作——向好友倾诉的深层、真实的理由，不同于告诉其他人的信口而言、敷衍了事、见风使舵的理由——你就不该指望看到我所说的对关系的协商。从而，无论是哪种情况，既有证据足以证实我的主张与事实不符。本书的论证给了你一个利用自己在给出和接收理由上的体验来挑战它们的机会。

我的观点有一个推论：既然大多数人都处于诸多不同的社会关系中，大多数人就也都隐含地带有惯例的精细网格，适用于这种或那种社会场景；"我该走了"可以恰到好处地结束向你问路的陌生人的侃侃而谈，却不适用于你多年未见的老友。假设阿尔法（Alpha）将贝塔（Beta）放在图书馆桌子上的书撞落，然后说了下面几句话中的一句：

- 对不起，老兄。瞧我这笨手笨脚的。
- 真是抱歉。我没看见你的书。
- 呆瓜！我又把书撞掉了。
- 你把书放这儿干吗？
- 我早就让你把书摆整齐一些。

上面每一种表述都暗指了一种阿尔法和贝塔之间的不同关系。

故事有别于惯例。它们依赖于（至少宣告了）一个共享信念的共同体的成员资格。准则一般要求将相关个人与标准化身份——例如，起诉人、辩护律师、法官、陪审员、被告和原告——以及这些身份之间的关系进行仔细的匹配。技术性说明假定了听者对理由给出者能力的相信。这也是为什么技术型专家乐此不疲地展示其权威性的标志：头衔、证书、白大褂、专业工具、气派的办公桌。

在一部关于疾病的精彩之作（我们下面还将讨论这本书）中，阿纳托尔·布鲁瓦亚尔（Anatole Broyard）这样描述自己等待一位波士顿泌尿科医生（这位医生首先诊断出最终夺取他性命的前列腺癌）的过程：

> 在等待时，我先行对医生做了一番初步的符号学审查。坐在他的办公室里，我解读了他的标记。各种证书我视之为理所当然，而令我感兴趣的是，房间的摆设富有品位。做工精良的书架上摆满了书籍，古色古香的桌椅，地板上摆放了一张格调大方的东方风情地毯。落地窗让波士顿全景一览无余，而这正是地位的象征，代表了医生所获得的尊敬。我脑海中浮现出医生在窗前远眺的画面。（Broyard 1992: 35）

令布鲁瓦亚尔大失所望的是，这间办公室并不属于这位泌尿科医生，后者领他走进了另一个房间。这间办公室"是一种千篇一律的现代风格。没有古董,没有东方风情的地毯,我也没看见任何画像"(Broyard 1992: 35)。按照布鲁瓦亚尔的高标准,这个"冒牌货"不符合他心目中的医生形象。但这个故事凸显了身份、身份标识以及给定可信技术性说明的能力之间的关系。

外行人并不会自动接受专业权威。亨利·彼得罗斯基(Henry Petroski)以下面这段轶事展开他对工程事故的精彩分析:

> 1981年,堪萨斯城(Kansas City)的凯悦酒店(Hyatt Regency Hotel)发生天桥倒塌事故。这之后没多久,一位邻居问我为什么会发生这种事情。他想知道,工程师是不是对简单如过街天桥的构造都不够了解。他还向我列举了塔科马海峡吊桥倒塌、美国航空公司DC-10型客机芝加哥坠毁事件以及其他重大事故,还提到了从别人那里听来的假想核电站事故,他坚信这些事故造成的辐射将超过三里岛(Three Mile Island)事件,好似提出了一个一目了然的事件以表明,工程师不太能够掌控这个他们一手造就的世界。
>
> 我告诉这位邻居,预测工程结构的坚固程度与反应并不总是像乍看起来那么简单明了;但我不认为自己抽象的概括与含糊的道歉改变了他的主意。(Petroski 1992: 1)

在1981年凯悦酒店天桥倒塌事故中,共有114人丧生。在"9·11"袭击之前,它一直都是美国建筑物倒塌致死人数最多的一场事故。在媒体、法院、学术期刊和日常谈话中,1981年的坍塌事件同时引发了故事、准则和技术性说明,三者又互为补充。

失败的技能同样促成了医学中的理由给定。根据戴维·罗斯曼(David Rothman)的记载,在20世纪60年代和80年代之间,美国的医生们失去了一项来之不易的能力:不受挑战地说出患者的病因和疗法。他们很难再怀着接收者照单全收的期待给出惯例或准则。他们在一定程度上失去了距离感和权威性。误诊与误治的公开,代表受害者与幸存者利益的诉讼,保护患者利益的政治动员,以及立法者、保险公司、生物伦理学家与保健组织日益加深的介入,这些都将第三方引入了医生与患者之间原先是私人的——且多为单边的——对话当中。(Rothman 1991;另参阅 Katz 2002)

无论有没有第三方的介入,技术性理由的给出者经常发现他们在对重大事件的技术性说明与浅显易懂的解释之间来回转换。例如,极少有技术性坏消息的接收者有足够的工程、医学或财务知识以理解专业人士之间传递同样信息所使用的语言。关于问诊过程,一本医学院学生使用的标准教科书如是铺陈:

> 通报坏消息的第一步是评估患者准备听到什么。医生通常可以查看临床数据,检查患者对数据的理解与关切,并预示有了新消息:
>
> 医生:菲尔绍(Virchow)先生,如您所知,我们在您的肠壁上发现了一个瘤,并做了活检。您对于检查结果有多少了解?

考虑下面三种可能的回答：

患者：嗯，是癌症吗？

患者：可以等我爱人来了之后再说吗？她6点下班。

患者：（沉默不语，盯着医生的脸）

立刻询问诊断结果是否为癌症的患者已经做好了听到坏消息的准备。另外两位可能在以口头或非口头方式抗拒继续听下去。对这些患者来说，可能有必要暂缓通报诊断结果。
（Cole and Bird 2000: 212）

科尔（Cole）和伯德（Bird）所假想的医生，很可能具有对结肠癌的病因做出技术性说明的能力。毋庸置疑，这位医生还可以进一步指明：在现有知识体系下，技术性说明中的哪些原因-结果关系仍不明确或在目前的知识状况下仍有争议。医生就这一问题与同行之间的意见交换一般都遵循这种规程。尽管如此，他（她）很少对患者做出技术性说明。尽管教科书没有这样明说，医生其实是经过双重过滤传递出一种极度简化的技术性说明：一重过滤将信息转换为能够被患者解读为重大事件的理由的语言，另一重过滤缓冲这些理由带来的情感冲击。

医生在他们的职业生涯中会运用不同种类的理由：惯例——例行问题；准则——遵循医院规章；技术性说明——会诊疑难杂症；故事——面对缺乏医学知识、无法理解相关技术性说明的患者。当然，医生之间会相互讲述自己不得不对付的焦躁易怒的病人的故事。但在某些行当，几乎所有成人都在不同的理由中进行同样的转换。一位纽约的出租车司机可以在晚间服务多收钱时给出准则，对舍近求远的路线给出技术性说明，对广播里的音乐给出故事，或对于未能遵照你的指示给出惯例式理由。相比医生，我们大多数人更有信心挑战出租车司机所给出的理由。但无论是在哪种情况中，我们都是在协商自己和对方之间关系的定义。

全书结构

沿着这一思路，本书接下来将逐一讨论不同种类的理由。或许很讽刺，本书为理由寻找理由。第二章至第五章依次讨论惯例、故事、准则与技术性说明。第六章对包括社会科学家在内的技术型专家提出建议，探讨他们如何使自己的理由给定为不熟悉技术性问题的公众所理解，以此结束本书。

作为一名历史学家和社会科学家，我对历史和社会科学分析的关注难免多于其他思路。但我希望，即便是对历史和社会科学的解释力心存疑虑的读者，读罢本书，对于当人们在各自的天地中给定、接收和协商理由时发生了什么，也能获得一些真知灼见。这正是这本书的理由。

第二章　惯　例

礼仪是礼貌与自利的混合体。佩吉·波斯特（Peggy Post）向想要善加利用时间的高管建议道："如果会面已经完结，对方却没有要离开的意思，你应该站起来说：'非常抱歉，但我还有其他工作要做。'"（Post 1997: 113）佩吉·波斯特继承了太婆埃米莉·波斯特（Emily Post）和婆婆伊丽莎白·波斯特（Elizabeth Post）的事业，为关注言行举止与职业生涯的美国人提供礼仪方面的咨询，从而必须对许多自己未曾亲历过的情形提供间接的看法。其中之一即是为在理由的给定中陷入困境者出谋划策。

借助好的理由，波斯特帮助人们解决以下问题：

- 发现自己无法奔赴已经答应出席的晚宴
- 对一个孩子说"不"
- 求职面试时，晃眼的灯光让你在面试官面前不住地眨眼
- 向焦心的父母解释自己为什么同居，却不打算结婚
- 向子女解释为什么伴侣离自己而去
- 因为关节炎而拒绝同别人握手
- 因"压力太大或太无聊，薪水太低，或缺乏晋升机会"而辞职（Post 1997: 142）

- 为了从一场无休止的闲谈中脱身,向对方说:"汤姆,很高兴见到你,但我得走了,不然约会(和别人拼车、幼儿园接孩子、看牙医,诸如此类)就迟到了。替我向海伦(Helen)问好——再见!"(Post 1997: 286)

下面是波斯特给出的典型建议:

你永远没有义务接受任何邀请,除非你自己良心不安。但一旦接受了邀请,就必须去。除非身患疾病、家人死亡或计划之外、无法推托的差旅,没有什么能将应邀变为反悔。

不仅如此,如果你已据此拒绝了一场邀请,就绝对不能接受同一天的另一场你更想答应的邀请。若要拒绝,你只需说:"我们13号恐怕很忙。"这足以让你接受任何其他邀请。但如果你以"出差"为由拒绝了某个人的邀请,却出现在一位共同朋友的晚宴上,先发出邀请的那位朋友不可能不生气。(Post 1997: 356-57)

从而,得当礼仪的一个重要部分是,为你做和不会去做的事情给出适当、有效的理由。得当的礼仪包含惯例式理由。理由不必属实,但必须因地制宜。不仅如此,大致说来,在大多数要求举止得体的场合,惯例的效果好于故事、准则或技术性说明,后者只会将交谈复杂化。惯例确认或修补社会关系。

从我们的角度来说,故事、技术性说明、准则及惯例都有其隐秘的一面。我们在这里主要关注它们如何服务于理由的给出。但故事还有逗乐、威胁和教育职能,无论讲故事的人是否谈及严肃的"为什么"问题。技术性说明当然包含解释,但它们同时展现了表述者的专长,并标示出他在这一领域存有争议问题上的立场何在。同样地,准则令使用者得以淋漓尽致地展示知识与专长,就像参与激动人心的智力游戏一样。惯例则在圈内人和圈外人之间划出边界,填补对话的间歇,并将一代人累积的智慧传给下一代。聚焦于理由的给出,我们只不过挑出了人们使用惯例的一种方式。

尽管如此,我们将会看到,惯例用作理由时有着远非无足轻重的后果。恰当地界定社会关系对高效的社会生活至关重要。不仅如此,理由还使得实践正当化——不仅是出席或缺席晚宴,还有缔结或破坏友谊,施予或谢绝帮助,雇佣或开除工人,甚至挑起或结束战争。为所处的场景和关系提供合适的理由,有助于塑造如我们所知的人类社会生活。提供不恰当的理由则会扰乱社会生活。

因此,佩吉·波斯特不仅仅是在讲述关于理想状况的故事,她在为与他人的互动提供实用的指导。从 20 世纪 50 年代到 70 年代,美国社会科学家欧文·戈夫曼对小群体中的社会互动进行了一系列极富原创性、卓有见地、影响深远的研究。(戈夫曼不仅有寻根究底的眼光,而且有一种玩世不恭的幽默感;他的《公共场合中的关系》[1971] 的首页题词是:"谨以此书追念 A. R. 拉德克利夫-布朗 [A. R. Radcliffe-Brown],他曾于

1950年访问爱丁堡大学，我几乎得缘一见。"）戈夫曼在其精彩纷呈的研究中充分利用了自己机敏过人的个人观察和精挑细选的媒体报道。不过他也时常引用写礼仪的书，包括埃米莉·波斯特的书。

戈夫曼大力捍卫自己将埃米莉·波斯特的书当作他对公共行为分析的依凭的用法。他宣称，礼仪书描述了真正影响着中产阶级的行为规范，并充当了"有关美国公共行为体系的为数不多的建议来源之一"（Goffman 1963: 5）。戈夫曼反复观察到，给出适当理由的能力是社交能力的一项关键标志。反之，给出适当理由的无能往往会导致极度的难堪。戈夫曼对所谓"表述"（accounts）的分析，侧重于对众目睽睽之下的过失和渎职的修补或掩盖，但这一观察更普遍地适用于社会互动中的行为。

除此之外，戈夫曼指出，即兴的哑剧（pantomimes）有时充当了口头理由给定的替代品；他将这种行为称为"身体表象"（body gloss）。基于其学生的观察，他给出了身体表象的例子：

> 大学宿舍里的一位女生，渴望收到信，却没人给她写。她看到有人发现她在往宿舍楼的邮箱走，便装出一副寻找某封期待已久的信件的样子，并在发现信还没来时，带着疑惑的惊奇摇摇头——如果她觉得没人在注意她无望的找寻，她才不会费心做这些。一个参加交友舞会的男子如果告诉别人（如果他得以和所有人攀谈的话），自己只是在去别的地方的路上顺路来过一次，看看这里是什么样子，他会觉得有必要

买一杯饮料拿在手里,并找个地方靠着,才像只是顺路来喝一杯。一个少女走进一间滑雪度假旅馆的餐饮区,希望遇到男孩子并被他们看上,但又不想恰好暴露这些目的,于是便用手托着墨镜假装找人,实际上,墨镜一直在她的眼睛上方,搭在头上。(Goffman 1971: 130)

戈夫曼独特的关注点在于个人如何管控自己给别人的印象,而不是他们和别人的来回互动。(在对话上的深度研究是一个重大例外,例如 Goffman 1981。)

戈夫曼指出,即使是心理疾病的罹患者,也会竭尽所能地给出理由。他从自己对华盛顿特区一家精神病院的访谈中得出结论:在经历了监禁所带来的初始震撼之后,"病人彼此熟悉起来,开始主动吐露自己入院的较易接受的理由,同时接受其他病人的说辞,而避免立即公然质疑对方"(Goffman 1961: 152)。从访谈中,他提炼出不同病人对入院的解释:

我在夜校读硕士,同时还有一份兼职,负担太重了。这里的其他人都是心理上有病,但我只是神经系统坏了,所以才得了恐惧症。

我是误打误撞进来的。我其实是糖尿病,过几天就走了。〔病人其实已经住了七周。〕

我有过一段不幸的童年,结婚后开始寻求依赖。

我的问题在于无法工作。这是我在这儿的原因。我本来

有两份工作，一个舒适的家，而且不愁吃穿。（Goffman 1961: 152-53）

戈夫曼聆听人们界定自己和他及医务人员之间的关系。这些人听上去就像是遇到某种困难的正常人，而不像精神紊乱的人。

戈夫曼的描述让我想起了一段很久以前的亲身经历。在戈夫曼于宾夕法尼亚的一家医院进行蹲点观察时，我在名称颇不吉利的波士顿精神医院（Boston Psychopathic Hospital）——我们自己人称之为"波士顿精神病"（Boston Psycho）——担任研究助理。（现已更名为措辞委婉的"马萨诸塞心理健康中心"［Massachusetts Mental Health Center］。）这家大型研究机构专攻具有挑战性的精神病例，并将必须长期监禁的人发送到其他医院。我的工作主要是在职能治疗（occupational therapy）部的一个基地，观察病人之间以及病人与医务人员之间的互动，其主要考虑是，人际关系本身对病人的状况有影响。这份工作包含与病人的日常交谈。

"波士顿精神病"的患者口中的监禁理由与戈夫曼的清单极为相似。但也有某些极度激动或抑郁的病人无法与研究者进行有条有理的交谈；还有几个长期住院者接受对其病症的医学界定。（事实上，戈夫曼指出，宾夕法尼亚医院的医务人员和长期病患者竭力挑战常态化理由［normalizing reasons］，并力争让新入院者接受他们的医学定义［Goffman 1961: 154-55］）。除了这些例外，人们对于自己的入院讲给我的理由普遍包含了将自己和我之间的关系接受为与常人无异的努力。

戈夫曼对自我呈现的非凡研究凸显了本书的一个要点：尽管理由的给出——不管是通过言语、哑剧还是二者兼备——是一种自我呈现，这种自我呈现总是与他人有关。对戈夫曼的肤浅解读可能会得到这样的印象：重要的事情发生在个人的内心之中，人们只是在自我安慰并理解这个世界。这种解读大大低估了下面这种情况的重要性：某人接到一个焦躁不安者的信号，而后者正试图操纵（或预估）前者对这些信号的反应。总的说来，戈夫曼笔下的表演者试图将自己与他人的关系常态化。

罗伯特·埃杰顿（Robert Edgerton）曾做过一项几乎被后人遗忘的戈夫曼式的研究，他对智障人士如何掩饰自己精神状况的观察淋漓尽致地展现了戈夫曼的主题。这些曾在精神病院接受治疗的人有阅读障碍，难以清点钱款，无法读表，但他们通过给出易于接受的理由来掩饰自己的缺陷。埃杰顿将这些理由称为"有用的借口"（serviceable excuses）。"幸运的是，"埃杰顿指出，

> 出院之后，这些病人在大部分场合都会给出有用的借口。例如，我两次看到一位妇女为自己无法阅读市场里的标签寻找借口，理由是自己喝了太多的酒，无法凝神注视。但有一个借口几乎屡试不爽，这些出了院的病人也乐此不疲。当实在躲不开阅读的挑战时，经过片刻慌张，这些智障者会给出理由：自己忘了戴眼镜，看不清这些字。心领神会的对方一般会接受这个借口，并大声读出相应的文字。（Edgerton 1967: 164）

我有时会在去食品店时忘了带老花镜，结果就自然看不清重要的标签。在我看来，埃杰顿的故事颇具可信度；我戴着老花镜时，如果有人需要帮助，我也会非常乐意效劳。有用的借口将人际关系常态化，否则人们可能会直接忽略对方，甚至相互羞辱。

下面这种相近的理由给定策略适用于报时：

> 这些出了院的病人不会问"现在几点了"，而是说："已经九点了吗？"回答——"还没有，还差几分钟""早过了九点了"或"现在才八点"——非常简单易懂。从而，智障者多采取后一种方式问时间。他们常常举起自己的手表，说："我的表停了。"大多数智障者都佩戴手表，甚至包括那些无法读表的人。在打听时间的时候，一边看着手表，一边愁眉苦脸地说表停了，这往往收效不凡。一个佩戴了一只早已停止走动的手表的人这样说："我问：'已经九点了吗？'同时告诉他们，我的旧手表停了，这时总会有人告诉我还差几分钟。如果我不戴上这只旧手表，人们会觉得我是个废物，面带鄙视地扬长而去。"（Edgerton 1967: 166）

正在阅读这本书的读者也能阅读食品店的标签和读表。但所有人都曾有过这样的时刻，我们通过说出——或比画出——我们但愿是适当的理由来掩饰我们突如其来的失格："对不起，我以为这是韦伯先生的办公室""我的眼睛被太阳灼伤了""这把锁总是锈住"。正如戈夫曼和埃杰顿所言，我们常常为了避免尴尬而给出理由。我们证明自己和他人的关系并非看上去那样。

然而,这种理由的给出并不总能支持对社交能力的承认。在某些场合,会发生相反情况:给出的理由将失败解释为情有可原的无能的后果。我的表停了,所以不知道现在几点。我忘带老花镜了,所以读不了商品标签。我病了,所以今天无法工作。我不是本地人,所以不能帮你指路。我刚才坐公交车花掉身上最后一块钱,所以没钱给你。我有失读症,所以考试需要多花一些时间。理由的给出总是在界定(或重新界定)双方的关系。更准确地说,它将双方的关系与其他若混同起来会引来风险、代价、混乱或尴尬的关系区分开来。

薇薇安娜·泽利泽(Viviana Zelizer 2005)曾提出,即便不总是有意为之,社会互动的双方永远力图在这种毗邻的关系之间标出边界。在专门谈到结合了金钱交易与各种亲密形式——立刻进入脑海的是求偶和卖淫——的关系时,泽利泽指出双方如何竭力以特有的实践和符号来保卫边界。在双方各执己见时——这到底是求偶、卖淫,还是二者兼有?——麻烦就来了。从而,理由的给出成为对双方关系适当界定的协商的一部分。理由标出了边界。

惯例如何起作用

惯例在两个方面有别于其他理由:对它们的接受很少或根本不需要专业知识;它们遵循适当性规则,而非因果充分性。它们依赖于可被广泛辨识出的程式。多数时候,我们可以通过其风格化的简单性和进一步讨论的阙如辨识出惯例式理由的给出和接收。当出现挑战时,往往不在于那一说明在因果上不充分,而是由于接收者认为所给出的理由对于所涉及的社会关系而言并不合适——例如,当精神科医生拒绝一个患者对其住院的常态化说明时。理由的接收者不说"别跟我说这些",而是说"别跟**我**说这些!"

礼仪、挽回脸面的哑剧、入住精神病院、智障者的策略,这些都告诉我们,惯例是如何通过以下四点发挥作用的:

1. 这种理由的可接受性并不取决于其真,更不依赖于其解释作用,而取决于它在社会场景中的适当性。
2. 尤其是,惯例很大程度上依理由给出者和接收者的关系而不同,并带上可接受性或不可接受性。
3. 尽管如此,理由的给出和接受对双方及其关系具有显著影响。
4. 其中一个影响是,理由为某些与其他理由和/或对关系的定义不兼容的行为提供了辩护。

我们来更仔细地考察这四个原则。

要考虑理由对于一个社会场合的适当性,就要厘清何种他者有可能观察理由的给出,他们对理由给出者有可能做出何种推论。戈夫曼关于"身体表象"的故事展现了人们如何保护自我形象;四顾无人时,他们不会如此费心。

戈夫曼笔下的身体表象还告诉我们，惯例并不必然运用语词来表示；符号、物体和肢体语言都可以做到。詹姆斯·卡茨（James Katz）和马克·奥克许斯（Mark Aakhus）给出了一个例子：

> 我们在新泽西州普林斯顿市的一个建筑工地前停下来，有意无意地总结起眼前的沟通场景。在完全意识到这一点之前，我们发现，在机器轰鸣、热火朝天的混乱景象前，自己可以不费力地找出工头。这是一个将近五十岁的男人，肉嘟嘟的拳头紧攥着一部手机。引起我们注意的并不是手机——工地上大多数工人的腰间都挂着一部手机或传呼机。老板把手机攥在手里，手机粗短的天线向前伸出，好似多出了一根手指。……通过紧攥手机，他表现出自己毫无操起工具或干体力活的意图。他用手机的粗短天线四处指点，好似19世纪的英国军官用马鞭来指挥士兵。（Katz and Aakhus 2002: xx）

在阅读卡茨和奥克许斯时，我忽然意识到，自己浑然不觉地采取了一种类似的、有效的理由给定策略。读者诸君可能也采用过同样的策略。我在接电话时，经常有人敲我办公室的（没有窗户的）门。有许多年，我都向来电者解释发生了什么，把电话放下，走到门口，打开门，让来访者稍等，然后重新拿起电话；总来回时间：大概一分钟。在通话时，我还时常放下电话，到手够不着的地方去取一本书、一篇文章或一份文件，这有时又会不小心挂断电话。

有一天我忽然来了灵感，到附近的电器店无线电室（Radio Shack）买了一截二十五英尺①长的盘旋电话线，换掉原有的短电话线，我生活中的这个小方面有了改观。我现在不仅可以在继续通话的同时寻找相关材料，而且由于开门时电话仍在耳旁，敲门者立刻知道我在通话中，往往会对打扰表示歉意，且在外等候。我再也无须向对方解释理由。当然，如果来访者是多年未见的老朋友，我仍然会放下电话致歉，解释情况，并（根据来电的性质）让来访者在办公室或其他地方等候。但对于大多数来访者，手里攥着的电话胜过千言万语。

如果在大街上打手机时遇见朋友，我就必须采取另一种理由给定策略。如果双方都在打手机，我们一般互相微笑，挥手致意，并继续讲话。如果他们之后有可能再见到我，微笑与挥手已足够表明他们现在没时间和我说话。场合对于惯例式理由的给出至关重要。我们至少可以根据下列标准区分有关场合：

从庄严场合（如教堂）到休闲场合（如公园）

从公共场合（如街道）到私人场合（如自家厨房）

从公务场合（如办公室）到亲密场合（如家宅）

从陌生场合（如新城市）到熟悉场合（如老街坊）

想象你自己在每一种场合下忽然感到恶心，想告诉周围的人为什么自己要冲到最近的卫生间。在每一种情况下，原因都是一样的，

---

① 约7.62米。——编者注

但适当的理由却有所不同。

政治气候同样会影响到人们公开给出的理由的适当性。菲利普·莫斯（Philip Moss）与研究劳动经济学的犬子克里斯·蒂利（Chris Tilly）曾进行或指导了几百份访谈，地点是底特律、洛杉矶、亚特兰大和波士顿，对象是低技能工人的雇主。他们试图弄清，对工人的筛选在多大程度上以及如何包含了对种族和族裔技能差异——宽泛地界定为影响工作表现的个性特征——的判断。他们很快了解到，在招聘时，未来的雇主不仅考虑习得的认知和技术能力，还会考察"软技能"，包括互动风格和上进心。招聘人员通常相信，不同族裔或种族在软技能方面存在显著差异。

然而，在政治正确性（politically correct）至上的 20 世纪 90 年代，没有雇主会说对这个或那个种族族裔的个人偏好是自己雇佣的一个理由。莫斯和蒂利指出：

> 没有一个雇主对我们说"我不喜欢黑人"或"我想雇佣某个来自我自己族裔的人"。却有许许多多经理人说"黑人更不可靠"或"移民干活更卖力"。没有人说"我不想在拉丁裔社区开始我的生意"，但许多人说"如果公司在市内，我们还是要从郊区招工"。这种说法将对劳动力技能的客观评估和种族的刻板印象结合起来，而且很难在二者之间划出界线。
> （Moss and Tilly 2001: 4）

由于这些执着的访谈者都是受过教育的陌生人，他们问的又都是关于雇佣中的种族和族裔因素的明确问题，雇主意识到自己处在一个公共场合中。在电话访谈中，当被泛泛地问到对不同类别群体的看法时，雇主很少提到什么。但在面对面的访谈中，类似的雇主经常给出基于类别的可接受理由：不同群体在或软或硬的技能方面存在显著的平均差异。当被要求解释这种差异时，他们一般不会强调基因或文化，而会提到教育、家庭结构、替代性工作机会、社会救济情况、邻里的影响以及原有工作经历——总之，在有关种族和族裔不平等的公开讨论中，这种类型的理由比比皆是。

莫斯和蒂利所访谈的雇主不像社会科学家那样说话：

> 说西班牙语的人更愿意干活。他们愿意干更长的时间。我觉得我见过的说西班牙语的人工作非常尽力。[**波士顿地区的金属加工店**]
>
> 亚裔劳工是最后一批移民到这个国家来的，而根据我的观察，他们有一套完全不同的职业伦理。你需要他们一天工作七十二个小时，他们就会一天工作七十二个小时。[**波士顿地区的工厂**]（Moss and Tilly 2001: 117）

当然，莫斯和蒂利很清楚自己在问一些很微妙的问题。下面是一段与亚特兰大一家教育机构的文书主管的访谈记录：

> *访谈者*：我们在这个地区访谈过的许多人谈起黑人和白人工人的不同。您怎么看？

受访者：[小声嘀咕]

访谈者：您放心，这次访谈是保密的。

受访者：我知道，我知道。我想你们听到我有点避讳了。这要看个人了。但我们确实存在这个问题。嗯……当然……不能一概而论……绝对不能，但不幸的是，我们大多数问题都和少数族裔有关。我先把门关上，以防有人到门厅来。

（Moss and Tilly 2001: 120）

很显然，受访者唯恐给出错误的理由。但研究者同样面临一个棘手的问题：如何辨别受访者给出的理由是不是"真正的"理由？和许多社会科学研究者一样，他们试图从受访者以惯例的形式提供的证据中提取出技术性说明，或至少与之核对。但对我们来说，他们有一个重大发现：不同社会场合中的适当理由千差万别。

但莫斯和蒂利的发现不止于此。在任何类型的社会场合中，**和双方关系相匹配**的重要性都高于一般性礼节。重要人物不仅在形成对理由给出者的总体印象；他们同时还在评估传递双方关系特征的信号。可接受的惯例依关系是医生和病人、妻子和丈夫、火车上的陌生人、运动队队友、警察和市民、学生和老师而截然不同。讽刺的是，"对不起，警官，我没看到信号"也许足以应付交警，却无法取悦你的配偶。在莫斯和蒂利的访谈中，负责招聘的主管们小心地使他们的理由与自己和学术研究者的关系相匹配。

适当的理由依关系的平等还是不平等、亲密还是疏远而大不相同。在下属面前，上司只需为伤害或威胁到下属的行动随便找一个理由；对淘气的小孩训斥的父母有时也会说"因为我说了算！"对于失败或失误，下属往往必须对上司给出可以自圆其说的理由，并辅以道歉——不管有多恳切、多真诚；"对不起，老板，我没有想清楚"展现了这种模式。一般说来，同辈或同级别的人给出的理由至少具有相互体谅的表象，如"对不起，我没看见你在等我"。

在对医患关系的深入考察中，杰伊·卡茨（Jay Katz）医生描述了他和外科医生的一场对话，在对话中他们盘点了目前乳腺癌治疗知识上的诸多不确定性。卡茨然后问外科医生，他会怎么对一个选择治疗方案的病人说。这位同事讲起了他几天前和一位病人的实际面谈："会面刚开始时，他简要提及了一系列可选的治疗方案。他补充说，他这样做并不表示有任何值得严肃考虑的选项可以替代根治性手术。相反，他很快就给病人留下了需要进行根治性手术的印象。"（Katz 2002: 166-67）卡茨提醒他二人刚讨论过的不确定性，但外科医生坚持认为，根治性手术是最好的治疗方案。被问到自己的做法时，卡茨回答，自己会和病人详细讨论可选的方案，发现病人的偏好，并通过坦诚协商达成一致意见。外科医生反驳道，病人缺乏必要的知识，他们很可能出于错误的理由来选择疗法，而这种选择将给病人带来不必要的痛苦——简言之，他更了解情况。在他们的对话中，卡茨和他的外科医生朋友对比了相对不平等和相对平等的医患关系的观点，并基于此争辩了医生的适当理由的给出。

但不管是平等还是不平等，关系在从生疏到亲密的范围中的定位同样对理由的给出有深刻的影响。生疏的关系适于随便的理由，并使得详尽的理由费解、唐突或尴尬。反之，关系越亲密，一方通常期待对方给出的理由越详细，理由的给出者越容易被要求为受到挑战的惯例提供故事、准则甚至技术性说明作为支撑。比之于陪审团成员，恋人之间需要给出更详尽的理由，且这些理由必须与他们在其他方面的互动相一致。

给出与关系相匹配的理由的压力是如此之大、如此之普遍，以至于我们很少注意到自己在做出这种匹配。然而，理由和关系的匹配在错配情况下要显眼得多。在一项有关人们如何协调人际信任的研究中，社会学家琳达·韦伯（Linda Weber）和阿莉森·卡特（Allison Carter）采访了年龄跨度从十几岁到五十多岁的十九名女子和二十名男子，了解他们最近的亲密关系。她们报道了年轻女子谢利（Shelley）和她男朋友的故事：

> 事情就好像是……一切都是……我们彼此吸引，因为有太多的共同点了，就好像……好像……天哪，遇上这样的人真是很奇异。而他忽然彻底不再给我打电话，我觉得自己该得到一个解释。大概三个星期以后，他终于给我打了电话，而我必须步步逼问才得到解释。他向我做出了解释；这其实都没问题，但我的心已经冷了。他原来交往过的一个女人回到了他的身边，并对他下了最后通牒。……我们谈了很久。他知道我的想法，他说，嗯，你知道最逗的部分是什么吗？我说，什么？他说，我本来想选你的。我说，错。你没得选择。我说，第一天你没回我的电话，你就没得选择了。他说，

但你一直在给我打电话呀。你没有选择了,我说,我想要一个解释,你该给我一个解释。(Weber and Carter 2003: 53)

谢利拒绝了变心男友给出的理由,并不是因为它是假的。她拒绝男友的理由,因为这些理由将他们的关系界定为一种他有予夺自己关怀的选项,而她却没有。

这带我们回到了我们的第三条定律:正如谢利与其前男友的关系所呈现的,理由的给出将对随后的互动造成**影响**。影响可以微不足道(片刻的不快),也可能非同小可(终生记恨或分离)。理由的给出之所以有影响,既是因为它提出了对关系的界定,也是由于它对一方对另一方的所作所为进行了辩解。理由、关系和行为紧密联系。

急诊室工作人员如何使用理由

在许多组织中,理由的给出对优劣的分配举足轻重。1970年前后,朱利叶斯·罗思(Julius Roth)和他的研究团队考察了美国东北部和西海岸六家医院的急诊室。他们试图了解,急诊室工作人员对病人道德品行的判断如何影响到这些病人所接受的治疗。他们发现了大量的归类现象(categorizing)——例如,对被认为是酒鬼和流浪汉的人进行不同的治疗。他们发现,如果曾经是医院的病人,受到及时、有效照料的机会将大大提高。

罗思及其合作者还发现,医务人员明确区分了属于和不属于他们职责的职务——患者正当和失当的求助。"当患者给人印象不佳,又提出失当的求助时,"罗思指出,"对患者的负面评价就达到了顶点。从而,一个在不合适的时间看小病的人,如果是福利救助的对象,而不是一个'体面的公民'(respectable citizen),就会受到更严厉的斥责。"(Roth 1972: 849)即便是在危急关头,医务人员与患者仍然会暗中协商对其关系的适当定义。

理由的给出在这些定义中举足轻重。它正当化了区别对待:

> 私营医院里照料主治医师的私家病人的护士并没有公立医院护士那样的权威;因此,只有在极个别情况下,护士才能提出立即听令的要求。这就用到了更隐蔽的控制方式。最常见的手段是让病人在就诊或治疗过程中的某个或某几个步骤中等待。由于病人通常无法查验为等待所给出的理由是否合理,这是护士控制病人对其所提要求的相对安全的方式,同时是一种向提出无理要求或因为某些别的原因不配得到帮助的病人的"报复"。(Roth 1972: 854–55;另参阅 Schwartz 1975,第五章)

罗思的观察与我自己在医院急诊室里的观察(比我期待的多)不谋而合。神志清醒的病人为他们身在此处给出理由,家属则为神志不清的病人代劳,分诊护士理清各种理由并给出自己的理由,忙乱的救护区回响着理由的给出,因为给出者和接收者的不同关系对应着截然不同的给出和接受的理由。

《泰晤士报文学副刊》驻纽约记者迈克尔·格林伯格（Michael Greenberg）曾谈起自己和终身残疾的哥哥史蒂夫（Steve）在急诊室的一次经历：

> 那天晚上他惊慌失措地给我打电话。他在去卫生间途中从楼上摔了下来，不得不大声呼救，直到邻居来扶他起来。我立即赶到他的公寓，把他搀到医院急诊室。一位主管把他的名字输进电脑，随即皱起了眉头。显然，史蒂夫几年来由于"臆想的不适"来过不少次。每次他都被草草打发。这次我们被放到了名单末尾，也就是最轻一级的病症。五六个小时后，我们被领到里面的一个房间，医务人员对史蒂夫的脑部做了电脑断层扫描。没发现异样，我们很快就回家了。（Greenberg 2004: 16）

一台电脑给出了有别于病人及其弟弟所给理由的信息；结果，他们在医院里等了又等。

急诊室里的理由给定在第一章中区分的全部四种关系性作用中转换：创立新关系、确认现有关系、协商对当前关系的共享定义、修补受损关系。最常见的情况是，病人及陪同者接受医务人员对专家和患者的定义；作为顺从的病人，他们举止得体，接受医务人员提供给他们的理由。病人只用名，医生却用某某（姓）大夫，这种惯例强化了不平等。

不过，患者或其拥护者有时会对关系的定义进行协商，例如，被放到"小病"名单上的患者请求医务人员认可自己病情的严重性。一方偶尔会给出理由,试图修复受损的关系——例如,医务人员为将某位大人物或神经紊乱症患者怠慢为司空见惯的酒鬼而致歉。作为一位大学医院急诊室的病人,我有时会发现自己的待遇——以及与医务人员关系的普遍定义——有了急剧的改善,当医务人员发现我的身份是这所医院所在大学的教授后。

急诊室里的观察还证实了我们的第四条定律:**理由为某些与其他理由和/或关系的定义不兼容的行为提供了辩护**。为了简化关于理由给定的讨论,我之前一直假定双方就其关系的性质达成了一致,并找到了与关系相对应的适当理由。大多数时候事情如此;擅于社交的人早年就懂得为场合和关系给出正确的理由。但招聘主管、疏远的恋人以及急诊室的例子补充了一个重要的转折。关系双方有时会随着互动无形中协商对关系的定义和相应的行为,但有时也会公然而愤怒地协商。在极端情况下,为了捍卫珍视的做法或特权,一方否认在其他情况下成立的关系:"对不住了,朋友,但公事必须公办""规矩就是规矩""我必须对上面负责",等等。在这种情况下,一方在正当化让另一方失望或受伤的做法。

这些做法和相应的理由不可小觑。作为一个执教多年的大学老师,我有时不得不评判学生就迟交、缺失、文不对题、一塌糊涂或明显抄袭的作业所给出的理由。从来没有人对我说"我的作业被狗吃了",但我多次听闻课程论文被洪水冲走、被窃贼盗走或电脑硬盘崩溃。我对这些理由的判定(通常是和学生的协商)与学生的成绩、班级排名、顺利毕业息息相关,甚至在极端情况下事关他们能否继续学业。不过，总的说来，我对学生所给定理由的接受或拒绝并未对他们造成严重后果。

相反，我在朝鲜战争期间作为美国海军两栖中队军需官的经历则大有不同：掌管别人的金钱责任重大。没错，到了发工资的日子，我别无选择，必须给八艘小船上的汉子们——没有女兵——递上现金。我从保险箱中取出钱，放入一个硕大的皮箱，士官和我背着上了膛的点四五口径手枪，逐艘分发工资。无论我和收付者关系好坏，我都要发给他钱。在每个人签收的时候，我如数清点出我的出纳计算出的应付对方的钱数。在这种受限于规则的情况下，理由变得无关紧要——或者更准确地说，我们都视理由为理所当然。

但在其他场合，我享有出乎意料的自由裁量权。海员们经常来找我，要求提前支付薪水以应付个人紧急情况，或要求补偿公务出巡的开销，并辅以理由。但政府在相关规定上几乎是朝令夕改。我们这些规章制度的具体经办人，要么在手里的规章副本改动之处画圈、签名、标注日期，要么以高层领导颁布的新规章逐一替换老规章。我们的工作手册看上去好似一个硕大的活页夹里醒目的大辞典。

我很快意识到，规章的复杂性和易变性给了我一个巨大的优势：因为只有士官和我是真正了解这些规章的人，而且我本人要对坏账承担责任；如果一个海员在不适当的时间纠缠不休，我一般能够找出一个法律上的理由拒不给钱。我可以像钱帕会计师一样，在庞大的规章手册前信誓旦旦，以当地法律为由，禁止我在米兰市档案馆复印文件。当然，如果准将先生，也就是我所在中队的指挥官，需要我为他的出巡提前开出工资，我一般都会照办。权力限制了我裁决理由和以不适当为由拒绝他人理由的能力。

为行为辩护

理由、关系和行为是如何结盟的？它们实际上构成了下面这种三角形关系：

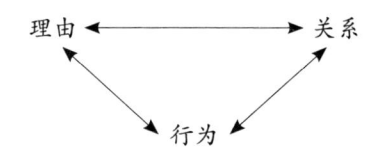

```
     理由 ←——————→ 关系
        ↘        ↙
          ↘    ↙
           行为
```

大多数时候，人们可以较顺畅地给出与关系相匹配的理由。麻烦的是下面这两种情况：给出的理由中所暗含的关系为一方所不承认，或者其中一方借助这条理由为有争议的行为辩护。前面我们看到，谢利拒绝了其前男友提出的理由，因为这些理由以一种无法接受的方式界定了他们的关系；她的拒绝属于第一种情况。而作为军需官，我找到一条法律上的理由拒绝给钱，以免去做人情的苦恼，我把自己放在第二种情况中：为有争议的行为做出辩护。

辩护有时发生在所有类型的理由给定中：不仅是惯例，还包括故事、技术性说明和准则。不过，借助惯例的辩护有其特性：当事人很少将提出的理由郑重其事地视为原因-结果说明，而更多地把它看作对关系、行为及其关联的刻画。一个好的理由提供了一种可接受的刻画。

在一项关于流产和避孕的颇具影响的研究中,克里斯廷·卢克(Kristin Luker)发现这一三角形相交的三种版本:打算堕胎的男女如何讲述其关系中理由和行为的相互作用;卢克与受访者之间的关系如何影响到那一讲述;以及卢克本人最后如何理解关系、理由和行为之间的联系。

1969年,卢克在加州郊区的一家避孕诊所做受理面谈员(intake interviewer)。在两个月的时间里,她接待了许多避孕或治疗性流产申请者,其中三人的避孕行为令她感到惊讶——她们都是白人、中产、非天主教徒,最近六个月内做过一次流产。这三位女子来到诊所,因为她们认为自己可能怀孕了,可能因而需要再次堕胎。由于这些女子在之前的流产后已经接受过避孕指导,并不急着钓到一个金龟婿,也没有明显的精神失常,无知、阶级、种族、宗教、精神失常、感情受挫这些最广为接受的堕胎理由并不适用。

这种反常情况激发了卢克,她在计划生育/世界人口组织(Planned Parenthood/World Population)的资助下,开始对北加州的一个避孕和流产诊所的顾客进行调研。卢克分两个阶段来做这项工作:分析诊所前五百位女病人的病历,然后采访其中的五十位(有时在丈夫或恋人的陪同下),外加十位接受私人医生护理的湾区女子。(在少数情况下,她还单独采访了丈夫或恋人。)卢克只访谈了有过避孕经历,且具有相关知识,明知有怀孕风险却不做预防的女性;用她们自己的话说,这些女子在"碰运气"。下面是一段访谈记录:

> 访谈者：你用了什么避孕方法？
>
> 受访者：我们用安全期避孕法，这很荒谬，因为我们清楚后果可能是什么——它也**确实**发生了。两个自以为聪明的人在同一个地方摔倒两次，这真是令人难以置信。(Luker 1975: 132)

然而，在见到其他一些事例之后，这种情况也就不怎么"令人难以置信"了，因为1970年前后的避孕技术主要是避孕套、体外排精、安全期避孕、提前服用抗排卵药、由医生在体内安置子宫环，以及在性交后立即使用避孕泡沫或冲洗阴道。对于同居者来说，所有这些选择都在一定程度上以同意与合作为前提——它们取决于关系：

> 访谈者：他对安全期避孕法怎么看？
>
> 受访者：我们想用清教徒式的方法，因为我们不想使用人工的东西。
>
> 访谈者：人工？
>
> 受访者：就是在你身上使用化学物质或将什么东西放到你的体内。(Luker 1975: 43)

显然，理由、行为与关系交织在了一起。在这里，性伴侣试图界定他们之间的相互关系。

但重要的不仅是性伴侣之间的关系，第三方有时也举足轻重——例如天主教家庭中的个人或伴侣。即使没有天主教的清规戒律，人际网络的影响也不可小觑：

> 访谈者：你说你原来吃过避孕药，而且吃完了。你最初是在哪里得到这种药的？
>
> 受访者：西南城的一家计划生育诊所。
>
> 访谈者：你为什么没有继续配这种处方药？
>
> 受访者：因为我父亲。……我们住在一个小镇上，医生和牙医很熟络。我不可能瞒着他去看另一个医生，而且那会伤害到他。（Luker 1975: 44）

卢克对"关系—理由—行为"的三角关系有了双重洞见。第一，这些女子描述了她们和男性伴侣之间的关系，以及这些关系如何引发了她们的（非避孕）行为。第二，她们论述自身行为时还受到卢克的身份——一位富有同情心但显然博闻强识的年轻女子——的影响，言语中带有些许辩护的味道。

前两轮的反思引导卢克对关系、理由和行为之间关联做出自己的分析。她切合实际地总结道，有许多不同的原因导致懂得避孕的女人意外怀孕。但是，这些原因大都有三个共同点：

- 与伴侣的社交（不仅是性交）增加了避孕的可感成本。
- 如果持续的风险行为未导致怀孕，情侣对怀孕风险的预期就会逐渐下降。

- 女方（有时双方）开始视堕胎为不小心怀孕后的替代方案。

情侣会随着关系的演变调整他们的理由和行为。不过在演变中的任何给定的节点，同居的情侣对于避孕（或非避孕）行为为自己或他人给出的理由更多地构成了辩护，而不涉及原因-结果解释。"关系—理由—行为"的三角关系依然在运转。

战争计划中的理由

这种三角关系也体现在更大的社会尺度上，较之这些爱情、急诊室、兵役和流产诊所轶事，有着更为严重的后果。它影响了美国的战争计划。在一本艰涩但富有启发性的书中，斯坦福大学的社会学家和军事分析家林恩·伊登（Lynn Eden）研究了"二战"以来美国核计划中对火灾损失的考量。从广岛和长崎的原子弹爆炸开始，专业观察家发现，在城镇地区，炸弹引发的火灾所造成的死伤和破坏甚至高于初始的爆炸本身。但时至今日，军事指挥官在计算核武器所造成的损伤时，通常都将火灾损伤排除在外，从而也将它从其核战略中排除。他们只根据最初的爆炸会造成的损伤来计算可能的损伤。除了其他诸多后果，这种排除至少将造成特定程度的破坏所要求的火力估算翻了一番。这或许意味着，武装力量所要求的武器水平比实现给定核计划所需的实际水平高出了至少一倍——耗资也贵出了一倍。你我的纳税为此埋了单。

怎么会这样？和卢克一样，伊登给出了她自己的原因-结果

技术性说明,我们随后将更为仔细地考察这种理由给定的变式。为了寻找忽略火灾的理由,伊登排除了几条明显的猜测:

- (如许多专家长期坚持的那样)火灾损伤太难预测,以至难以纳入军事方针。
- (如这些专家中的许多人长期坚持的那样)爆炸损伤波及甚广,这减低了火灾损伤的重要性。
- 火灾损伤可用的证据太弱,以至于难以得出确切的推断。
- 现有的计算机应付不了这一复杂的问题。
- 引发火灾的战争太不道德或令人心生厌恶,使得人们不愿去想它。
- 低估核破坏对空军而言有组织上的利益,这样空军可以推进对武器和空中力量的更大投入。

相反,伊登认为,军方的组织结构和过程本身制造了其对火灾后果的"无知"。她借鉴了对非军事组织行为和科学实验室的相关研究,为军方的自欺构筑了一个全新的解释。她还借用了由欧文·戈夫曼引入社会科学的框架(frames)思想(Goffman 1974)。她的研究表明这种组织结构如何建立起一种框架,这种框架在专注于某些类型的信息的同时,却屏蔽掉大量原则上有可能对组织行动造成深远影响的其他信息。尽管并未明说,她还间接展现了适用于某种既定关系的理由(即使它们在其他场合看起来很奇怪)如何像在别处一样为军事组织的行为辩护。

对于自"二战"研发燃烧弹以来所造成的火灾损伤，一些工程师和物理学家（包括一些伊登访谈过的人）了如指掌。他们发现，美国在这方面的核战方针令人吃惊，甚至耸人听闻。但这些专家并未引起军方的重视。这个在"二战"期间如此成功地利用了空中力量的组织就这样带着组织造成的障目之叶进入了和平时期，尔后又进入了冷战：

> 战时，空军队伍中最为根深蒂固的假设——应以空投**常规**武器所产生的爆炸效应来摧毁构成了重大目标系统的特定工业和其他设施——延续到战后初期对**原子**武器的理解：目标是特定装置，相应的方式则是轰炸。精确轰炸和轰炸损伤之间的关联是历史性的。由于精确轰炸在"二战"早期的优先性，相比火灾损伤，我们更了解爆炸损伤，这使得到战争结束之时，爆炸损伤变得更可预测。战后时期，这些关于轰炸目标和破坏手段的知识成了提高组织能力、获取知识和发明通行手段以预测损伤的基础。（Eden 2004: 93-94）。

类似地，美国的防火专家群体用先前已有的关于地面起火（ground-initiated fires）的知识来分析原子弹引发的火灾，用应对地面起火的做法来设计后者的应对方案。他们没有意识到，比如，原子弹爆炸会形成强风，使火势蔓延到爆炸点之外。结果，尽管从 20 世纪 50 年代就开始努力，见多识广的消防工程师霍拉肖·邦德（Horatio Bond）始终无法就原子弹引发火灾的独特性说服他的同事（Eden 2004: 199）。他无法让别人接受自己的理由和做法。

如果这看上去目光短浅，不妨仔细观察一下你所在的组织。我职业生涯的一半时间在大型公立高校度过。细看大型公立高校，你很快就会发现，许多制度安排暗含了消失的世代对可能的未来、教育能力和个人偏好的假定——而要获得关于这些安排的实际后果的信息十分困难。想一想校际美式足球（intercollegiate football）、本科专业和学术能力测试（scholastic aptitude tests）背后的教育理念吧！

理由、关系与行为之间的相互作用在核破坏的个案中之所以重要，是因为美国军事机构的组织方式决定性地主导了交流渠道（谁对谁讲话）、有关对话者可靠程度的判断（谁才是可靠的对话者），由此也就引导了理由与行为的适配。甚至到了1992年，美国战略目标规划联席委员会副主任、海军中将迈克尔·科利（Michael Colley）终结了将火灾后果纳入核破坏的标准模型这一有科学依据的努力。1993年，在被问及这一决定时，他告诉伊登，在仍作为核攻击方针首要目标的俄罗斯，火灾的后果依然是不可预测的。当伊登试探他对呈交于1991年底的关于最新科学工作的高层简报有何反应时，科利回复道："老实说，林恩，简报对我不重要。……照我的衡量，我们最好把钱花在别的地方。……对我来说，它只是又一个我们不应该在那上面花钱的一堆事儿之一，因为我们不需要。它对我们的效用毫无**助益**。攻击是破坏性的、能圆满完成目标的，这就够了。"（Eden 2004: 271-72）总之，将军的言下之意是，如果要点是通过精确轰炸来摧毁选定的地点，那么要紧的就是选择确保能摧毁它们的手段。像火灾这种副作用对这一决定不重要。关于如何使用核武器的相关理由都是在某方面考虑到了轰炸能给重要敌对目标带来何种影响。2004年底，美国对印度—巴基斯坦核战争可能影响的半官方估测仍然反映了这一原则：唯有轰炸重要（Batcher 2004）。

我们这些虽然不在美国国防部那么强势的组织工作，但也要应付"一堆事儿"的人，也都能理解这位日理万机的将军。需要考虑的事情实在顾不过来！这里只想说一点：我们接收哪些要求、哪些理由、哪些关系以及（相应地）什么样的可靠信息，取决于在历史上建立起来的组织常规（organizational routines），而我们对之掌控有限。当惯例起作用时，原因在于它们符合特定的场合，而不在于它们对特定事件做出了充分的解释。在大部分情况下，我们用惯例来强化被接受的行为。正因为如此，我们才能和他人保持友好的重要关系。

然而，惯例无法确保万事顺畅。人们有时需要借助专业人士的准则或技术性说明。更常见的情况是，在遇到令人困惑、出人意料、跌宕起伏、疑云密布或具有典型意义的事件时，人们往往求助于故事。让我们来看看故事带我们去往何处。

第三章　故　事

20世纪70年代，电视布道者和基要派（fundamentalist）机构创建者杰里·福尔韦尔（Jerry Falwell）在美国引起了全国性关注。1979年，他创立了道德多数派（Moral Majority），并使之成为美国保守派政治的一股重要力量。到了1984年，他一方面是托马斯路浸信会（Thomas Road Baptist Church）的牧师和位于弗吉尼亚州林奇堡市（Lynchburg）宗教意味极浓的利伯缇大学（Liberty University）校长，另一方面还在电台和电视台上主持《旧日美好福音时光》节目，并主掌其相关的出版社。福尔韦尔和他虔诚的信徒都坚持基督教《圣经》的字面真理，并拥护严格意义上的神创论（creationism），与此同时坚决反对堕胎和同性性行为。福尔韦尔生动的布道给他和追随者们套上了《圣经》人物的光环：抗击困难，面对诱惑，反复跌倒，最终在神的恩典下凯旋。《圣经》的读者很容易识别这一套路。这就是福尔韦尔的吸金大法：为一项神圣的事业而献身。但它也塑造了福尔韦尔对他个人的人生故事的呈现。

以他对会众（congregation）所做的有关种族融合的解说为例。福尔韦尔否认自己曾是一个种族主义者，但在1968年之前，他一直支持在自己的宗教机构中实行种族隔离。他还否认国会、法院或民权活动家在 60 年代改变了自己的想法。他公开反对林登·约翰逊（Lyndon Johnson）于 1964 年颁布的民权法案。关于这一点，他是这样说的：

> 我感到自己被进军南方的北方白人欺负了，觉得自己受到了他们的无端冒犯；他们要求我们在社区的运转和我们生活的安排上对他们言听计从。我很生气，最高法院、国会和总统突然间就接管了一度授予各州的权利，而我大声抗议日日涌向南方的傲慢的、扰乱秩序并时有暴戾的示威者。我立下决心，坚决维护我们决定如何共同生活的权利，不管是黑人还是白人。（Falwell 1997: 312-13）

但是，他说，上帝早已在暗中破坏他对种族隔离的坚持。他讲了这个故事：

> 1963 年一个周六的上午，我坐在位于林奇堡主街上的李·巴卡斯（Lee Bacas's）擦鞋店的后仰椅上。老规矩，每周六上午 10 点，我都让年长的黑人男子刘易斯（Lewis）为我擦鞋。他可以用我在他椅子上现身的时间来对表。
>
> "牧师先生，我上周在电视上听了您的布道，"刘易斯一边擦拭我鞋子上积累了一星期的灰尘，一边说，"我着实喜欢您的布道。"

"谢谢你，刘易斯。"① 我答道，并仔细打量着眼前这位身材精瘦、肌肉发达、年约六十五岁的男子，灰白的卷发中镶嵌着他熠熠生辉的笑脸。"你和主相处得如何？"我明知故问。

"很好，"他笑容可掬地说，"主是美善的，对吧？"

每个星期，刘易斯都会和我分享他的信仰。而每个星期，我都会在离开的时候切身感受到他的事工（ministry）。而在那个周六的上午，刘易斯问了一个他从未问过的问题。"随口问一下，牧师先生，"他轻声说，这样别人就听不到他，"我什么时候能够加入您在托马斯路上的那家教会呢？"

我又一次觉得自己像一个被直接击中肚子的拳击手。多年来头一次，我无言以对。越来越多的黑人家庭在电视上或广播里听我的布道，他们偶尔会来托马斯路拜访，但他们之中从未有人提过刘易斯刚才问我的这个问题。

"我不想给您找麻烦，牧师先生，"这位老人擦完鞋，边说边将我从椅子上扶起，"但我真的很喜欢您的布道，要是有一天可以加入你们就好了。"

接下来的一个星期，以及之后的几个月，我都在考虑这个问题。我没有合适的理由拒绝刘易斯加入我的教会。他体贴至极，并未求我给出解释，因为他知道没有解释。我有借口，但我没有理由。（Falwell 1997: 317–18）

---

① 此处引文有误，已据福尔韦尔原文改正。——译者注

福尔韦尔将这一时刻描述为"神在我内心深处发出的低沉的声音"（Falwell 1997: 315）。但他在 1963 年听到的声音在许多年之后才得到回响：福尔韦尔于 1967 年创办了种族隔离的林奇堡基督学院（Lynchburg Christian Academy），而托马斯路浸信会一直到 1968 年才接纳了首位黑人成员。不仅如此，尽管面临其他宗教领袖的压力，林奇堡基督学院到了 1969 年开始接收黑人学生。刘易斯本人一直到死都没有离开他所在的黑人浸信会（Falwell 1997: 320-21）。尽管如此，福尔韦尔说："神可能是在用国会、法院、咄咄逼人的游行者和他们嘈杂的示威来引起我的注意，但祂用刘易斯那安静的、充满爱的声音打开了我的心扉，给我和我的事工带来了持久的改变。"（Falwell 1997: 321）

在布道时，福尔韦尔经常借助于惯例式理由，多次从神学中寻找准则，间或做出创世科学（creation science，他的教会的进化理论的替代品）的技术性说明。但他反复设计结构上与擦鞋师傅的轶事相仿的日课：某个人的行动或言辞使这位信仰基督的主人公觉察到自己的不足，备受煎熬的主人公寻求神圣启示，并最终做出改变（Harding 2000）。他讲述了故事。

讲故事的不限于电视布道者。例如，访谈者经常会引出故事。积极参与宗教活动的中产阶级家庭主妇贝蒂·戴森（Betty Dyson），结婚十一年，有两个小孩；对于其爱情经历她向访谈者安·斯威德勒（Ann Swidler）给出了这样的说法：

> 至于我为什么嫁给了这个人，他是一个在正确的时间

出现在正确地点的正确人选。我们在上学的时候相识,在一起度过了很多时光,我们没多久就确信,我们想结婚并共度一生……

他和我父亲像得可怕。我和他母亲也像得可怕。他是那种我觉得自己可以共享很多东西的人,我们想法类似,观念接近。我们很合得来。我们喜欢做的事情有许多是一样的。我们是很好的朋友。(Swidler 2001: 114-15)

如斯威德勒所言,在做出这样的表述时,她的访谈对象借鉴了广为流传的文化类目(cultural repertoires);但在不拘泥于准确性或连贯性的情况下,她们创作了自己的故事。关于人们如何相爱与结婚的故事永远与解释有关,且至少具有一丝辩护的色彩,并随听者不同而不同。

故事的功用

故事为令人困惑、出人意料、富有戏剧性、成问题或具有典范意义的事件提供了简化版的原因-结果说明。借助于普遍易得的知识,而非专业技能,故事让这个世界易于理解。就如在福尔韦尔为其机构取消种族隔离政策的理由所给出的说明一样,它们经常具有辩护或谴责的言外之意。它们是一种特殊的叙述,而根据一本通用的研究手册,叙述是"对一个事件或一连串事件的表述"(Abbott 2002: 12)。这种特殊类型的叙述包括行动者、他们的行动以及这些行动引发的后果。故事通常凸显作为行动者的人。即使主要角色不是人——如动物、神灵、组织,或暴风雨等自然环境特征——其行动仍旧与人类似。相应地,他们的故事经常评功论过。

当人类开始创作故事时,他们一项伟大的社会发明也随之而来。在我们的复杂世界中,原因与结果总是千丝万缕地交织在一起。同步因果、增量效应、环境影响、失误、无心的后果与反馈使物理、生物和社会过程成了只有魔鬼或上帝才能给出详尽解释的杰作(Tilly 1996)。故事排除了这些棘手的复杂因素。小说家玛格丽特·阿特伍德(Margaret Atwood)敏锐地道出了经历与有关经历的故事之间的差异:

> 当你处在故事之中时,故事就根本不是故事,而只是一团乱麻;一声阴沉的咆哮,一场雾里看花,一堆玻璃碴和碎木屑的残骸;就像一座旋风中的房子,抑或一只被冰山撞毁或卷入激流的小船,所有船上的人都无力阻止。只有在事后,当你说给自己或是别人听时,它才变得像一个故事。(Atwood 1997: 298)

即使在讲述真相时,故事仍然极大地简化了相关过程。为了便于理解,它们分离出少数行动者、行动、原因与后果,而且对责任认定的阐述远远好于一般的科学解释。它们很容易分成小块:主语、动词和(有时还有)宾语的简单组合:

安托瓦妮特跑步

或

萨姆打弗利西蒂

这种基本结构使得故事中的信息易于以不同的方式重组,或分离出一小部分来细致考察(Franzosi 2004)。身为教书匠,我每天都依仗故事。它们让我有可能每次讲授一个元素或关系,而无须展现混乱场景的全貌。无论是真是假,它们方便了人们的交流。

亚里士多德的《诗学》是西方最早对故事的重要分析之一。在谈到悲剧时,亚里士多德将其视为文学创作的最高贵形式,并描述了两种合适的剧情:

> **情节**(Plot)或简单或复杂,因为它们所表现的行动明显如此二分。根据我们的定义,所谓"简单行动"指连贯、整一的行动,主人公命运的变化不涉及**突转**(Peripety)或发现(Discovery);所谓"复杂行动",则涉及突转或发现,或二者兼而有之。突转与发现都应当出自**情节**本身的结构,从而得以成为先发事件的必然或可能后果。两桩事是前因后果(*propter hoc*),还是仅为此先彼后(*post hoc*),是大有不同的。(McKeon 1941: 1465)

在亚里士多德看来,"突转"是对一种状态的完全逆转,就像前来安慰俄狄浦斯(Oedipus)的信使最终却告知他父母的身份。"发现"是从无知到有知的重大变化，是对之前被掩藏的某件事情可怕或美妙的认识；在俄狄浦斯的故事中，发现（信使的告知）产生了突转（俄狄浦斯成了一个杀害生父并睡了生母的男人）。亚里士多德抓住了这个故事的精髓：一个或几个行动者；为数不多的行动，这些行动改变了当事人的意识状态，从而导致进一步的行动；时间和空间的延续性；一个引发某种后果或教训的整体结构。

故事将主要后果归因于具体的行动者（甚至是未出场或神圣的行动者），从而遵循了个人责任的通行规则：X做了这件事，并因此为所产生的后果接受夸赞或指责。其戏剧性结构使其有别于惯例。事实上，故事更类似于古典戏剧。它们一般保留了时间和空间的一致性，而没有在时间和地理设定之间跳跃。它们涉及有限的角色，这些人的外在行动导致了一切后续行动及其主要后果。故事多有寓意。

千万不要以为故事只是严肃的讲道。它们可以带来好消息或坏消息，令人捧腹大笑，增进父母和孩子之间的感情，还能起到教育的作用。我曾经喜欢给我的四个孩子讲一些荒诞不经的故事，现在还在试着给**他们的**孩子讲类似的故事；至少讲故事的爷爷从这种交流中得到些许欢乐。

塑料袋清洁员伊恩·弗雷泽（Ian Frazier）的经历是一个欢快的故事。他解释了自己和同伴如何想起清理城市街道两旁树枝上的塑料袋。尽管弗雷泽是一位广受尊敬的作家，他这样讲述自己塑料袋清洁员的副业：

树枝上塑料袋的问题至今已经困扰我十多年了。如果说我从这段经历中学到了任何东西的话,那就是"小心你所注意到的东西"。我当时住在布鲁克林;我注意到街边大树的高枝上有许多塑料袋在人们够不着的地方扬扬得意地摇曳。留意引向琢磨,琢磨引向了一项发明:抓袋器,一个倒钩形的设备;一旦接上一根长杆,就可以有效地清除树上的塑料袋和其他杂物。我的朋友蒂姆·麦克莱兰(Tim McClelland)在下城的布鲁姆大街(Broome Street)上开了一家珠宝加工店,他在那里捣鼓出了第一个样品。有了这个工具,我们当然要用它;于是我们立刻搞了一个抓袋的丰收庆典。(Frazier 2004: 60)

弗雷泽继续谈到他、蒂姆·麦克莱兰和蒂姆的兄弟比尔(Bill)如何先走遍纽约城,再走遍整个美利坚,在许多当地官员和环保人士的协助下,清理了全国各地树枝上的塑料袋和其他杂物。但上面这段话已经说明了一切:它回答了"你怎么会想起清理塑料袋"这个问题。答案如此发展:

留意→琢磨→发明→制造→使用

它甚至含有某种寓意:对于必要性的感知乃是发明之母。

我们已经看到,惯例在确认和修复社会关系以及为行为提供合理性方面贡献卓著。但故事承担了其独有的作用:将令人困惑、出人意料、富有戏剧性、成问题或具有典范意义的事件融入日常生活。小说和戏剧以故事为主，但传记、自传、新闻报道、布道、演讲以及许多类型的对话亦复如是。正如见经识经的人擅长给出符合社会场合的惯例，并挑战有悖惯例的理由，处于成长阶段的人也要学习在不同场合讲不同故事。

同样，不同的关系与行为对应了不同类型的可信故事：告诉听众自己为什么在演讲中忽然断了思路，不同于告诉你最要好的朋友。"对不起，我忘了讲到哪儿了"，对听众可能奏效；对于朋友，可能有必要说"我注意到，第二排的一个红褐色头发的女子看上去对我的话很不开心"。

和惯例一样，给出者和接收者之间的关系平等与否、亲密与否，有效的故事也大有不同。下级对上级讲的故事，相比上级对下级讲的，通常对详尽阐述和自我辩解有更高的要求。平等的同伴更多地在他们的故事中插入对相互尊重和理解的明晰确认。位于亲密—疏远范围的疏远端的双方一般会对他们交换的解释的长度和复杂性严加限制；而位于亲密端的双方，详尽的解释不仅屡见不鲜，而且往往引向对关系的进一步反思和再确认。

故事如何起作用

做一个简单的练习。选两个你经常消磨时日的场景。不要选人们通常运用准则或技术性说明的场景，比如法庭和实验室。候车室、通勤列车、咖啡馆和员工休息室都是不错的选择。注意人们在谈论令人困惑、出人意料、富有戏剧性、成问题或具有典范意义的事件时所发生的事情。比较一下在这两个场景中你观察到了什么。我敢说你的笔记本会揭示出日常解释的这些特征：

- 人们通常会以故事来解释所发生之事；他们不会满足于普遍原理（"骄兵必败"）或惯例（"她点儿背"），即便他们的故事以普遍原理或惯例结尾。
- 故事只有少数角色，只包括这些角色为数不多的行动，将发生之事视为这些行动的后果，且发生在单一的时间和地点。
- 行动者的秉性（而非纯粹的偶然或命运等）会导致他们的大多数或全部的行动。
- 当叙事者同时也是核心的行动者时，秉性在其中将更为突出。
- 故事忽略了大量的可能原因和必要条件，尤其是对任意已发生之事的互相竞争的解释。
- 少数主干故事（master stories）——A 辜负了 B，B 备受打击；C 和 D 僵持不下；等等——反复重现，从而听者经常猜测下一步会发生什么。
- 故事通常具有某种寓意，至少对一个或更多的角色评功论过。
- 挑战者提出的问题时常关乎对功过或秉性的归属认定（"你确定他是这个意思吗？"），而较少质疑故事的整体原因-结果结构。

- 场景不同，故事的讲述者所用的具体惯例和说法大相径庭。

总之，在回应日常生活中要求解释的事件时，理由的给出取决于在理由给出者所处的社会场景中通行的标准化故事的类型。

与惯例类似，故事发挥了四种不同的关系性作用：新关系的建立、既有关系的确认、有争议或变动中关系的协商、受损关系的修复。多数情况下，它们确认既有的关系；当人们不得不同时向和自己关系不同的两个人解释同一个行动时——例如，在配偶和其他购物者同时在场时把超市里的食品洒落一地——时常能见证他们所感到的尴尬。但故事也涉及协商。就如在双方事先都不知情的情况下，求职者发现面试官是大学同学。关系的修复通常少不了故事，如果一个朋友有意无意地将另一位朋友的不利信息透露给第三方："你怎么可以和他们说这些？"

和惯例一样，故事的选择对当事人以后的关系有明显的影响，且往往涉及对某些行为的辩护或谴责。如果我告诉你，一位共同的朋友欺骗了我，我同时也就是在和你结盟，并警告你不要在金钱、敏感信息或重大责任方面信任这位朋友。正因如此，这种故事经常令我们不快，有时还会激起我们挑战讲述者；如果接受了故事，我们就要承担其后果。

但许多故事具有积极后果。当民权静坐运动1960年开始在美国迅速扩散时，参与者经常讲述自发参与的故事：忽然之间我们看到了机会，于是不约而同一起行动了起来。后来，社会学家热衷于追溯地点和民权运动参与者之间原先就存在的关联（参阅

McAdam 1988，Morris 1984）。但在当时，运动的参与者坚称他们是心血来潮。好吧，但也不尽然：心血来潮，带着一些关键限定条件。弗兰切斯卡·波莱塔（Francesca Polletta）不仅访谈了几十位民权运动参与者，还从校园报纸、其他出版物和学生非暴力统一行动委员会（Student Nonviolent Coordinating Committee，简称SNCC）的档案中梳理了当时的讨论。她发现"自发性"存在重要的限度。

如果更仔细考察，我们会发现，当时的标准故事有两个反复出现的特点：明的方面，故事着重解释在静坐示威及相关事件中，学生及其校园发生了什么；暗的方面，故事指出，我们这些参与民权运动的学生是自相融贯的政治行动者。"在学生讲述和复述的关于静坐示威的故事中，"波莱塔写道：

> 自发性标志着脱离成人领袖、紧迫性、地方性倡议的独立性，基于道德律令而非官僚主义的计划而行动。在许多讲述者对公共（或多或少）场合静坐示威的叙述中，自发性是关键主题，这些叙述向参与活动的学生和潜在的参与者本人描述了他们的活动，并在这一过程中帮助建立起集体身份认同，学生以此为名义采取高风险的行动。静坐示威的故事——其叙述形式至关重要——**未能**指明动员机制，而这又激发了行动。它们在能动者和能动性上的**语焉不详**（而非清晰明确）成功地调动起了听者。（Polletta 1998a: 138；另参阅Polletta 1998b, 2002, 2005；Polletta and Jasper 2001）

"语焉不详"并未精准捕捉到这些故事的精妙之处：叙述遗漏了诸如民权组织、教师、教会这样的关键行动者，以及他们的介入和结果。尽管忽略了相关的能动者、行动与原因，这些故事并不缺少能动者："我们"占据了行动的核心。"我们的"所作所为引发了其主要后果。在社会运动的里里外外，关于"我们"如何集体行动的故事反复将两个方面结合起来：宣称对正面成果做出贡献，并断言存在某个值得关注的行动者（Abell 2004, Tilly 2003a）。故事简化了行动者、行动、原因与后果。删繁就简使故事的逻辑明晰起来。

作为修辞的故事

我至此一直在简化自己对故事的解释，就好像导演在一言不发的电视摄像机前的独白。这种自说自话的形象掩盖了一个事实：故事永远发生在对话中，而其他人经常会介入故事的讲述。即便在听者遥不可及的极端个案中（例如杰里·福尔韦尔的广播与电视节目《旧日美好福音时光》的追随者），言者仍以听者可能的反应为参照系。在这里，亚里士多德能再次给我们启发。这次，派上用场的是他的《修辞学》。亚里士多德指出，辩证法将逻辑命题与提炼自严密证据的归纳结合起来，无懈可击地证明一件事情。修辞类似于辩证法，但为了说服别人，将论证和例证结合了起来。在亚里士多德看来，辩证法和修辞都不是科学，因为后者要求建立起无可辩驳的普遍原理。

亚里士多德式的修辞有三种类型：

政治修辞：对某个行动提议表示倡导或反对
法庭修辞：对某个人做出指控或辩护
典礼修辞：对某个人提出赞扬或谴责

在所有三种类型中，有效的修辞所依赖的不仅是严密的逻辑，还包括对人的性格与情感的透彻了解。它取决于言者、论证和听者之间的关系。亚里士多德就修辞提出了一种关系意味极强的说明。

在即将结束讨论时，基于对听者的认识，亚里士多德对演说家提出忠告：

关于戏谑（jests）。它们在论争中似乎有几分用处。高尔吉亚（Gorgias）曾说，应该用戏谑摧毁对手的正经，用正经摧毁对手的戏谑；他说的没错。《诗学》对戏谑做出了分类。某些戏谑与自由人相称，另一些则并非如此；务必选择和**你本人**身份相称的戏谑方式。反讽比插科打诨更适合自由人；反讽者开玩笑是为了取悦自己，插科打诨者则是为了取悦他人。

收场白（Epilogue）有四个部分。你必须（1）使听者对你产生好感，同时对你的对手抱有恶感；（2）放大或淡化关键事实；（3）激发听者一定程度的热情；（4）唤起他们的记忆。（McKeon 1941: 1449–50）

可以直接得出两条结论。首先，修辞的成功与否取决于修辞者对如今听者对讲者及其论点的反应的预估有多准确。其次，同样的论证和讲者对不同的听者效果不同。两个结论都导向同一条训诫：了解你的听众，并观察其反应。

由于《修辞学》是写给希腊城邦相当于电视布道者的人，也就是公众演说家的，亚里士多德并没有提出对他而言可能是不言自明的第三点。在《政治学》中，他坚持人类固有的社会本性。如果将亚里士多德的观点向前推一步，我们不难注意到，多数修辞性的作品并不出现在单方长篇大论的过程中，而是在双方的对话中。不仅如此，另一方的能言善辩者通常会介入论证，对其走向做出预测、确认或挑战。经验丰富的修辞者则会持续观察其他在场者对其故事做何反应。

记者通过学习成为修辞高手。他们打着客观报道的幌子行游说之实。他们经常通过援引权威来为自己业已成型的解释做后盾以增强其故事的可信度。用亚里士多德的话说，他们这样做是因为，提及权威可以使听者对记者的故事产生好感，同时对其对手的故事抱有恶感，放大或淡化关键事实，激发听者或读者一定程度的热情，并唤起他们的记忆。记者亚历山德拉·基蒂（Alexandra Kitty）指出，征引权威可以（1）增强故事的真实性，（2）证实内幕，（3）弥补记者不在场的缺憾，以及/或者（4）履行记者报道官方信息的职责。诉诸权威，基蒂说道：

> 可以给一篇新闻报道带来真实感。在报道一起银行抢劫

案时，目击者的讲述也许扣人心弦，但也可能具有片面性，甚至不准确。如果是一位地方检察官或执法人员来讨论这一案件，故事的分量将大大加重。顾客曝光商业欺诈，说服力远不及政府一纸公文。普通民众的可信度远逊于有头衔者。
（Kitty 2003: 349）

尽管我算不上什么权威，但还是有记者时不时打电话要我为他们正在写的东西把把关。当记者就他们正在写的故事向我提问时，他们很少问及事实。最常见的情况是，他们试图从我这里套出几句可以引述的只言片语，来强化他们的既有结论。他们寻求的是修辞上的帮助。

我们很少认为医生是修辞学家。但医生也时常利用修辞，尤其是有坏消息要传达时。第一章引述的问诊指南揭示了精通修辞术的医生是如何查验其听者的。指南中有一个过程叫做"疾病教育"：

关于患者的病症，有六个教育步骤：（1）引出患者对病因的认识；（2）做出基本诊断；（3）对患者得知诊断后的反应做出回应；（4）了解患者对疾病的知识；（5）做出详细诊断；（6）了解患者对问题的理解程度。（Cole and Bird 2000: 36）

该过程描述了一场对话。开启这场对话的医生并不是居高临下地宣布科学结论。她和病人进行对话，试图说服病人接受一个故事以及随之采取的行动。

在此过程中，医生经常不得不传达坏消息。经验丰富的医生在传达坏消息时会细细审度听者。在说出那个性命攸关的字眼之前，他们通常会让听者自行揣摩。道格拉斯·梅纳德（Douglas Maynard）转述了哈克特（Hackett）与韦斯曼（Weisman）的早期研究，并给出了这样一个形象的例子：

> 一位妇女向医生抱怨自己经常头痛，被告知她的"神经"出了问题。她问为什么自己会神经紧张。[医生]将问题抛回给她。她答道："我神经紧张，因为我在一年内减了60磅[①]；牧师每周看我两次，过去他从未这样；我婆婆对我好了很多，尽管我待她更刻薄了。这难道不会让你神经紧张吗？"停顿片刻，医生说："所以你觉得自己快死了？"她说："是的。"医生回答："你确实快了。"然后她笑了起来，说："嗯，我终于突破音障（sound barrier）了；终于有人告诉我真相了。"（Maynard 2003: 16-17）

当然，谁在这场对话中做了更好的修辞另当别论。但关键在于：这个简短的故事——你已病危，而你迫近的死亡解释了你周围其他人举止的突然变化——出现在一场微妙的对话之后，而不是来自一场独白。

① 约27公斤。——编者注

借口、道歉与指责

即便是再寻常不过的故事，也往往蕴含了对自我和他人的褒贬。但如果至少一方试图重新协商或修复双方的关系，借口、道歉和指责将凸显出来。我和老友约好共进午餐，结果我迟到了四十分钟。如果他仍在等我，我就不能以纽约人的惯例式理由"地铁错乱了"来应付他。我用故事来修补我的迟到给他和我们之间的友谊造成的伤害。但如果这位老友最近背叛了我的信任，把我的糗事讲给了第三方，我的说法多半会有所不同：我气坏了，差点就不来了，最后还是决定和他做一个了断；在这种情况下，我们在重新协商甚至终结双方的关系。

在研究其他问题时，波·布朗森（Po Bronson）收集了大量包含借口、道歉与指责成分的故事。在20世纪90年代，布朗森出版了关于硅谷的两部小说和一部非虚构作品，它们都很畅销。他随后开始考虑改变方向，并将他个人在职业生涯中的思考写进一本新书。这就是《这辈子，你该做什么？》。这本书主要讲的是在工作中做出突兀而重大转变的人的故事。它还以高度个人化的笔触记载了布朗森寻找这些人的过程，描述了他和这些人的对话及旅行，并收录了许多未能如愿转型的人，以及一位对自己的工作心满意足的工程师。布朗森写道：

> 我没想到自己会遇到这么多了不起的人。我从未指望他们会如此坦诚相见。我没料到自己会从他们身上学到这么

多。我不知道这本书会成为自己新声音的载体。在儿子出生、"9·11"大劫难与双方父母染疾的情况下,我没想到自己还会想要完成这本书。所有这些都是事后之明,仿佛是对我相信自己的本能的回报。(Bronson 2002: 362)

布朗森把自己融入别人的生活中,有时会戳穿这些人的自欺,审视他们的生活,在人和他们的工作之间寻找充实、丰富的联系,引出一个又一个故事。这些故事对我们具有双重意义,因为讲故事者通常会强调自己和生命中其他重要人物的关系,但同时也在协商自己和布朗森这个打破砂锅问到底的访谈者兼新朋友的关系。

例如,卡尔·库兰德(Carl Kurlander)本来在杜克大学进修医学预科课程,他的一篇短篇小说忽然把他送到好莱坞,使他成为电影《七个毕业生》的编剧。电影拍摄期间,他和演员安迪·麦克道尔(Andie McDowell)外出共餐。他向她承诺,"电影拍完后,他要搬回老家匹兹堡,着手写作关于他们这一代人的短篇小说,发自内心的、深刻的、真实的小说"(Bronson 2002: 131)。他食言了,至少食言了很久。库兰德听说布朗森写书的计划,便联系了他,一个目的是告诫他抵御住自己已对之臣服的好莱坞成功的诱惑。他创作的青少年情景喜剧《救命下课铃》让自己名利双收。他公开表示对自我背叛的羞愧。"按照大多数人的标准,"布朗森点评道,"他都是一位成功人士——他收入颇丰,并且在业内广为人知。但以卡尔自己的标准来衡量,他已经背叛了

自己的人生目标。"（Bronson 2002: 131）

这之后，出乎布朗森的预料，库兰德接受了匹兹堡大学为期一年的教职。布朗森亲自去了一趟匹兹堡，对库兰德做了新的访谈，并旁听了库兰德为该大学电影研究专业师生所做的报告。报告结束后，根据布朗森的叙述：

> 进入车内，我问道："你难道不担心，自己的好莱坞嗓音变成象牙塔嗓音？三幕剧结构（Three-Act Structure）被弗赖塔格三角（Freytag Triangle）取代？取悦对象从电影公司老板变为写艳诗的女同诗人？"
>
> 他停顿片刻，从另一个方向做出回应。"你看，你怎么能这么说？不知为何，你没办法像我一样醉心于这样的地方。但我为什么不能？你在这儿待了一天，你从影子里看到的比我三个月看到的都清楚。"
>
> "我只是希望你别忘了自己为什么来这儿。"
>
> "天啊，我要是像你这么真诚就好了。真的。你就像加里·库珀（Gary Cooper）一样。"
>
> "不要现在又来推崇**我**。"
>
> 再次停顿。"我该怎么做？"他问道。
>
> "不忘初心？"
>
> "好的。"
>
> "不要为他们的赞许而活。不要为任何人的赞许而活。"
>
> "每个人都想得到赞许。"

"你这是狡辩。"

"本来就是!"

"没错,但你可以暂时不去想它。不是永远不去想,而是有一阵子不想就好。"(Bronson 2002: 134)

在这段对话以及二人在书中的其他交谈中,我们看到两位故事专家协商相互之间以及与他人的关系,并经常在做解释时诉诸借口、道歉和指责。故事成了他们建立、确认、修复和重建关系的工具。

讲述人生经历

波·布朗森的书告诉我们,究其本质,故事通常与传记有关,它至少讲述了人生经历的一部分。完整的传记通常包含多个故事,每节一个,它们有时会汇成一个宏大的故事。它们同样简化了行动者、行动、原因与结果。这无疑是传记和励志书屡屡登上畅销书榜的一个原因:它们遵循一种易于识别、通俗易懂的解释模式(Plummer 2001)。它们讲故事。

当然,传记也可以采取准则的形式,就像圣徒们的模范人生一样。传记也可以成为技术性说明,就像心理学或医学专家试图破解朱利乌斯·恺撒(Julius Caesar)或伍德罗·威尔逊(Woodrow Wilson)这类人物的秘密。丹尼尔·贝尔托(Daniel Bertaux)和凯瑟琳·德尔克鲁瓦(Catherine Delcroix)将所谓的"家族个案史"(family case histories)转化为系统的社会史研究手段，使之成为一种特殊的技术性说明。在魁北克的拉瓦勒大学（Laval University），他们让自己的学生挑选一个祖辈两代或三代都在当地生活的年轻人，追溯这个人包括所有祖父母的家族关系，然后前推至他的后嗣及其兄弟姐妹的后嗣。诸如出生、结婚、死亡登记的公开记录提供了有分量的证据；但学生们还必须从其他各种来源加以补充，包括访谈。贝尔托、德尔克鲁瓦和学生们重新讲述了家庭史，捕捉到了魁北克历史的一鳞半爪。

从六十个学生和他们选中的历史见证人开始，这项研究使魁北克社会变迁的重要证据重见天日：

> 作为一个整体，六十个家庭的个案史涵盖了魁北克省逝去的七十载，透视了社会与历史变迁的诸多方面。绝大多数老一辈人都在小农场工作，甚至有一位樵夫（coureur des bois）娶了一位印第安酋长的女儿。到了下一代，农民基本上就消失了，取而代之的是建筑业、工业和城市服务业的工人，魁北克和美国东北部皆是如此：家庭规模大大缩小，上班的已婚女性人数迅速膨胀。再到第三代，教育、社会工作、医疗健康服务行业的从业人数大大增长。但最令人击节叹赏的是这部宏大集体历史的细微之处：经过多样的、当地的、偶发性的调解以及动议、努力、戏剧性事件、胜利、境况和巧合——有喜有悲——社会历史变迁**实际**是如何发生的。（Bertaux and Delcroix 2000: 72-73）

贝尔托、德尔克鲁瓦和他们的学生开创了一种在社会变迁的系统分析中插入故事的方法：将大量事件串接成一个无法在单一事件中展现的故事（Tilly 2002a）。

这甚至可以用于自传。自传式准则是一种为数不多的特殊形式，采取简历、求职面试、竞选演说以及荣誉社团申请表的形式。自己写的技术性说明更为罕见，但并非无例可循。例如，社会学家有时会请同仁写自传，让他们对塑造或至少影响了自己人生经历的社会过程做出分析（参阅 Berger 1990，Riley 1988）。即便如此，依然会涌现出借助故事为自己辩护的冲动。正如社会学家欧文·路易斯·霍罗威茨（Irving Louis Horowitz）所言，自传是"一种使人们认真看待领袖言行的策略，是一种引人关注的自我呈现"。在霍罗威茨看来，自传"为他人言行提供了榜样，并同时揭示出一个人的真面目：值得效仿的道德楷模，或引以为戒的失足浪子"（Horowitz 1977–1978: 173；关于霍罗威茨本人在哈莱姆区的戏剧性童年故事，参阅 Horowitz 1990）。在这种意义上，大多数社会学家其实并未有效地将自己的人生转换为社会学解释对象。他们有强烈的倾向将他们自己典型化，以某种类型的代表人物而自居（Tilly 1993）。

我个人最欣赏的以专业眼光进行的自我审视并不来自社会学，而来自历史学。1980 年前后，乐此不疲的学术组织者皮埃尔·诺拉（Pierre Nora）说服了七位最杰出的法国历史学家，请他们将自己作为历史研究对象。借此，诺拉说："历史学家试图成为研究自我的历史学家。"（Nora 1987: 5）在《问学谏往录》（*Essais d'ego-histoire*）中，他设法说服了著名法国历史学家莫里斯·阿居隆（Maurice Agulhon）、皮埃尔·肖尼（Pierre Chaunu）、乔治·迪比（Georges Duby）、拉乌尔·吉拉尔代（Raoul Girardet）、雅克·勒高夫（Jacques Le Goff）、米歇尔·佩罗（Michelle Perrot）和勒内·雷蒙（René Rémond）用历史放大镜审视自我。例如，肖尼如此展开他的历史学家的自我分析："我是一个历史学家，因为我是一个已故女子[*la morte*]的儿子，时间的神秘感自童年就萦绕着我。"（Nora 1987: 61）肖尼的母亲在他只有九个月时就去世了。一直到多年之后，他才知道，自己在家中相片上看到的神秘"白衣女子"就是这位已故女子，他缺席的母亲。肖尼将自己的职业描述为逝去时光的终生探密。

并非所有作者都给出了如此丰富的人生细节。"很长一段时间，"乔治·迪比如此起笔：

> 事实上，一直到定稿之前，为了保持距离感，我都打算以第三人称来写。我放弃了这一构想，因为我担心这会看起来自命不凡。这里要郑重澄清一点：我不是在讲述自己的人生故事。我们已经达成一致，我只在这份自我历史中展示自己的一部分：作为工作者的自我（ego-worker），或者说作为工匠的自我（ego-artisan）。因为我只字不提绘画、戏剧或音乐，因为我对这些喜好缄口不言，我生命中的这些重要内容无人知晓。（Nora 1987: 109-10）

作为法国历史研究者，我认识所有作者，或至少见过他们。在读这些自传时，我发现自己同时是评论者、历史学者和偷窥者。通过作者的故事，我从构造精巧的窗户中窥探了作者的创造性人生。作为一种技术性说明，自传几乎无一例外地转向故事，具体表现为简化了的行动者、行动、因果关系与道德含义。

无论是书面形式还是口头形式，自传通常将许多故事串接起来，其结果可能仍是如此多的故事，但有时也会整合成洋洋洒洒的宏大故事：一部人生辩词（*apologia pro vita sua*）。我们可以将英国共产主义历史学家拉斐尔·塞缪尔（Raphael Samuel）的颠覆性贡献归为这种类型。除了少数对自己左翼政治人生的回忆，以及一篇关于自己都市色彩浓烈的家族与乡村关系的精彩（且明显未完成）之作，塞缪尔从未写过正式的自传。但几乎所有他写的东西都倚仗自传；他的个人反思与观察和社会史的批判性解读交织在一起，其中主要是英国的社会史，三十年来他都是个中的行家里手。

塞缪尔在 1995 年 4 月被确诊为癌症。短短二十个月之后，他于 1996 年 12 月溘然长逝。他留下了大量的笔记和未完成手稿，历史学家萨莉·亚历山大（Sally Alexander）和加雷思·斯特德曼·琼斯（Gareth Stedman Jones）与塞缪尔的遗孀艾利森·莱特（Alison Light，非历史学家）合作，将其中一些遗稿汇编成一部蔚为大观的文集《孤岛故事：解析英国》（Samuel 1998）。塞缪尔和编者为英国史的爱好者留下了一卷值得反复品读而非囫囵吞枣的书。通过来回品读，塞缪尔的人生与作品变得鲜明起来。书中的故事俯拾皆是，其间暗藏着隐微的自传。读罢此书，读者将由衷地叹服塞缪尔的洞见,被书中闪烁的智慧吊足胃口,产生在空白处记录问题、质疑或赞叹的冲动,并惊叹于自己所学到的一切。读者仿佛听到了塞缪尔的慷慨陈词。

塞缪尔是历史研究的伟大开创者。他同时还是一位智慧收藏家(intellectual packrat)。他在不同的纸上归档了引文、摘要、笔记、剪报、复印件与奇思妙想,这些都成为他后续写作的原始素材。他的作品反映了这一点:遍布脚注、引语和典故;一个句子经常蕴含大量思想,几乎要无力承载:

> 另一方面,"英国人"(British)现在是一种较为时髦的说法(可能对某些人来说),因为它不像"英格兰人"(English)那样有沉重的文化包袱,所以受批判传统者(heritage-baiters)攻击的可能较低;但还有一个原因,在如今后殖民时代和旧时帝国主义时代的用法中,它具有多民族的含义,因此更能表现出一个多元信仰、多元文化社会的出现。(Samuel 1998: 49)

就如这句话所表明的,塞缪尔经常在立论的同时挤兑他的对手(此处同时包括传统的倡导者和批判者)。他的文笔生动风趣(尽管略显尖刻),这可以从上文三行之上的另一句话看出来:"英国文学的教学表现为传教士式(missionary position)的性爱姿势、高层政治的狭隘眼界以及文学界如小饭馆一般的温文尔雅。"他的许多故事以接地气的说明代替了他人冠冕堂皇的理论。

我们阅读塞缪尔，与其说是为了论证，毋宁说是为了洞见；与其说是为了理论乃至叙事，毋宁说是为了前因后果和上下关联。在历史洞见、前因后果和上下关联上，塞缪尔可谓无出其右。试举一例。琳达·科利（Linda Colley）认为是英国的激进新教带来的国家团结的力量。作为回应，塞缪尔不仅回顾了1536年以来新教徒与其他英国人决裂或内部分裂的诸多时刻，还引述了哈斯拉姆·米尔斯（Haslam Mills）对其姑妈的描述："当警卫盘查时，［她］不会说'英格兰人'，也绝不会说'英国人'，而只会说'卫理会教徒'（Methodist）。"塞缪尔的故事经常以独特的心理状态来解释历史行动。

一个暴徒的自传

拉斐尔·塞缪尔在自传上投入最多的并非是他自己的人生，而是另一个人的。从1973年到1979年，塞缪尔对前伦敦暴徒阿瑟·哈丁（Arthur Harding）做了多次访谈，后者在访谈开始时已是八十七岁高龄。在他编辑的哈丁口述史的前言中，塞缪尔声明："这些篇章是对耗费了六年光阴的人生回忆的录音整理。有关它们如何被构建起来的故事——及其成型过程中的意志对决——将收入本书的姊妹篇（《东区的底层社会：贝夫诺格林西南区》），有兴趣的读者不妨找来一读。"（Samuel 1981: viii）据我所知，这部姊妹篇从未付梓：这发生在塞缪尔身上并不奇怪！但塞缪尔说的"第二卷"收录了一系列质量上佳的自传性文字。它们展现了20

世纪初伦敦底层的犯罪世界，并将其与穷人的日常生活联系起来。尽管描述了数不胜数、光怪陆离的轶事和人格，大部分自传仅包含一个或几个行动者、少量通过觉知状态的转变导致进一步的行动、时空的延续、引致某种后果或教训的整体结构。它们可以被看成是故事。

哈丁生于 1886 年，在东区这个伦敦穷人区里的最贫穷社区长大。他的父亲是个游手好闲的酒鬼，在哈丁出生后没多久就抛弃了家人，除了偶尔伸手要救济，从来没回来过。他的母亲新婚不久就被一辆失控的送奶车撞跛，且同样酗酒成性。一直到阿瑟足够高大和强硬，能够震慑住当地酒贩，她才戒了酒瘾。但为了把四个孩子拉扯大，她一辈子都在简陋的家中工作。尽管如此，幼年阿瑟主要由比他大四岁的姐姐哈丽雅特（别名"麦蒂"）(Harriet [Mighty]) 照料。能干的麦蒂做了一些颇为红火的零售生意，包括一些违法生意。后来，她们母女的大部分收入都来自处于法律灰色地带的高利贷。

从九岁到十二岁，阿瑟主要住在巴纳多博士（Dr. Barnardo）的孤儿院里，但之后就回到了东区的大街上。少年阿瑟终日在大街上晃荡，从事种种非法勾当，如扒窃和扒货车（van-dragging）——从货车后备厢上偷东西。他还成为街头打架者和执法者，不时勒索保护费。哈丁的大部分收入长年来自非法活动。由于重大犯罪行为，他入狱十年（1911—1916 年和 1917—1922 年）。在整个犯罪生涯中，他三十二次作为被告出庭，其中二十七次获得释放或被免予起诉。他是一个性情暴躁的人。但在塞缪尔记录他的人生经历时,哈丁出狱已经快五十年了。他回顾的是自己七十年前的昭彰罪行。

在哈丁的自传性故事中,对他人的描述其实比对自己更多。他往往将认识的人归入一种类型,给这个人配以一种特征,然后讲一个小故事。例如,在一段关于他曾与之共事的犹太罪犯的描述中,哈丁回忆道:

> 另一位是杰基·夏因博姆(Jackie Shinebohm)。他是一个很聪明的扒手——面相憨厚,没人会怀疑他。我们第一次见面时,他十四或十五岁。我在贝夫诺格林路入口处的咖啡摊注意到他。我对他说:"你干吗的?"他答道:"我是个扒手。"我立刻知道他值得信赖,是个守规矩的家伙。他没有父母,一无所有——有一段时间睡在我在直布罗陀花园的住所。杰基1922年死于爱尔兰。他当时和一群扒手在一起,大概四五个人。他们已经疏通了警察,所以不会受到干涉。他正在和几个都柏林刑侦局的家伙交谈,似乎新芬党的人(Sinn Feiners)盯上了他,跟在他后面。他们尾随他到旅馆,开枪打死了他。那只是一个无心之过。他们以为他是一个间谍。(Samuel 1981: 77)

在少年时代的最后几年,哈丁开始和同伴一起环游英格兰和威尔士,进行扒窃"远征"。在回忆一次远征威尔士的经历时,哈丁说:"和犹太人暂住是最安全的。他们在俄罗斯时对警察印象不佳,所以不喜欢给警察提供信息。你可以信任他们,因为意地绪语有一个动词结构'你不可'(Thou shalt not)——他们不应伤害他人。犹太人非常好客,他们似乎不介意我是一个'约克'(Yok)①。"(Samuel 1981: 78)我们看到了故事的典型元素:一个(或几个)行动者、角色、行动、结果,并往往伴以道德结论。

但哈丁本人在故事中经历了几次转变。他不久就在自己的履历里加上了持枪抢劫,尤其喜欢在非法赌场抢劫,因为参与赌博的犹太人不可能报警。尽管如此,伦敦警方彼时掌握了他的全部记录,并严密监视他。"1908 年,"他回忆道:

> 我被判入狱十二个月,依据是《预防犯罪法案》。我什么都没做。我被当做可疑人物关了起来。出狱后,我下手狠了许多。人们把我当成瘟疫,唯恐避之不及。连警察也对我避而远之。我开始殴打许多被视为"恐怖人物"的流氓。我处于生涯的顶峰。连警察都说,我是布里克巷的恐怖人物。许多人知道我随身带枪,这是我出名的原因,但我并不需要用任何武器来让别人闻风丧胆。想要钱的话,我们早就发了——布里克巷的所有人都怕我们。但我并不在乎钱。只要我母亲和姐姐一切都好,这就足够了。(Samuel 1981: 117-18)

到了二十五岁左右,哈丁从扒窃转向"劣品投掷"(snide-

---

① 意地绪语,意为非犹太人。——译者注

pitching）：换假币。他说，这比扒窃安全，因为如果了解法律，就算被当场抓住，你通常也可以脱身（Samuel 1981: 80）。他的姐姐麦蒂将假币寄到他和同伙计划下手的镇上，他们则用这些假币在当地的商店里购物和找零。在换假币的生涯中，哈丁和警察有过一些惊险遭遇，但他在监狱里长期服刑主要是由于两条其他罪状：聚众持械袭击一个皮条客，此人的竞争对手寻求哈丁的帮助；流通赃款。

在第一个案子中，按照哈丁的说法，他的同伙给他带来了巨大的麻烦，不是武力袭击过猛，而是在被打者控告他们后将枪械带到了法庭上。在第二个案子里，他的母亲确实从劫匪那里收到了那笔钱，劫匪将钱存入她和女儿经营的圣诞储金会（Christmas Club）[①]。尽管坚持说自己不知道这笔数额巨大的存款是不义之财，哈丁怀疑它们是赃款，并把这笔钱花在自己信赖的人那里。当英格兰银行追查一个收了五英镑钞票的酒吧老板时，他指认了哈丁。在那时（1916年），哈丁的一长串犯罪记录对他十分不利。尽管罪名存在争议，他最终再次服刑五年。

这终结了他的犯罪生涯。哈丁于1924年结婚，不久当了父亲。他在1926年因打架再次犯法，但很快就被放了出来，之后再也没有进过监狱。这个故事的寓意是什么？在马拉松式的六年访谈中，哈丁多次改变基本立场。但从录音整理来看，故事的整体结构大致如下：童年的艰辛砥砺了一个年轻人，他在特殊环境

[①] 一种一年制无息存款业务。——译者注

下成长，将家庭成员看得很重（或许他父亲除外）；他多次遭到当权者的不公正对待，但最终认识到犯罪活动递增的代价与递减的回报，娶了一个贤惠的老婆，成为一个守法公民。颇具故事性的一生。

疾病的故事

即使是生病的故事，如果讲得得法，也能鼓舞人心。据艾利森·莱特说，《孤岛故事》几乎一半的内容完成于拉斐尔·塞缪尔短暂的癌症治疗期（Samuel 1998: xii）。也有人以重病本身为故事主题。编辑、评论家、散文家兼小说家阿纳托尔·布鲁瓦亚尔即为一例。布鲁瓦亚尔的最后一本书和塞缪尔的遗著有相似之处。在漫长的写作生涯中，布鲁瓦亚尔对他父亲的致命病症与死亡文学有过精彩论述。布鲁瓦亚尔在1989年被诊断为转移性前列腺癌。尽管立刻接受治疗，他还是在十四个月后溘然长逝。

确诊后不久，布鲁瓦亚尔就着手写作一本关于自己的癌症经历与相关治疗的力作。他最终完成了三篇文章和一系列日记。这些文字在1992年（外加两篇早期文章及其遗孀、心理治疗师亚历山德拉·布鲁瓦亚尔［Alexandra Broyard］的后记）汇成《病人狂想曲》一书。在序言中，奥利弗·萨克斯（Oliver Sacks）评价道：

> 我从未见过关于疾病的如此直率——没有任何粉饰、逃

> 避、感伤或膜拜——同时又如此深刻、机智、发人深省且振奋人心的文字。作者（他同时是一位评论家和艺术家）仿佛就在我们面前，以前所未有的力量拿起笔杆，从容淡定地挑战病魔，直面死亡，向死而生。只要一息尚存，他就笔耕不辍，秉笔直书，铢分毫析。他握笔在手，直到生命最后一刻。去世前几天，他仍坚持写作日记。（Broyard 1992: xii）

显然，布鲁瓦亚尔不只是写了一个开诚布公的故事；他写的是一首关于疾病、死亡与弥留之际的散文诗。由于他侧重谈论自己的想法，这本书包含了一些我所读过的最动人的故事。

布鲁瓦亚尔的下面这段话会引起许多病患者的共鸣：

> 父亲去世时，我曾尝试就此写一部小说，但发现从头到尾写得太礼貌了。我对死亡有着过多的善意，这让死亡变得无法忍受。我意识到，人们现在正对我做着同样的事情。他们对我谨小慎微。每个人对我都好得不得了。我不知道他们是在说真心话还是在迁就我。他们好像在和一个孩子说话，而我想让他们别再这样了。我不再能认出他们了。我需要他们的帮助，但不是以这种形式。治疗师欧文·波尔斯特（Erving Polster）将窘迫定义为一种惊慌失措，不知如何自处的光芒（radiance）。我们需要给病人家属、朋友以及和病人终日相处的人写一本书，告诉他们如何对待这种光芒。如果善加使用，他们的光芒可以给病人带来更多好处，而不是辐

射（radiation）。(Broyard 1992: 22–23)

布鲁瓦亚尔当时写作的正是这本书：一本展示如何在病痛中发现光芒的书。但在上面这段洞幽察微的文字中，我们发现了一个带有亚里士多德式意蕴的强有力的故事：人们温柔以待，担心伤害我；但这样做，他们正是在伤害我。

但布鲁瓦亚尔同时在寻找对自己病情的非技术性解释。和许多病人一样，他谈论了自己病症的可能根源，并由此反思自己当初做了什么才能躲过一劫：

> 得知自己身患癌症，我的第一反应是百感交集——开玩笑是后来的事了。这是治疗的一部分。不知道这是百感交集还是开玩笑，或二者兼而有之，我萌生了挑出在我看来比别人更有可能患上癌症的女性及行为的想法。在口服避孕药发明之前，体外射精被广泛采用，这使它成为怀疑对象，并且口交似乎增大了前列腺的压力。说完这些之后，我想澄清，我绝不把自己的癌症归咎到这些女性身上——不管我做了什么，都是我自找的。对此我没有怨言。我不会做任何改变，即使我能预知后果。尽管这种与女人有关的致命愉悦只是幻想，它是癌症病人的世界的一部分，而我不想对自己的世界做任何剪切。(Broyard 1992: 26)

尽管如此，布鲁瓦亚尔还是编织出了一个精妙的故事：作为创造性契机的绝症。

尽管我们大多数人不会像阿纳托尔·布鲁瓦亚尔那样对患病过程做出饱含深情的描述,他肯定不是第一个将疾病视为蕴含自身独特挑战的新世界的人。道格拉斯·梅纳德阐述了跨越疾病门槛的感受:

> 一位右腿确诊为癌症(滑膜肉瘤)的医生向我们描述了这种从一个世界到另一个世界的转变。在公共电视网的一个名为"患癌的医生"的节目上,他拄着拐杖走进一家医院,用一顶棒球帽遮盖住秃头,坐在床上,接受化疗和检查。医生如今成了病人。在画外音中,他说:"一年前的十月,我被告知只剩六个月的生命。一年之后的今天,我还活着,并拥有一个新世界,它是旧世界的延续,但本质上是一个新的世界。"坏消息可以引领一个人进入"新世界",这不仅在医生的话中得到了生动的体现,而且表现在他穿着病号服,成为病人的画中。(Maynard 2003: 11)

布鲁瓦亚尔可能会反对公共电视网过于乐观的报道。但他肯定会跟这位患癌的医生讲述关于突破极限的故事。读完布鲁瓦亚尔的书后,患前列腺癌的作家罗伯特·沃恩·扬(Robert Vaughn Young)在日记中这样倾吐:"终于有人写出了我的激动,解释了为什么我所看重的东西有了变化。"(Young 2001: 6)故事所做之事可能平淡无奇,但它们未必不能鼓舞人心。

我的一个女儿，分子遗传学家基特·蒂利（Kit Tilly），在《病人狂想曲》出版不久就买了一本送给我。她在书中夹了一张正面为一间希腊修道院的明信片，反面写着："希望你别觉得这本书不正常。我读起来不忍释卷。"她知道我几年前从一场黑色素瘤中生还下来，于是不免拿我的经历和布鲁瓦亚尔相提并论。我们都没有料到，在接下来的十多年，医生在我身上发现了转移性前列腺癌，之后又两次发现和治疗淋巴瘤。我留下了从未有勇气戴在头上的假发，作为对化疗阶段彻底秃头的留念。

布鲁瓦亚尔的书几乎彻底遗落在我的传记书架上，我写了一本自己的书——无关疾病，而是关于社会运动的历史——以此在淋巴癌治疗期间专注于生命与希望（Tilly 2004a）。我把它称为自己的癌症书。现在，淋巴瘤似乎已从我身体里消失，但顽固的、隐形的、转移性的前列腺癌细胞仍隐藏在体内某个没有前列腺的角落，现在重读布鲁瓦亚尔，我体会到了更强烈的喜悦、痛苦和慰藉，还有一丝内疚：他已不在人世，我却幸免一死。在我经过疾病历练的眼中，布鲁瓦亚尔的故事是向死而生所激发的创造力巅峰。

我自己的阴郁故事恐怕会让你忘了它们想说什么。故事具有社会职能。它们不仅帮助解释了令人困惑、出人意料、跌宕起伏、疑云密布或具有典范意义的事件，还有助于确立、重新界定或挑战社会关系。故事的修辞元素——它总是将言者和听者联系起来——足以展现这一点。但故事惯常依赖既有社会模式，内含关于给出者和接收者关系的信号，以及它们有时对自尊具有强大影响,这三点凸显了以上观点。不妨再举最后一个例子来阐明这一点。为了写一本关于 20 世纪 80 年代美国中产阶级下向流动(downward mobility)的书,人类学家兼社会学家凯瑟琳·纽曼对一百五十多位曾经的富人做了深度访谈,了解他们从丰衣足食到捉襟见肘的中落历程。

在那本书的开篇,纽曼讲述了戴维·帕特森的故事(第一章曾提到过他),后者是一位不久前从加州调动到纽约的电子行业管理者。在遭受重创的公司关闭了他所领导的部门后,他也丢掉了自己的工作和就业前景。帕特森损失惨重:他在费城的一个蓝领工人云集的贫民窟长大,是家中第一个上大学的人,一直是全家人的骄傲和自豪,拥有一套大房子和两辆豪华轿车,老婆和两个孩子过惯了锦衣玉食的生活。而现在他一份工作都找不到。

纽曼用一个又一个故事串接起帕特森的变故。在仍希望能找到一个新的管理职位时,他坚持一套说法:生意就是生意,市场逻辑是无情的,自己公司的问题是在一个不稳定的行业中必须承担的代价。但他的故事最终转变了侧重点:

> 但在持续数月的朝不保夕、郁郁寡欢和战战兢兢之后,个人问题的经济原因开始淡出视野。戴维现在满脑子都在想:我到底哪里不对?为什么没有人给我打电话?我做错了什么?他经常连续几个小时趴在桌子上,反复用手摩擦额头,终日吞云吐雾,审视自己的深层性格,纠结究竟是这个还是那个性格缺陷导致了自己的失败。人们能看出他的焦虑吗?

人们在街上对他避而不见，是因为他们无法忍受面对他的绝望吗？他是否由于太过强势而冒犯了潜在的雇主？打击接踵而至，答案也变为"一定是我做错了什么"。计算机产业和国民经济的有起有落被彻底忘却。戴维的性格成为他沉沦的罪魁祸首。（Newman 1988: 6-7）

别人的故事让我再次想起自己的经历。我的父亲是一个贫穷的德国移民家庭的孩子，由于他的父亲在芝加哥附近的一个拖拉机厂因工伤致残，他不得不高中辍学，养家糊口。在从事底层工作的同时，父亲上了夜校，拿到了高中毕业文凭，继续学习会计，并来之不易地得到了一份低层白领工作。当大萧条在1929年爆发时，他是芝加哥一家大型照相机公司的助理信贷经理——迥异于戴维·帕特森的部门领导职位，但比他跛脚的农民兼工人父亲（也就是我的爷爷）要富裕得多。随着公司裁员，父亲没多久就丢了工作。

  我在几年之后才开始有清晰的记忆。但大萧条使我父亲全家老小长期失业，临时或兼职工作数不胜数，且多次变动住所，包括一次举家寄居外公的地下室。（我外公在20世纪20年代和五个女儿及第二任妻子移民自因罢工而陷入瘫痪的威尔士煤矿，幸运地在经济崩盘之际保住了芝加哥地区阿华田工厂高级机械师的职位。我们在大萧条期间喝了不少阿华田。）

  穷困、挫折和屈辱延伸到了孩子身上——总共五个子女——我们穿着缝缝补补的衣服，吃着政府补助的玉米糊，采摘蒲公英当沙拉吃，争抢任何能找到的兼职工作。我们五兄妹从来没有戴维·帕特森那种对市场理性的信任，但也没有像他那样转而自责。在意志坚定的父母的影响下，我们给自己讲了一个正派家庭挺过难关的故事。然而，我们同样要借助于故事来安排我们的生活，以及我们与其他人的生活的关系。

故事是一个伟大的人类发明，在自己的领域——社会关系的安排——可以和犁在农业中的地位相提并论。和犁一样，故事无须太费力就可以深入挖掘。从本质上看，故事无法让纯粹主义者（purists）满意：它们用极度简化的原因和结果将复杂的生活浓缩成简单的情节。它们强调普通生活的戏剧性、悲剧性、道德性、不道德性、胜利与挫折。尽管比惯例含有更多的实质性内容，故事对准则和技术性说明嗤之以鼻，以至于准则和技术性说明的职业给定者经常要把信息转换为故事。当大多数人认真看待理由时，这些理由是以故事的形式讲述的。

第四章 准 则

总部设在康涅狄格州的劳拉·J. 奈尔斯基金会成立于1997年，它"鼓励和支持有上进心的穷人，为相关的学习与经济改善机会提供支持。另一个关注点是以爱犬和其他动物来丰富人生的慈善事业"（Niles Foundation 2002: Home Page）。例如，这家基金会资助过纽约州多布斯费里（Dobbs Ferry）的儿童村（Children's Village），后者是一所服务于五至二十岁失足男孩的寄宿制学校。这笔资助帮助寄宿的男孩训练用以协助伤残人士的狗，并为伤残人士提供为期两周的训练，以便他们和新领养的狗相互熟悉。

在这个基金会对人和狗的扶助背后，是许多惊心动魄的司法抗争。劳拉·奈尔斯（Laura Niles，生于1909年）和小她两岁的弟弟亨利（Henry）从父母那里继承了一大笔遗产。多年来，劳拉和亨利都在纽约市和位于长岛布赖特沃特斯（Brightwaters）的家族庄园两地生活。劳拉终身未嫁，但热衷于社交生活、马术和网球，并以驯养赛级犬（尤其是迷你贵宾犬）而知名。根据基金会网站的信息，"她是一个健谈的女子，喜欢和人斗嘴。她以幽默风趣而为人所知。尽管家道殷实，她却选择了淡薄简朴的生活"（Niles Foundation 2002: Biography）。1986年，劳拉（时年七十七岁）从布赖特沃特斯迁至她在新泽西布莱尔斯镇（Blairstown）的农场,在那里牧马育犬。

时年七十五岁,亨利·奈尔斯身心日渐衰朽。劳拉搬走后,他继续住在布赖特沃特斯的庄园。比亨利年轻三十岁左右的塞雷娜·博诺(Serena Bono)开始照料他。到了 1990 年,亨利在生活和财务上已无法自理。这时,奈尔斯在长岛的邻居、世交和投资顾问杰弗里·帕金森(Geoffrey Parkinson)插手,让前法官约瑟夫·孔泽曼(Joseph Kunzeman)成为亨利的看护人,自己则成为财务顾问。与此同时,塞雷娜和亨利谈起了恋爱。尽管帕金森和孔泽曼弄到了禁制令,塞雷娜和亨利还是在 1992 年结了婚。

在此期间,劳拉设立了三笔财产信托,将自己的大部分财产捐给了未来的劳拉·J. 奈尔斯基金会;帕金森出任受托人。但劳拉(当时已八十三岁高龄)不久就开始和亨利、塞雷娜以及塞雷娜的儿子萨尔瓦托雷·博诺(Salvatore Bono)有了更多的来往。她花七十万美元买下了佛罗里达州那不勒斯(Naples)的一套公寓,供他们四个人居住。她还在 1997 年修改了自己的遗嘱,将执行人和受托人从帕金森换成萨尔瓦托雷·博诺。同年,亨利去世。在此之前,萨尔瓦托雷为一个房东和比萨饼店老板收房租,并一直想成为保险经纪人,但并不成功。新遗嘱将一大笔钱留给博诺一家,萨尔瓦托雷成为劳拉的全职财务主管——或掠夺者——肆意挥霍劳拉的钱,用于自己和家人的开销。

在萨尔瓦托雷十六个月的挥霍之后,帕金森提起诉讼,要求获得作为受托人和财务顾问的报酬,并要求法院为劳拉指定一位监护人。对于监护人这一要求,他提出的法律依据是**不当影响**

（undue influence）：新的姻亲塞雷娜和萨尔瓦托雷不正当地利用了自己对劳拉的个人影响，使劳拉修改了遗嘱，并掠夺了她的财产。新泽西的一家法院准许了这一要求，任命一位律师为监护人，并对博诺母子提起不当影响的民事诉讼。在此期间，劳拉陷入昏迷状态，至死未再苏醒。

有关不当影响的法律原则与遗嘱法有密切联系。一般而言，法院对有效遗嘱的要求是，遗赠人理解：（1）他／她的财产的性质和数额；（2）"他／她的自然受赠客体"——此人通常对这笔财产有正当的索取权；（3）他／她所签署的遗嘱条款。不当影响若要成立，法院必须发现涉嫌影响人的动因和机会，并证实后者确实对遗嘱施加了影响。向意料之外者的遗赠或对"自然受赠客体"的排除本身并不足以构成不当影响。

尽管时有兄弟姐妹互相指控，指称对方向父母遗嘱施加了不当影响，美国判例法一般假定近亲和家庭成员之间存在"自然"的影响。从而，与律师、医生、雇员、朋友和新恋人等关系较远者相比，这类指控面临更为严格的司法考量。如果这些关系较远者与遗赠人发展成法律上的"信赖关系"（confidential relationship），并从遗嘱中获得显著收益，法院将加大对不当影响的考量。

信赖关系（又称"信托关系"［fiduciary relationships］）是近亲关系之外的关系，其中至少一方具有改变另一方决策的巨大影响力。按照法律原则，如果具有信赖或信义关系的人接受了大额遗赠，相关的举证责任就从其他人转至遗嘱受益人，后者必须有效推翻不当影响的假设。

在不当影响的案子中，对于原告和被告讲述的故事，法官通常会分别权衡，但之后会从中挑出他们所接受的元素，将其与判例法中既有的范畴与先例对应起来。甚至他们对动因的判断，除了有关心理状态的直接证据，往往也借助类推：别人在这种情况下会怎么办？这种对应产生了基于准则而非新的原因-结果说明的理由。它采用程式，而非解释。与不当影响的法律原则所体现的惯例程式不同，准则程式的解读和运用依赖广博的专业知识。法学院传授学生如何获取这种知识：如何辨别和解读相关法规？哪些旧案子提供了可以征引的先例？相关程式要求什么样的证据？

关于不当影响的案例，三位新泽西财产律师如此总结：

> 有各种事实场景可以展现有关不当影响的指控如何得到支持。不当影响的最极端例子是肉体胁迫。这可以是明目张胆地强迫签署遗嘱，具体手段为把枪举在遗赠人的头上，或切断遗赠人的生活必需品，如食物或医疗，直到签名为止。
>
> 但关于不当影响的指控通常表现得不那么极端：
> - 当遗赠人在新遗嘱中对财产处置做出不明原因的变化时；
> - 涉及"非自然"或"不公平"的赠予时；
> - 当遗赠人受到影响的可能性升高时；
> - 当遗赠人的财务和生意被影响人控制时；

- 当遗赠人和涉嫌影响人产生关系的时间受到质疑时,例如,遗赠人的新恋爱关系始于何时。(Fishkind, Kole, and Mannion 2003: 2)

在奈尔斯姐弟的案子中,上述情形都有所体现。新泽西法院于是核准了不当影响的所有三个要素:动因、机会与有效干预。杰弗里·帕金森的律师代表奈尔斯基金会和帕金森,成功说服新泽西的几家法院废止了奈尔斯在1997年修改的遗嘱,并强制从塞雷娜与萨尔瓦托雷·博诺占有的劳拉·奈尔斯的财产——从而也就是基金会的财产——中划出一大笔钱来补偿帕金森。这笔偿付包括了帕金森和劳拉·J. 奈尔斯基金会的诉讼费。新泽西高级法院的两位法官对诉讼费的裁决提出了异议,理由是美国条例(American Rule)不主张由败诉的被告支付原告的诉讼费。

但多数法官认为,在这起恶劣的不当影响案中,美国条例并不适用于被告的行为。主要意见书(majority opinion)包含下面这段:

在本诉讼中,母子二人合伙对一位八十八岁高龄、身患痴呆症的单身千万富翁施加了不当影响,使她修改了三份生前信托协议,将这位儿子列为受托人,并在新信托协议中给予他们可观的经济利益。前信托协议中的受托人和首要剩余受益人(residuary beneficiary)成功提起诉讼,解除了非法受托关系,并要求母子二人归还扣除部分律师费后的全部财产。

> 诉讼提起的一个问题是，美国条例通常不允许胜诉方从败诉方那里获取诉讼费补偿，如果此前没有先例，这次是否要破例。我们认为，当一个遗嘱执行人或受托人通过不当影响攫取巨额经济或财务利益时，可以向受托人征收原告或第三方在诉讼中的律师费，使遗产恢复至不当影响前的价值，本案即为一例。我们还认为，母子二人应该对本意见书所核准的一切合理律师费用承担连带责任。（Niles Case 2002: 4）

我们大可怀疑，新泽西高级法院的多数法官从惩罚博诺母子中获得了满足感。但他们修改美国条例的理由并不侧重于母子俩的不诚实。他们强调的是博诺母子操纵财产信托所获得的财务收益。

不当影响的案例经常涉及激烈的家庭冲突：兄弟姐妹或子女为了遗产而互相争执，年轻人占老年人的便宜，多年伴侣遭贪婪亲戚的排挤。它们几乎无一例外地与公平问题有关。但在对不当影响进行司法审议时，法院通常会淡化公平问题，而侧重于既有的程序规则。正如奈尔斯的案子所体现的，在对判决做出解释时，法院并不给定因果故事或技术性说明，更不采用惯例。相反，他们给出准则。对有效遗嘱和不当影响的三重考量，将证人、原告与被告讲述的故事转化为法律原则与法院认可的案件事实之间的对应。这些对应关系成为基于准则的法院判决依据。它们遵循相应的程式。在司法体系中，惯例、故事和技术性说明都要让位于准则。

准则如何起作用

基于惯例的理由以广泛可用的程式来解释或辩护行动，但很少或不包括原因-结果论证。相反，基于故事的理由借助拥有相同文化背景的许多人都能把握的用语，构建了简化的原因-结果说明。基于技术性说明的理由同样援引原因和结果，但依附于专业学科，并自称做出了全面的解释。为行动给出的准则式理由遵循专门的范畴、证据处理程序和解读规则。范畴、程序和规则共同构成了准则。

除了为理由提供正当性，准则还可用于诸多其他目的。语言学家将准则简化并标准化为文法，使得使用同一种语言的说话者、作者和读者的沟通得以可能。在任何历史时刻，绘画、音乐、诗歌以及其他公共艺术都要遵从相关准则，这不仅使艺术家的作品可被理解，而且让观众欣赏到其创造性的新意之所在。庄严的仪式，无论是市政仪式还是宗教仪式，都提供了确认共有信守（shared commitments）的场合。准则的这些用途未必涉及理由的给出。

准则也出现在社会分析中。自称"制度主义者"的经济与政治分析家坚称，或明或暗的准则为市场、选举制度以及其他复杂体系提供了不可或缺的支撑，这让他们从同行中脱颖而出。[1] 曾经是市场自我调节思想大本营的世界银行现在也开始谈论"建立市

---

[1] 参阅 Besley and Case 2003; Campbell 2004; Feige 1997; Kogurt 1997; Lieberman 2002; North 1997; Scott 1995; Stinchcombe 1997。

场机制"（World Bank 2002）。世界银行希望在发展中国家推进基础设施建设，涉及契约、产权、政府透明度以及银行家对储户义务的准则在其中占据了重要地位。准则产生了清单——也就是程式——专家据此为国家打分，按它们与理想市场制度的吻合程度排出座次。清单描述了规则。

准则自有其变。范畴会发生变动，证据处理程序会有所改变，解读规则也不会一成不变，而且这三者之间也互有影响。最明显不过的是，当事人会改变规则。当我们在某个人类活动的舞台——除了法律这个明显的例子，还包括其他专业技能领域、复杂游戏或特定组织——发现一系列相互关联的行为规则时，我们最容易觉察到准则的存在。在这种舞台上，当权者通常会在遇到新问题时改变规则；因此，累积起来的规则有助于我们了解人们在不同舞台上曾遇到什么重大问题。

詹姆斯·马奇（James March）、马丁·舒尔茨（Martin Schulz）和周雪光细致考察了斯坦福大学从1891年建校到1987年学术与管理规章的历次变动。他们把近一个世纪的历史划分为不同阶段的"规章体制"（rule regimes）：当规章的制定程序发生重大变化时，新的体制随之产生；例如，1968年标志着一项新的管理规章体制的生成，因为在这个动荡不安的一年，该校设立了教师评议会（faculty senate）。（我整个1968—1969学年都在斯坦福，对当时论战和游行的盛况记忆犹新。）

这三位斯坦福大学的研究者发现，在每个规章体制中，随着时间的推移，规章的创新率都呈下降趋势。这展现了一个双阶段过程：人们先发现新体制存在出入、差距和偏离，从而做出调整；之后是漫长的安顿期，组织内部人员逐渐找到办法使工作与规章制度互相调和。然而，任何局部规则改变都会继续引发相邻组织领域的变动。例如，本科专业管理规定的变动，很可能导致毕业学分管理规定的相应改变。

外部影响同样不可小觑。斯坦福大学的规章制度受到政府干预的影响；当政府加强干预时，学术规章会有所强化，但**管理**规章表现出反向的变动：

> 高等教育来自联邦政府财政投入的增长比重越高，新的管理规章越少，管理规章的修订也越少。来自联邦政府压力对规章的影响很可能取决于联邦政府对大学的财政资助，但斯坦福大学新管理规章的出台往往发生在联邦财政资助下降时，而非财政投入增加时。财政紧缩似乎使注意力转向行政程序。（March, Shulz, and Zhou 2000: 167）

在亲历了几次大学勒紧腰带期后，我完全相信规章会在财政危机中发生变化和激增；转瞬之间，谁复印要掏钱，谁可以免费打电话，都摆上了桌面。同样的推理适用于职业操守准则、宗教准则、教育方案、文法以及政府运行；准则远不只是表述抽象原则，而是从组织生活的取舍中浮现出来。因此，它们留有组织的历史痕迹，并对当前的组织行为做出限定。

但这里只讨论一个具体问题：专门化的准则——无论有何内

容、如何发展而来以及服务于何种目的——如何为理由的给出提供依据？在辩护一项决定，裁定一场争端或提出建议时，经验丰富的准则使用者能在具体案例和内嵌于准则的范畴、程序与规则之间找到对应点。所以，和惯例一样，准则式理由的可信度来自适当性标准，而不是盛行于故事和技术性说明中的原因-结果有效性。在法律准则中，无论当事人采用何种原因-结果推理，相关行为的证据和现有法律范畴之间的对应压倒一切。正如律师兼法官约翰·T. 努南（John T. Noonan）教授所总结的："法学研究的主题通常是规则，而非个人。"（Noonan 2002: 6）法学专家所关心的是某种行为属于什么范畴，案件当事人（包括律师、法官和陪审团）是否遵循了既有程序，适用于何种现有法律规定。

程式的采用

发生在新泽西的另一起不当影响案戏剧性地体现了适当性逻辑。安娜·比略内·卡泰利（Anna Villone Catelli）是一位无嗣的独居寡妇。她的兄弟罗伯特·比略内（Robert Villone）于1994年去世，将大部分遗产留给了他们的侄子托马斯·比略内（Thomas Villone）。后者住在亚利桑那，是一个开长途客车的个体户。托马斯给安娜打电话，通知她兄弟的死讯。在此之前，她和托马斯不怎么见面。这时，安娜请托马斯下次去新泽西时去她家做客。他开始频繁上门走动。

安娜拥有家族企业精益求精房地产有限公司（Excelsior

Realty Ltd.）的很大一笔股权；另一个侄子乔治·比略内（George Villone）是精益求精公司的普通合伙人。1994 年初，安娜会晤了律师，签署遗嘱，将遗产赠给亲属、朋友和两个教会，剩余遗产则留给了她的医生和知己科波拉（Coppola）大夫。她还留给托马斯一份备用授权委托书，在科波拉医生无法行使职责时使用。但这份 1994 年的遗嘱仅将托马斯列为包括乔治在内的多个受益人之一。在同一年，严重中风导致安娜瘫痪在床，语言表达能力和视力大大受损。拥有授权委托书的科波拉医生将她转移至露台花园疗养院（Garden Terrace Nursing Home）。托马斯继续在路经新泽西时到露台花园探望她。

1995 年 11 月，科波拉医生给亚利桑那的托马斯打电话，告知他，安娜决定将托马斯列为她的唯一遗产继承人。科波拉医生在三天后就去世了。科波拉的儿子将遗产文件转交给托马斯。在亚利桑那，托马斯雇了一位律师，后者起草了一份生前信托和一份遗嘱，将托马斯列为遗嘱执行人和唯一继承者。这位亚利桑那的律师指导托马斯（高中毕业，除了作为他叔叔的遗嘱执行人，没有任何法律背景）找一位新泽西的律师过目这些文件，并建议安娜自己雇一位律师来代表她的权益。托马斯并没有这样做，而是于 1996 年 1 月驾车直奔新泽西疗养院，花了三天时间将这些文件读给安娜听。

此时的安娜身体极度虚弱，已基本无力阅读：

> 每天都能见到她的疗养院院长承认，尽管安娜已从中风

> 中有所恢复，身体的机能水平却严重下降。她的短期记忆严重受损，视力也急剧退化。她需要疗养院工作人员的全面护理，吃饭、洗澡和其他基本需求都离不开日常协助。在签署文件前的三天时间里，她寸步没有离开房间，一直躺在床上，时不时地打瞌睡，几乎没有和任何人交流。（Catelli Case: 3）

在大声朗读的第三天，托马斯让安娜在遗嘱的签名栏打了一个叉，并安排疗养院院长见证和公证这一签名。

安娜一直活到翌年，也就是 1997 年。但甫一得到她的签名，托马斯旋即行动起来。他不再开卡车，而将自己任命为信托财产的全职管理者。他几乎立刻从信托中给自己和家人开出 3 万美元的支票。他还提起诉讼，要求从乔治·比略内手中得到安娜在精益求精房地产公司的股权。乔治没有答应。安娜死后，托马斯提起诉讼，要求强制转移精益求精的股权至其名下，并认可 1996 年遗嘱的效力。乔治提出异议。乔治的异议最终驱使法官做出判决：托马斯在 1996 对生前信托和遗嘱的签署施加了不当影响。

接手这起案件的新泽西法院复现了安娜、托马斯、乔治和科波拉医生的故事。毫无疑问，他们对原因和结果做出了评估，尤其对托马斯如何炮制出对自己如此有利的结果做出了判断。但这起诉讼并不以发生了什么或为什么发生为轴心。相反，诉讼的关注点是有效遗嘱的程式，尤其是遗赠人理解她在签的是什么。法院梳理出了合适的范畴（有决策能力的遗赠人）、证据处理程序（遗赠人意图的正确记录）以及解读规则（确认决策能力和影响的手段）。

法院认为，安娜已经几近失明，无法阅读托马斯给她看的文件，因此不可能理解文件内容。新泽西法院的司法判决强调三点：（1）托马斯与安娜之间的信赖关系，这种关系使举证责任从乔治转向托马斯；（2）安娜不具备阅读文件的能力，而且没有第三方对她理解并同意文件内容进行作证；（3）托马斯没有雇一位代表安娜权益的律师。他们废止了安娜1996年的遗嘱，即托马斯读给她听的那份遗嘱。

判决具有惊人的深意。它们意味着，如果托马斯满足了第二点和第三点法律要求，安娜于1996年做出的将托马斯列为唯一遗嘱继承人的决定将很可能是合法的。毕竟，安娜的兄弟此前曾将大部分遗产留给托马斯，且未出现异议。科波拉在去世前不久曾在一通电话中与托马斯沟通安娜的决定。尽管有关安娜如何及为何于1996年1月在修订遗嘱上打叉的故事在这个案子的法律记录中举足轻重，法院的决定并不取决于这一原因-结果故事的真假。简言之，判决将材料由故事转化为准则。他们是因为托马斯的行为和法律之间的错位而处罚他。

按照定义，法律纠纷激活了准则。在这种纠纷中，申诉和判决通常强调法律意义上的既定事实和既有原则之间的对应，而不是原因-结果解释。范畴、程序和适用规则都有可能遇到挑战。对错误的指控有时会挑战被例举的事实，但更多关注对既有原则的误用或忽略。法律纠纷的这些特征之所以事关我们的目的，是因为它们澄清了基于准则的分歧与其他类型的分歧之间的区别。

惯例无须依赖专业知识就可缓和人际关系。围绕惯例的争论通常集中在惯例对于理由给出者和接收者关系的含义上,而与它们和既有协定的契合程度无关。故事给不同的解释提供了空间,但使用大多数人能够理解的语言。技术性说明之间的分歧在对专业技能的要求上与准则相似,但相比于逻辑的适当性,它更依赖于什么导致了什么的不同说法。(但下一章要指出,专业分歧有时源于对衡量方法和手段的不同意见;这种分歧将问题导向准则。)准则在医疗中的广泛使用将澄清这些差异。

医疗准则

我们已经看到,医务人员如何以惯例、故事和技术性说明的形式给出理由。但并未留意准则通常在医疗中扮演的角色。人类的健康与疾患错综复杂,没有任何护士、医生或技师能够对任何病人当前的病情给出一个完整的解释。医疗准则在几个方面降低了这种复杂性。它们:

1. 对症状进行分类,使医务人员得以将病情归入通常被定义为疾病或伤病的深层病症;
2. 提供一套标准词汇,医务人员能够将病情转换为这些词汇,并用以和其他专家沟通他们对症状的解读;
3. 在诊断和治疗之间建立起适当的对应关系,操作手册和教科书上对此常有归纳;
4. 综合上面三点,建立起优质行医的标准。基于这些标准,医学教师对临床专业学生给出评判，审查委员会对医院进行评审，法院对医疗事故指控做出判决。

尽管经验丰富的医生总会对偏离既有准则的特定病人、疾患和诊治有所了解，在实务中，医务人员在很大程度上需要遵循既有准则，将疗法与病情对应起来（Bosk 1980; Timmermans and Berg 1997）。这个病人属于什么类型？如果是这种类型，医务人员应如何收集、处理和记录有关病人病情的证据？在类型和证据确定后，应该采取何种治疗？

准则在医学教育中盛行已久。社会学家阿龙·西库雷尔（Aaron Cicourel）和医护人员共处多年，仔细观察他们究竟如何工作。西库雷尔记录了下面这段发生在20世纪70年代的对话，对话双方是一所大学附属医院风湿病科的女临床培训员和男主治医师：

> 培训员：嗯，下一个是埃琳娜·路易斯（Elena Louis）。她四十四岁，从肿瘤科转过来的。她的症状已经持续了两年，身上先出现红斑，第二和第三掌骨随后出现肿胀，两只手的近端指间关节也先后出现肿胀。她的脚踝还有关节炎，外脚踝表层有一个红点，并出现肿胀。先是红点，二十四小时内又感觉疼痛和肿胀。这种感觉持续了几天后消失。但在发作时，疼痛感非常强。这严重限制了她的动手和行走能力。嗯，她并没有对关节抱怨太多，除了背部和某些其他关节感到僵硬之外。肘部和肩膀都感觉正常。哦，她没有任何结节。没

有雷诺氏症，也没有干燥综合征。她总是很累。双腿最近经常抽筋。唔，她没有家族关节炎史。没有晨吐症状，但这并不真的⋯⋯

医师：问题持续多久了？

培训员：两年。她见了圣米格尔（St.Miguel）的布隆伯格（Blumberg）医生，被诊断为退化性关节炎。她此前看过另一位医生，被诊断为类风湿性关节炎。他们还曾给她服用托美丁，但她并没有感觉到任何改善，现在没有吃任何药。⋯⋯嗯。

医师：没有任何器质性疾病，是吧？

培训员：对。但她当时重三百八十磅，嗯，现在已经减了两百磅。她1970年左右在里弗代尔（Riverdale）曾有过肠道阻塞⋯⋯

医师：她有过突发肠道阻塞？

培训员：这是她说的。（Cicourel 2002: 108-9；我的翻译，法译英参照了 Cicourel 1984）

这里发生了什么？根据西库雷尔对这一情景的分析，临床培训员试图将病人纳入一个包括如下类别的风湿性疾病分类系统中：

- 类风湿性关节炎
- 骨关节炎
- 类风湿变异
- 红斑性狼疮

· 痛风性关节炎

这些类别都有标准的临床描述，临床培训员必须将她所掌握的患者病情与这些类别相匹配。她的报告间接地排除了类风湿性关节炎、类风湿变异、狼疮和痛风性关节炎，而指向骨关节炎。实际上，主治医师后来告诉西库雷尔，这位临床培训员将进一步诊断后确认的类风湿性关节炎误诊为骨关节炎（Cicourel 2002: 112-13）。我们看到，一位初出茅庐的医生在其导师的帮助下，学习如何进行双重转换：将对病人的观察、问诊和身体检查转换为可以辨识的症状，再将症状转换为标准诊断。之后的一步（不在西库雷尔的故事中）是匹配治疗与诊断。这一过程匹配了事实与准则。

和大学规章一样，医疗准则的改变是现有准则在使用过程中遇到问题的结果。科学与临床研究也会导致准则的修订。对于21世纪的风湿病患者来说，西库雷尔笔下的医院所遵循的20世纪70年代准则已经过时。现在的分类系统将关节炎划分为纤维肌痛症、骨坏死、骨质疏松症、佩吉特病、贝赫切特病、莱姆病以及其他20世纪70年代准则没有收入的症状，同时将骨关节炎完全排除在外。但医生对观察—症状和症状—现有准则的匹配继续主导从主诉到治疗的整个过程。

美国医学和准则的戏剧化关系长期表现为一套被称为"大查房"（Grand Rounds）的医院规章。在大查房制度早期，医院的资深医生带领年轻医生到所有病房逐一巡视，对"值得关注"的病人停下来检查，提供诊治意见或向年轻医生提问，并利用这个机会传授如何在观察、病情、诊断和治疗之间进行适当匹配。作为大查房的最后一步，全体巡视医生通常会坐在一起开大会，讨论他们所见到的病例，有时甚至会带入一位病人，对其进行另一轮问诊。在半个世纪前的波士顿精神医院，我有时会旁听最后的会议。

到了今天，许多医院仍然有规模较小的查房制度，主治医师、住院医师、实习医师以及医学院学生在一起讨论正在该医院接受治疗的患者的病情。一本为主治医师和住院医师撰写的查房手册描述了一场主治医师戈夫（Goff）、住院医师阿尔（Al）和学生苏珊（Susan）在会议室里的讨论：

> 在苏珊就一个严重呼吸病患者做出报告后，戈夫医生问道："对照列表，你觉得她可能是什么情况？"
> "结节？"苏珊探问式地说。
> "结节！这和结节有什么关系？"戈夫快速提问。
> "嗯，这是一种限制性疾病。"苏珊答道。
> "结节的X光有多大比率不出现问题？"戈夫追问。
> 苏珊被难住了，一旁的住院医师阿尔插话："30%。"
> "所以胸部X光非常重要，因为70%的结节有问题。"戈夫郑重地说。（Weinholtz and Edwards 1992: 46–47）

这种查房式的会议是临床教学的关键步骤。同样，主治医师教学生如何将临床观察与诊断对应起来，这种对应又导致了诊断和适当疗法的进一步匹配。

但最近几十年，开放式病房的减少、对病人隐私的重视以及诊断技术的复杂化，都导致大查房转向类似医学院论坛的形式：报告人、报告、讨论，有时制药业为了宣传新药还会提供赞助（Burton and Roth 1999）。到了互联网时代，大查房已经演变成全世界都可以看到的在线病例报告。例如，贝勒医学院（Baylor College of Medicine）经常在网上播送病例（Richardson 2002）。在2002年的一场关于甲状腺炎病例的报告中，贝勒医学院的医生们在网络讨论中加入问题，每个问题后面都有一个"查看答案"链接：

1. 该患者颈部疼痛和触痛有什么不同诊断？
2. 促甲状腺激素偏低和甲状腺素偏高有什么不同诊断？
3. 基于这些不同诊断，存在哪些可能的治疗方案？
4. 现阶段还有什么其他不同诊断？
5. 什么测试有可能利于确诊？（Case and Balasubramanyam 2002: 2, 4）

虽然外在形式有了很大的变化，今天的大查房仍然以临床观察和诊治准则之间的对应为核心内容。

西库雷尔的观察发生在20世纪70年代，时至今日，美国的医生日益受到准则对应过程透明化、公开化和标准化的压力（Rothman 1991）；律师、伦理学家、保险公司、医院管理者和卫生管理机构的介入越来越频繁。作为回应,医生们开创了一种被称为"循证医学"(evidence-based medicine)的方法:

> 在临床实践中使用循证医学,要求医生的行为做出相应变化。在过去的许多年里,临床决策主要依靠医生的知识根基和专业意见。责任主要在于患者的治疗效果,成功与否取决于是否达到商定的治疗目标,而不由医疗保险公司决定。如果患者采取法律行动,每个州的医药委员负有"终极"责任。如今,人们指望医生来确立、维护和改进医疗标准,这些标准的结果必须可以衡量,必须具有高度的质量控制和明确的责任归属。大众媒体对医学进展的报道以及互联网信息的便利,在很大程度上增加了病患的复杂性,再加上全球化的影响,这些都要求医生为他们所选择的治疗方案或检测手段提供证据。飞涨的医疗费用促使医疗保险公司确立规定和治疗指南,这些都进一步影响了医生的选择。(Nierengarten 2001: 2)

循证医学并不必然治愈疾病或挽救生命(Berwick 2003)。但和早期医学培训相比,它更加凸显了公众对已确立准则的服从在当代医疗中的地位。

医疗事故

指控医疗事故的诉讼在医疗准则中举足轻重。在治疗期间或结束后，如果出现严重问题，病人或家属经常会起诉负有责任的医生或医疗机构。一个面向律师的网站上列出了医疗事故诉讼的"强案例"（strong cases），将一系列意外医疗事故按字母顺序排列出来：

麻醉（Anesthesia）

一个患者在手术时吸入三氟氯溴乙烷（氟烷）作为麻醉剂，但他曾患胆道疾病，不得使用这种麻醉剂。病人因麻醉剂导致的肝坏死而死亡。

在手术结束前，见习麻醉师准备的氧气不够，导致患者因心脏骤停而死亡。

一个接受藏毛囊肿手术的患者被注射了硬膜外麻醉，导致下肢不由自主地抖动。

血管摄影（Angiography）

一个患者成为血管摄影（动脉染料研究）的对象。因处理不当，患者脑部受损。

烧伤治疗（Burn Treatment）

一个严重三级烧伤患者得到不充分且不合适的"烧伤治疗"。

分娩（Childbirth）

一个新生儿血液出现问题——Rh血液因子不合症——

来自母亲的抗体正在破坏婴儿的血液。主治医师和医护人员未注意到婴儿的病情。（Lawcopedia 2004: 1）

这个按字母排序的列表还列出了许多可怕的事件。如果其中任何一件发生在你、我或近亲身上，我们很可能会向医生或医院提起诉讼。

当陪审团审理这些案子，并做出有利于原告的判决时，他们经常开出数额巨大的赔偿。2002 年，布鲁克林圣玛丽医院和兰达尔·巴贾杰（Randahir Bajaj）医生对陪审团在 2001 年做出的向米歇尔·麦科德（Michelle McCord）赔偿 144,869,495 美元的判决提出上诉。据《纽约法制报》报道，这是美国全年数额最大的一笔医疗事故赔偿判决（McCord Case 2002, note 2）。1988 年，怀孕七个半月的二十八岁孕妇麦科德在加热吸食可卡因后出现呼吸困难。她进了圣玛丽医院的急诊室。急诊室医务人员从麦科德的嘴中插入一根导管，经过气管，一直通到肺部，通过导管补给她氧气。那天晚些时候，她的病情似乎稳定了下来，圣玛丽医院工作人员在巴贾杰医生的指导下摘除了导管。在他们摘除导管的时候，麦科德的喉咙出现闭合，咽喉部肌肉抽搐不止。医务人员试图重新插入导管，但没能成功。尽管一位医生最终实施了气管切开术，并插入了一根新的氧气管，麦科德这时已出现心脏骤停和永久性脑损伤。

在圣玛丽医院住了八个月后，麦科德开始在长期集体护理病房间辗转。陪审团在十三年之后结案时，她的身体仍在低层次上运转。陪审团将她脑损伤75%的责任归属给医院，25%归给下令第一次摘除导管的巴贾杰医生。陪审团"发现在麦科德女士的治疗过程中被告人有多处对良好和常规医疗手段的背离"。陪审团判定的赔偿包括"383,161美元的过去收入损失，957,696美元的未来31年收入损失，200万美元的过去医疗费用，11,528,636美元的未来31年医疗费用，3,000万美元的过去疼痛和创伤，以及一亿美元的未来31年疼痛和创伤"（McCord Case 2002: 2）。上诉法院驳回了圣玛丽医院重新审理此案的请求，建议将赔偿金减至7,032,560美元——少了137,000,000美元！——但同时判定，如果双方未能就减赔数额达成一致，必须对赔偿金重新审理（McCord Case 2002: 7）。即使数额大大减少，这笔赔偿金仍是对医院和医生所致医疗事故的巨额罚款。

从1999年到2001年，美国陪审团判决的医疗事故赔偿金中位数从70万美元增至100万美元（Insurance Information Institute 2004）。在此期间，医生和医院医疗事故保险费用显著上涨；与赔偿金的增加相比，这更可能导源于其他原因所导致的医疗事故保险公司整体利润下降，包括投资回报的减少（GAO 2003: 29-32）。事实上，到了这时，大部分医疗事故保险并不由商业公司承担，而来自医生自己出资的互助保险公司和大型医疗机构的自我保险（GAO 2003: 38-39）。尽管如此，随着保费的上涨，庭审律师、保险公司、医生组织和立法者展开了一轮公开的相互指斥。一些商业保险公司取消了医疗事故保险项目，有些医疗机构要求支配医疗事故保费，还有人要求对法院调解做出限定。但律师组织的答复是，对调解进行限定将惩罚医疗渎职的牺牲者（New Jersey State Bar Association 2003）。

尽管巨额赔偿金吸引了不少眼球，医疗事故仍然是律师职业的高风险领域。由于医疗事故案的原告方往往没有多少钱，律师在承接案子时经常要考虑风险和偶然性，同意收取原告最后所获赔偿金在扣除有据可查的开销后的三分之一到一半的酬金（Lawcopedia 2004: 6）。庭审律师承担了极大的风险。2003年，在咨询了美国审计总署的研究人员后，一个州的庭审律师协会和几家保险公司对这类诉讼的后果做出了如下估算：

原告（即医疗事故中声称是受害者的一方）获赔的控告比率：14%—15%

实际庭审的控告比率：5%—7%

在所有庭审中，有利于被告（即医生或医院）的判决比率：70%—86%（GAO 2003: 23）

根据这些数字，十六个案子中只有一个（5%—7%）实际庭审，其中只有14%—30%以原告胜诉而告终；也就是说，在所有提起的诉讼中，1%—2%左右以原告胜诉而告终。由此，一个合理的推测是，一个接手了律师网站所描述的"强案例"的庭审律师仍然只有三分之一的概率打赢官司，而概率主要取决于被告在出庭前和解的意愿。

随着美国医疗事故诉讼的激增，它们呈现出一种标准形式。

官司双方都寻求并雇佣明显称职的医生。专业领域的医生同意对三个方面中的一个或多个作证：（1）相关诊治领域通行的医疗或医院标准是什么？（2）医生或医院是否违反了这些标准？（3）这种违反是否导致了患者声称的伤害？尽管第三项引出了原因和结果问题，证词和争议主要围绕前两个方面。对于这两个问题，医生就准则以及实践和准则之间的匹配作证。医务人员是否对患者正确归类？他们是否正确地收集和保管了有关病人情况的证据？是否遵循了适当的治疗规定？

循证医学的出现在一定程度上正是对标准化准则的这种用法的回应。但它的存在让法院用以衡量医疗质量的原则为人所知。如果官司当真到了陪审团那里，法官会指导陪审团对双方证词所呈现的事实加以考量，但同时会指导他们将这些事实与相关诊治领域通行的医疗或医院标准进行匹配。双方请来的专业医生都对可行的医疗行为进行作证，但原告和被告的律师通常还会征引教科书、医学出版物以及先前的法院判决。他们还将医疗质量与公认的准则进行对应。相应地，医生和医护人员发现，他们自主判断原因和结果的空间越来越小（Marjoribanks, Good, Lawthers, and Peterson 1996; Rothman 1981）。

故事向准则的转化

法律和医疗纠纷发生在一个准则盛行的稀有世界。准则属于拉比、律师、官员、裁判和医学伦理学家这种专业人士。讲道、课堂、幻灯片演示、操作手册以及基本技能书籍经常提出准则：简述基本原理，跟着实践应用。其格式使之有别于日常的社会交流。日常社会生活大都不以设定的准则为核心。在被要求描述或解释他们所经历或参与的社会事件时，只有极少数人会提到准则的范畴、程序或规则。

普通人——包括处理自身专业领域之外的事务时的你我——把描述和解释包装成故事。因此，一些专业人士专门收集故事，将其转化为准则。在急诊室，分诊护士做出记录，表明将病人分入了正确的诊治类别。社会工作者与福利申请人面谈，以确定他们有资格领取福利。牧师聆听赎罪之路上的忏悔。警方审讯人员获取用于刑事审判的供词。我们先前目睹了住院医师将证据从面谈——患者讲述的故事——转化为准则式的诊断材料。这些专业人士都在进行双重转化：将原因-结果说明转化为程式，将日常语言转化为专业用语。

以警察审讯为例。审讯嫌犯的警察通常知道指控的内容，对违法行为至少有一个粗略的印象，但面临三个挑战：（1）用嫌犯的回答来增进他们对所发生之事的了解；（2）确定嫌犯是否确实犯下此罪行，或有无其他违法行为；（3）提出问题和挑战，引出与相关法律准则所界定的违法行为主要元素相对应的回应。第三项任务要求将故事素材转化为准则素材。警方审讯人员将收集的信息与构成了刑法准则的范畴、证据处理程序和解读规则进行匹配。

让我们想想对詹姆斯·马丁（James Martin）的审讯，他最初是一个从小偷小摸的不法分子，而后变成谋杀犯。20世纪90年代初，圣巴巴拉郡（Santa Barbara）公设辩护人办公室招募了社会学家杰克·卡茨（Jack Katz），请他在量刑阶段协助发生在俄克拉荷马州的詹姆斯·马丁的刑事审判被告方。马丁在俄克拉荷马有多项违法记录，如诈骗、伪造和顺手牵羊。1991年，俄克拉荷马警方基于新的指控对他进行搜捕。马丁从工作的拖车停车场（trailer park）偷了一把枪，偷偷将妻子的车开走，逃到加州贝克斯菲尔德市（Bakersfield）的亲戚家。

在和贝克斯菲尔德的亲戚发生争吵后，詹姆斯·马丁来到加州文图拉市（Ventura），在海滩边看见一辆引人注目的休闲车。他拿出枪，抢走了这辆车，杀死了六十八岁的加拿大女车主，将她的尸体丢在圣巴巴拉郡的一条荒郊小路上，并将车开回贝克斯菲尔德。贝克斯菲尔德的亲戚将在警方广播中听到的消息告诉他：警察已经在搜寻这辆休闲车。他丢下这辆车，回到文图拉，本打算杀害一个无家可归者，并偷走他的皮卡，但未能如愿。他随后设法来到拉斯维加斯。在拉斯维加斯，他在入室行窃时杀死了六十五岁的失明男房主。

不久后，马丁从一个二手车市场骗走一辆汽车，启程前往得克萨斯。快到新墨西哥州和得克萨斯州交界处的一个美国边境巡逻队检查站时，他扔掉了自己的枪。但边防警察捡到了枪，并在车里发现了大量罪证（包括一枚执法徽章）。他们联系了内华达州和加州警方，后者随即指认马丁为两起谋杀案的犯罪嫌疑人。圣巴巴拉郡警长的副手弗雷德·雷（Fred Ray）和埃德·斯基恩（Ed

Skehan)来到新墨西哥,对詹姆斯·马丁进行审问。警察将四个小时的审讯全程录像。在审问过程中,马丁的交代后来被用于为其谋杀定罪。审讯人员多次让马丁描述发生在文图拉的事情——他的故事——并对马丁刚刚讲述的故事提出质疑,指出无法自圆其说之处,或引入新的信息。作为外聘专家,卡茨为辩护方分析审讯录像带,看看哪些事有望为从轻发落提供依据。

录像带记录了极具戏剧性的场面。马丁一遍又一遍地讲述自己的故事,这些故事否认或减轻了他在文图拉和拉斯维加斯的罪行。两位副警长耐心聆听,但随后指出了动摇故事的细节。例如,马丁一开始说自己偷了一辆空休闲车,并利用自己一长串的偷盗记录为这一说法增添可信度。在马丁确认这一说法后,审讯者指出,"两个男孩目睹他在一个停车场把休闲车司机推到车子的后备厢中,然后把车开走"(Katz 1999: 277)。

对于马丁在这段跌宕起伏的对话中的言辞和肢体语言,卡茨做了细致分析,重点是副警长的回答导致马丁落泪的两处地方。但由于卡茨提供了如此详尽的细节,我们还得知警察如何从马丁那里获取他们所需的匹配相关准则的招供——更准确地说,基于准则的定罪理由。例如,在打出"两个男孩"这张牌后,副警长斯基恩指出"蓄意行为和无意行为截然不同",这击垮了马丁的防线;斯基恩注意到马丁默默点头,就接着说:"你确实干了,你确实把这个女的放到车里了,对吧?"马丁表现得浑身不自在,最后终于回答:"对。"(Katz 1999: 279)警察获得第一条可以定罪的招供。

形势越来越不妙。审讯者继续施压。副警长雷转到下一个话题："好吧，我们都知道。现在说枪，我们来谈谈枪。你朝她开的枪就是你在俄克拉荷马偷的那把枪，是吧？"一位副警长把手指比画成枪，指着马丁的额头，告诉他："我们捡到了那把枪。"卡茨总结道：

> 马丁刚刚了解到警察有两个目击证人，忽然又得知警察找到了他在边境巡逻队检查站附近扔掉的那把枪。雷问道："就是这把枪，是吧？"马丁回答："是的，差不多吧，我猜是的。"警察步步紧逼，希望得到言之凿凿的招供。斯基恩问："到底是还是不是？"雷问："就是你向她射击的那把枪。""天啊。"马丁轻声嘀咕。终于，在目光依然低垂的同时，马丁说："好吧，我知道我要，我要为这个坐电椅了。你们知道的。"（Katz 1999: 279）

在这之后，马丁又多次改变和阐述了他的故事，在重新讲述所发生之事和他当时的处境时，他两度落泪。他说自己在打劫那辆休闲车时喝醉了，还一度坚持，一定是休闲车上的第三个人杀了车主，并声称驾车至边境检查站时曾考虑过用那把枪自杀。

当审讯者引入关于对皮卡车主的未遂袭击以及拉斯维加斯男子被害的新信息时，马丁开始将自己描绘成一个四处碰壁、块然独处、走投无路的人，一个不知道自己在做什么的倒霉蛋。两位圣巴巴拉郡的副警长步步紧逼，从詹姆斯·马丁摇摆不定的故事中提取材料,为准则式定罪理由打下基础。颇为残酷的是,检察官会利用收集到的供词,将马丁置于谋杀犯的法律范畴中,并将这些证词作为其行动的证据,以适当的法律形式将它们和实物展示与目击者证词放在一起。起诉方还会将对詹姆斯·马丁的指控与谋杀案的范畴、证据处理程序和决策规则相匹配。

准则的代价

不是所有从故事到准则的转化都会把人送上电椅。求职申请、调查式访谈、简历、讣告和荣誉嘉奖,通常都要求作者或专业人士将原始的故事转化为程式化的事实,与已确立的准则形成对应。我最近在申请俄罗斯签证时,被要求列出最近十年去过的所有国家,并附上日期。如果不讲给自己一长串年复一年的故事,并通过核对我所幸留存的旧袖珍日历来证实这些故事,我根本不可能把申请表的这一部分填起来。当填到我曾从属过的每一个组织时,我放弃了,写道"不胜枚举——多为专业性组织"。俄罗斯官员对我的故事并无兴趣,但坚持将我的外国旅行记录和所属组织同他们自己的可疑活动模板相匹配。我必须完成第一步:将混乱的生活转化为准则化处理的原材料。他们要的是和他们手里的范畴、证据处理程序以及解读规则相匹配的材料。

如果我们这些圈外人将自己的理由划分为惯例、故事或技术性说明,我们很可能会对准则感到厌烦。我们抱怨那些执意将完全合乎情理的事实和理由复杂化、歪曲化的"官僚们",就像我刚才所做的那样。圈内人也不例外：背离正统的神学家批评传统解读，背离正统的医生批评禁止有效个性化治疗（personalized treatment）的规定，背离正统的律师批评法律的去人性化（legal dehumanization）。以任教于福特汉姆法学院（Fordham Law School）的律师、哲学家兼小说家塞恩·罗森鲍姆（Thane Rosenbaum）的批评为例。"我们的法律制度，"罗森鲍姆如是说：

> 似乎总是忽略了一点：公众对法律有一些固有的期待，而这些期待与法律本身的条条框框存在冲突。真相（truth）体现了这种被辜负的信任。尽管大多数案件最终并未揭示任何真相，司法体系仍正常运转。事实上，诉讼、司法调解和辩诉交易的后果通常是回避或破坏真相。就司法体系来说，它满足于获悉事实（facts）。如果违法事实是真的，那是法律制度妙手偶得，而非其志趣所在。但事实和真相是两个截然不同的概念。事实并不必然是真的。它们只需要被发现，并用于法律。违法事实是司法体系的人工产物，真相则是道德世界的标志。事实是一个法律体系；真相则是一个道德体系。司法体系对正义的理解仅仅是找到法律事实，情感和事实真相的道德维度被置于一旁。（Rosenbaum 2004: 16–17）

小说家罗森鲍姆后又将故事的疗伤力与法律的损害力进行对比，要求法律学会为受害者疗伤，因为"他们需要感受小说家已知道和受害人所体会的东西：如果故事无人知晓，如果受害人对自己所受伤害进行作证的权利被剥夺，感情创伤就不可能愈合"（Rosenbaum 2004: 61）。

总之，准则所遵循的适当性逻辑与故事所遵循的原因-结果道德逻辑相抵触（Noonan 2002）。本章所讨论的遗产继承、组织行为、医学分析、临床医疗事故和犯罪准则都生动地体现了这种反差。在道德伦理、教牧神学（pastoral theology）、建筑标准和立法程序中，在几乎所有行业规范中，我们都不难看到故事和准则之间的差异。在社会生活中，准则的功用和故事大有不同。

准则源于组织对其控制之下的思想、资源、活动和个人的逐渐强化的管理（Scott 1998）。一旦付诸实施，它们将深刻影响为组织效力或不得不受其管辖的人的生活。在这些领域中，它们塑造了人们为自己的行动，以及未能做出的行动所给出的理由。甚至在我们回避或推翻它们的时候，准则仍至关重要。

第五章　技术性说明

战争孕育了美国国家科学院（National Academy of Sciences，下文简称"科学院"）及其研究机构美国国家科学研究委员会（National Research Council，下文简称"委员会"）。南北战争时期，亚伯拉罕·林肯（Abraham Lincoln）总统争取到了本国科学界的支持，这在北联邦（Union）对南邦联（Confederacy）最终的武力征服中功不可没。"美国国家科学院，"按照亚历克斯·罗兰（Alex Roland）的说法，"诞生于南北战争期间，目的是帮助联邦政府应对朝华盛顿纷至沓来的发明和提议，其中多与军事有关。"（Roland 1999: 641）1862年，应用科学已经显示了它对战争的价值：联邦的铁甲舰莫尼托号（Monitor）击败了邦联的铁甲舰梅里麦克号（Merrimac），开启了海战的新阶段。与此同时，后膛装填与连发步枪、水雷和地雷、电报、铁路和机枪等早期发明——同样是应用科学的奇迹——也在改造着陆战。

通过美国海军，一直希望在美国设立一个可以和法国科学院（French Academy of Sciences）媲美的机构的政府科学家们，说服国会实现了他们的梦想（Bruce 1993: 204）。1863年3月，林肯签署《美国国家科学院成立法案》。这项法案宣布科学院

> 在任何时候被任何政府部门召集时，调查、研究、实验并报告任何科学或人文主题，这些调查、研究、实验和报告的实际开支将由专项拨款偿付，但科学院不得从服务美国政府中获取任何酬劳。（NAS 2004: 2）

尽管最初的五十名院士包括杰出的非军方研究人员，如生于瑞士的哈佛大学博物学家路易·阿加西（Louis Agassiz），其中的十三位来自陆军和海军。结果表明，科学院本身对联邦在南北战争中的胜利贡献甚微。成立法案中的"不得收取酬劳"条款体现了国会对新科学院有可能为科学家吃空饷提供便利的疑虑。但它的成立证实并巩固了科学界和政界的联系。

南北战争之后，科学院在和平时期继续为政府效力，但同时成为全国领军的研究人员探讨科学议题的主要场所。在第一次世界大战如火如荼之际，伍德罗·威尔逊（Woodrow Wilson）总统要求科学院设立一个临时性研究部门，也就是美国国家科学研究委员会（"委员会"），来扩充对政府的服务。委员会对威尔逊的战争策略多有贡献。战争结束时，委员会成为常设机构。从那时起，它成为美国科学界的重要信息交流平台和影响广泛的科学正统（scientific orthodoxy）认证标志。

到了 20 世纪末，科学院已经拥有约一千八百位院士，每年都由现任院士投票，增选七十或八十位新成员，以接替刚去世的院士。它还设立了两个并列的机构：国家工程院（National Academy of Engineering）和国家医学院（Institute of Medicine）。这三个机构都与委员会共事。科学院主办了一份颇具声望的科学期刊《美国国家科学院院刊》。与此同时，委员会设立了分委员会和工作组，由它们对举国关注的科学议题进行报道。有时，政府机构会征求其面临的科学问题的报告，包括其自己引发的公众争议。有时则刚好相反，机构内的团体和委员会自行开展调研，并寻求政府或基金会的支持。

一个例子：我曾经是委员会下设的防止核战争行为与社会科学委员会（Committee on Contributions of Behavioral and Social Science to the Prevention of Nuclear War）委员。之所以组建这个委员会，是因为我们感到美国的军事战略家们忽视了社会科学的发现，从而忽略了有可能降低核威胁可能性的社会机制。我们成功地说服了几家基金会，使他们意识到社会科学对这一主题的重大贡献。在每年收工之际，我们经常用一个古老的后此谬误（post hoc, propter hoc）开自己的玩笑：既然这一年没有爆发核战争，我们宣布，行为与社会科学显然再次奏效。但与此同时，我们确实集中和报告了关于国际冲突的起因和预防的最上乘学术研究（参阅 Tetlock, Husbands, Jervis, Stern, and Tilly 1989）。然而，冷战的结束迫使我们关门大吉；外部资助人决定，核战争的风险已经大大降低，对它的预防不再重要——至少对他们来说。同样地，委员会下设的委员会和报告的主题随着政府部门、基金会和整个学术圈的兴趣转移而改变。

委员会以一系列广泛的研究课题来维持自身的运转。例如，2004年6月，国家科学院、国家工程院和国家医学院的网站登出了下列研究的最新报告：

- 建筑物的湿气和霉菌作为哮喘和其他呼吸系统疾病的病因
- 某些疫苗是否导致自闭症
- 2004 年飓风季的风暴态势预测
- 对小学和中学数学课程的评估
- 妇女社区卫生保健的质量

这些报告经常将科学知识的新进展引入公众关注的新议题。例如，国家医学院对自闭症的研究否认了疫苗防腐剂硫柳汞和麻疹／腮腺炎／风疹疫苗有可能引发自闭症的甚嚣尘上的说法。报告有时还宣称某些广为流传的结论证据不足，有时甚至会说科学家暂时无法就眼下问题达成一致。湿气和霉菌研究的结论是，现有科学研究不足以在霉菌与疲劳或精神疾病之间建立联系，更无法确知湿气和霉菌是**如何**影响哮喘的，尽管统计数据显示前者确实对后者有影响。毫不奇怪，这些报告经常引起对更多、更好的研究的呼吁。

和物理学与自然科学相比，委员会发布的行为与社会科学报告——心理学、经济学、人类学、社会学、人口学、政治学、地理学以及相关学科——更经常承认不确定性和观点分歧。物理学家和自然科学家可以借助实验，在社会科学中对人做实验却会突破伦理底线。物理学家和自然科学家可以杀灭细菌，诱发果蝇变异，使分子裂变，然后观察这些干预措施的后果。任何试图对人做出同样举动的研究者将难逃一死或锒铛入狱。社会科学家有时候会做一些无害的实验，例如构思小组活动或认知测试。但在大多数情况下，他们依赖于对"准实验"（quasi-experiments，如问卷调查）或"自然实验"（natural experiments，如对学校、企业或社区差异的分析）的深入研究。

这种比较几乎总是允许被研究过程有若干不同的原因-结果说明。同时，相比物理学家和自然科学家，社会科学家更有可能研究参与者、观察者和政策制定者激烈争论的问题，例如，社会不平等的原因和结果，或有效民主化的前提条件。从而，委员会的行为与社会科学报告经常以对不同观点进行研究和评判的呼求而告终。

只有极少数非专业人士能理解《美国国家科学院院刊》上的技术性说明。这份期刊上的大多数文章假定读者对物理、化学和生物学方面的深奥问题有所了解，我在书桌上堆放了几年后，终于取消了订阅。与之相反，委员会的报告多为基于最高质量科学的技术性说明，但写作风格简洁明快，政策制定者以及有一定教育程度的非专业人士都能理解它们的论证。考虑到这一点，它们通常让技术性说明适度向故事靠拢。它们忽略了完整技术性说明必须明确考虑或排除的某些增量、间接、环境、同步和交互影响。虽然如此，和全球变暖、公共卫生与教育质量方面的日常讨论一样，委员会下设的诸多委员会——包括行为与社会科学委员会——吸纳当下的科学共识，给出自己的技术性说明。

技术性说明有什么用？

技术性说明与故事、惯例、准则有何不同？按照定义，技术性说明将原因-结果解释（而非适当性逻辑）与专业领域知识（而非日常知识）结合起来。尽管如此，它们经常以不同方式，通过专业化准则表述出来：因为准则授权研究者进行非专业人士不得从事的研究；因为准则事实上决定了相关证据的可得性；因为研究者本人参与制定了区分程序适当与否的准则。例如，在医学专业研究中，对于谁能参与解剖或开立药方，病历的准备，以及临床试验的相关伦理，都有相关的严格准则。

显然，和故事、惯例与准则一样，技术性说明也促成了专业人士之间的交流。由于技术性说明预设了共享的定义、实践和发现，它们无须对这些定义、实践和发现多加解释。正因为此，外行往往难以理解技术性说明，因为它们如此深奥，或遍布术语——如果非专业人士对这一领域并不陌生。但就理由的给出来说，技术性说明与故事、惯例与准则一样，都履行关系职能。技术性说明标志了与鸿儒硕学之间的关系：和观点相近的专业人士拉近关系，和观点有别的专业人士划清界限，为入门者或顾客提供专业简介，在恭敬的非专业人士面前树立权威。它们建立、确认、协商、改变甚至终结给出者与接收者的关系。

相比惯例与故事，不太明显但同样重要的是，技术性说明的作者会根据对象的不同调整写作内容和风格。技术性说明在这里同样具有关系职能。专业人士在交流时使用简称，既省力，又标志了圈内人的身份。出了这个小圈子，说明者就必须提供更多的背景知识，并经常借助为非专业人士能理解的类比。科学写作是一门艺术，《自然》《科学》或《科学美国人》这类期刊的主编付出了极大的心血，将专业人士的对谈转化为好学的外行能看懂的论述。从而，如何将研究结论传递给感兴趣的非专业人士，就像委员会报告那样，成了技术性说明面临的特有问题。研究课题越紧迫，越富争议性，有效技术性说明和在作者和听众之间建立适当关系的艺术就越精妙。让我们来看几个例子。

对暴力的技术性说明

来想想人际暴力（interpersonal violence）的问题吧。[1] 当然，暴力经常使人想到惯例（"这些家伙就是这样"）、准则（"法律不允许"）或故事（"她有一个不幸的童年"）形式的理由。在第三章中，前伦敦暴徒阿瑟·哈丁向历史学家拉斐尔·塞缪尔讲述了自己恶贯满盈的青年时代的一系列生动故事。但人际暴力也引起了专业人士的注意，他们准备为其起源做出技术性说明。

1988年，三个政府部门要求委员会撰写一份关于暴力的起因和预防的报告。美国国家科学基金会（National Science Foundation，下文简称"基金会"）征询关于优先研究项目的意见，国家司法研究院（National Institute of Justice）寻求减少暴力

---

[1] 关于这方面的最新研究，参阅 Barkan and Snowdon 2001；Burton 1997；González Callejo 2002a；Heitmeyer and Hagan 2003；Jackman 2002；Krug et al. 2002；Mazower 2002；Tilly 2003b。

犯罪的建议，疾病控制中心（Centers for Disease Control）想得到预防暴力行为所致伤亡方面的信息（Reiss and Roth 1993: xi）。尽管基金会对不同尺度暴力的信息都感兴趣，应其他两个机构的要求，研究重心从战争、种族灭绝和其他宏观过程转向个人与小群体暴力。相应地，委员会组建了一个以犯罪学、法学和心理学为主的专家小组。经过讨论，专家小组主动将关注点缩小至当代美国的小规模犯罪行为。和其他小组一样，这个小组从其他专家那里征集了许多评论性文章，但小组成员本身就最新知识展开了辩论，并起草了综述。小组对小规模人际暴力犯罪做出了技术性说明。

专家小组对视角的选择强烈影响了它的发现、解释和建议。这三点都侧重于个人层面的过程，而非其他研究暴力的分析者经常强调的社会与文化复杂性。社会境况在报告中主要以个人行为催化剂的面目出现。报告的结论将它必须解释的现象凸显出来：

- 美国近期的暴力犯罪多为人身侵犯。
- 尽管无端街头犯罪引起不少人的恐慌，暴力犯罪通常发生在互相认识的人之间，经常为同一家庭成员。
- 美国人均暴力犯罪率高于其他所有工业化国家。
- 但美国当前的暴力犯罪率低于历史最高点。
- 绝大多数犯罪受害者为少数族裔。
- 绝大多数肇事者为男性和少数族裔，但少有职业暴力犯罪者。

- 暴力犯罪和青少年帮派之间的关联不如人们通常假定的那么密切。
- 暴力犯罪每年都导致生命、健康和财产的重大损失。
- 研究人员发现，监狱关押人数的增长对暴力犯罪率没有明显影响。

尽管其他研究者经常从社会和文化角度对类似发现做出宏观解释，专家小组侧重于作用因人而异的原因和结果：童年阶段养成的攻击型人格、童年时遭受的性侵犯、过量饮酒和其他"精神促动"（psychoactive）药物、睾酮过高，等等。在这些技术性说明中，社会过程是诱发或促成个人层面原因的因素：贫困家庭的集聚，当地收入的不平等，阻碍了地方社区对年轻男子有效控制的人口流动和混乱，毒品、枪支与诱发犯罪的机会（Reiss and Roth 1993: 14）。

相应地，专家小组从六个主要方面拟定了"问题解决倡议"：（1）对个人暴力潜能在生理与心理方面的发展进行干预；（2）改变促发暴力的场所、惯常活动与场合；（3）充分发挥警方对非法市场的干预在减少暴力中的作用；（4）改变物品——包括枪支、酒精饮料和其他精神促动药品——在抑制或诱发暴力事件或其后果中的角色；（5）采取对策，降低偏见诱发的犯罪（bias crimes）、帮派活动和社区转型对暴力的诱发效应；（6）推行全面举措，减少对伴侣的人身侵犯（Reiss and Roth 1993: 22）。

这些提议来自一份由心理学家、律师和社会科学家就原因-

结果达成一致的技术性说明,这种原因-结果关联如下图所示:

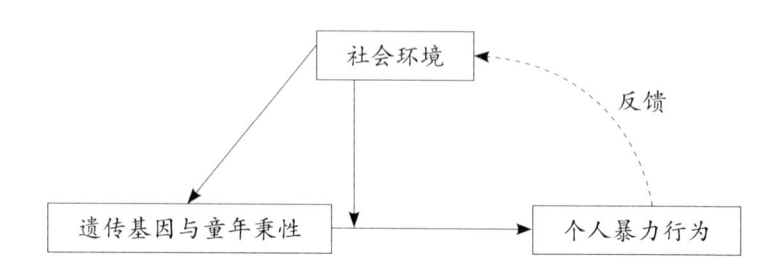

```
        社会环境
       ↙    ↓    ⤒ 反馈
遗传基因与童年秉性 → 个人暴力行为
```

在这种说明中,社会过程激发、抑制或促成个人行为,但主要作用是协调既有个人秉性与实际暴力行为之间的关系。就算是这种基本的技术性说明也因对因果链的复杂化而超越了日常故事。不仅如此,这份陈述的多数作者注意到反馈机制——例如,某个地区个人暴力频发程度反过来塑造了这个地区的社会环境。这种原因-结果论证表明了技术性说明何以有别于故事,以及其可信度对专业训练的倚重。只有专业人士才可能对什么进入因果箭头,以及它们如何产生其效果有清晰的想法。

犯罪准则

报告的作者时而也会转向准则。在为行动赋予准则性的理由时,准则所援引的不是行动的原因和结果,而是它们对专业范畴、证据处理程序和解读规则的遵循。在这种对暴力的分析中,准则以衡量的面目出现。它们类似医疗诊断和科层规章。但现在它们表现为"统计信息系统"的形式。

专家用在报告中的证据主要来自三个统计出处：全国犯罪调查（National Crime Survey），这项调查每年向十二岁及以上个人组成的全国样本了解他们最近经历了什么违法行为；汇集了源自警方信息的统一犯罪报告系统（Uniform Crime Reporting System）；国家卫生统计中心（National Center for Health Statistics）的重要统计项目，这一项目将他杀死亡证明数量整理成图表（Reiss and Roth 1993: 2）。作者们正确地指出，对于强奸、虐童和人身侵犯这类暴力犯罪来说，现有统计数据大大低估了实际情况。

专家小组还意识到，在这些案件和类似案件中，范畴的划定（classification）在道德、法律和政治上都有争议。约会时的亲密动作在哪一个点上变为强奸？父母有打孩子屁股的法律权利吗？人工流产是谋杀吗？在考虑是否将群众的诉状登记为犯罪，是否在家庭纠纷中拘捕任何人，以及如何对酒吧斗殴中的伤害做出归类时，警察应该有多大的决定权？这些问题将对暴力犯罪的研究从原因-结果的领地带入准则的领域。

和其他技术性说明一样，在对犯罪的技术性说明中，准则占有重要地位：因为准则授权研究者进行非专业人士不得从事的调研；因为准则事实上决定了相关证据的可得性；因为研究者本人参与制定了区分程序适当与否的准则。在遭遇犯罪时，公民有权、甚至有义务报告罪行；但通常情况下，只有法定权威（constituted authorities）才有权调查、起诉和惩罚同种罪行。既有准则生成了供专业人士使用的大量证据，例如已公布的犯罪数据。最后，警察、检察官和研究人员都要遵循一套对证据的收集、分析和报告方面的严格规则。

委员会的报告重点关注统计系统。它提议通过修订和扩充来改善现有的统计步骤：

1. 对广受关注但现有测量系统力有不逮的暴力事件的统计和描述。这包括但不限于家庭暴力、商业和组织劫案中的个人受害、偏见诱发的暴力犯罪以及学校、拘留所和监狱中的暴力事件。

2. 对性暴力的更全面统计，包括情侣和性伴侣之间的性暴力、性暴力成分可能遭掩盖的他杀和伤害事件、对记录案件更详细的描述。

3. 对可能影响暴力事件概率的条件和场景（例如，潜在相关的神经系统失调、醉酒的丈夫和妻子的争执、毒品交易、晚间在高风险地点收银的雇员）的基线测量（baseline measurements）。

4. 暴力受害者在急诊室、医院和长期护理病房的治疗信息；它们与诱发暴力事件（precipitating violent events）数据的关联；将这些数据发展为一个重要的估测系统。

5. 暴力伤害的长短期心理影响和经济后果的信息，以及它们和暴力事件数据的关联。

6. 对小范围地理和行政区域的暴力模式及趋势的估测作为预警干涉（preventive intervention）效应的估测基线。

7. 信息系统的修订，对暴力事件和参与者的特征做出更

> 详细记录，以推进有关暴力的风险因素以及对减少暴力风险的预警干预评估的更精确研究。(Reiss and Roth 1993: 23-24)。

这些建议当然反映出一种对会更好地揭示暴力犯罪中原因-结果关系的证据的需求；为此它们试图改善对犯罪活动的技术性说明。但更为关键的是对高质量准则的呼吁：更清晰、更全面的分类，更严密的证据处理程序，以及新的诠释规则。由此，它们可能与其他既有准则产生冲突，尤其是隐私权。适当性问题，而非解释问题，恰恰在准则制定的地带浮现出来。我们开始看到，尽管准则和技术性说明在提供理由上的过程截然不同，它们有时可以互为补充。准则经常揭示——或生成——技术性说明所解释的经验规律。

但总的说来，这个专家小组试图构建一个技术性说明，以反映对暴力犯罪各执一词的专家们的最新共识。和委员会的其他小组一样，专家们试图为对众说纷纭现象的原因-结果说明注入科学分量。他们必须超越并挑战充斥在美国的新闻报道、社论、政治演说、社会运动诉求、宗教布道以及现有公共政策中的故事对暴力犯罪的简单化处理。他们通过坚持多重因果联系，强调有可靠的行为与社会科学领域的研究依据的因果关系来把事情复杂化。对于一个通常以惯例、故事或准则来描述暴力行为的世界，他们提出了一项关于人际暴力的技术性说明。

治理共用品

委员会的另一项研究体现了技术性说明的独特之处。1968年,加州大学圣巴巴拉分校的生物学家加勒特·哈丁(Garrett Hardin)在美国科学促进会(American Association for the Advancement of Science)官方刊物《科学》杂志上发表了一篇广为流传的文章。《公地的悲剧》重新探讨了托马斯·马尔萨斯(Thomas Malthus)对有限资源和无限人口增长的矛盾的悲观预想。对于哈丁而言,公共牧场的牧民是这一悲剧的一个例证。每个牧民都从增加羊只放养数量中获得好处,因为他从这些羊身上获得了更多回报,却只承担羊满为患的一小部分代价:

> 把各种效益汇总,理性的牧人会得出结论:对于他来说,多养一只羊是唯一的明智选择。然后再多养一只;再多一只……但这也是每一个共用这块牧场的理性牧人得出的结论。悲剧遂生。每个人都陷入一种驱使自己无限制地增加羊只的机制中——在一个有限的世界。在一个信奉公地自由使用的社会,每个人都追求个人利益最大化,这将导致所有人走向毁灭的终点。公地上的自由给所有人带来灭顶之灾。(Hardin 1967: 1244)

与生物科技和核能的乐天派相反,哈丁将公地的悲剧视为一个技术无力解决的问题——单单在自然科学内部找不到出路。他不相信人类的利他性或审慎的自我克制。他认为，人们不会因为粮食供应的减缓而自发减少繁殖，污染所致破坏的加重也不会让污染者罢手。在个人层面，启蒙或良知都无济于事。哈丁提出了两个可能的途径：将公地私有化，或"彼此强制，在大多数受影响的人之间达成共识"（Hardin 1968: 1247）。

哈丁指出，仅仅私有化紧要的资源并无助于解决问题。将一项资源在既有使用者之间作为私有财产分配，这将本来就不具备使用权的人排除于这些前共用品之外。某些共用品——例如水和空气——很难私有化。哈丁得出结论，没有强制的私有财产只会产生新的公地悲剧。选择变得很简单：彼此强制，抑或灾难。

哈丁的挑战开创了一个全新的学科：共用品管理（commons management）。在一次并不多见的自然科学家与社会科学家的合作中，共用品管理的热衷者们研究了过度捕捞、森林砍伐、水供应、人口增长和大气污染（Adams, Brockington, Dyson and Vira 2003, Dolšak and Ostrom 1990, Pretty 2003）。从对这一特性的批评或对哈丁所做分析的批评开始，这门学科的实践者们在两个方向上做出努力：（1）研究在实践中并未导致灾难的共享资源制度安排；（2）提出集体制度安排成败条件的新理论。他们发现了共享资源的大量集体约束，并开始对这些例子起作用的方式建模。

不出意料，委员会组建了一个公共财产资源管理（Common Property Resource Management）专家小组，将这一新兴学科的顶尖专家汇聚一堂。2000 年，成立于 1989 年的全球变迁中的人类因素委员会（Committee on the Human Dimensions of Global Change,

专家小组的上级组织）决定对几十年来的共用品研究进行回顾。和委员会的人际暴力研究一样，组织者征集了大量背景论文，召开了一场研讨会，并出版了一本论文集《共用品的戏剧》（Ostrom et al. 2002）。但他们这一次没有等待政府机构的征召，而是主动向国家科学基金会和洛克菲勒兄弟基金会（Rockefeller Brothers Fund）申请了必要的经费。

参与这项研究的科学家提供了一份技术性说明，更准确地说是一系列技术性说明。论文集的几位主编坚持复杂的因果关系，包括"间接和介导效应"（Ostrom et al. 2002: 457），从而隐含地将他们所做的事情与惯例、准则和故事间接区分开来。小组成员的报告分别探讨了灌溉系统、相关心理实验、许可证交易、高层机构对地方资源管理系统的影响、管理制度的演化以及这一新兴领域的一系列理论问题。例如，报告指出，如果缺乏可靠的水资源储备（例如蓄在水闸内的水），人们就无法对未来的水供应量做出估算，灌溉用水的价格体系往往将随之失灵，并从这一简单观察中得出了极具价值的发现（Ostrom et al. 2002: 459）。

但这项研究的参与者绝非意见一致；资源经济学家詹姆斯·威尔逊（James Wilson）抱怨道："公池制度方面的文献几乎总是假定在一个牛顿式的世界中运作的那种相对完整（如果也是随机的话）的生物学知识。"威尔逊说，至少在渔业领域，抛开这些假设不说，原因-结果关系表现出极高的复杂度，海洋物种变迁的决定因素随即表现出不确定性，而不确定性极大地影响了任何人工干预的后果（Ostrom et al. 2002: 341）。

考虑到不确定性以及对具体因果机制、相互作用和后果的分歧，公共资源科学家们提出了两个值得关注的动议。首先，对于其中人的因素，他们基本上满足于简化的理性主义解释；他们的说法强调激励、成本和收益。与委员会之前对人际暴力的研究类似，社会过程不是作为直接原因，而是作为个人决策的催化剂或调节剂出现在论证之中。其次，科学家最强烈的主张从详细的因果序列转为特定后果的有利或不利条件。相应地，专家小组对科学界共识做出了下面这段概要的总结：

> 对共用品的有效治理在这些情况下更容易达成：（1）资源以及人类对资源的利用可被监督，信息能以相对低廉的成本得到证实和理解（例如，树比鱼更易监督，湖比河更易监督）；（2）资源、资源利用者人口、技术以及经济与社会状况的变动率适中；（3）社区保持经常的面对面交流和密集的社会网络——有时也称社会资本——它们增强了信任，允许人们做出和见证不信任的感情反应，并降低监督成本，减低敦促服从规定的成本；（4）圈外人可被以相对低廉的成本排除于资源的使用之外（新进入者加大收成压力，且多对规则缺乏了解）；（5）使用者支持有效的监督和照章办事。（Dietz, Ostrom, and Stern 2003: 1908）

从中我们知悉的是有利的条件，而非详尽的原因。公共资源的研究者采取了科学中常见的中间步骤：明确在多种多样的场合下都成立的经验关联。这种明确化用于两个目的。它澄清了研究者事实上得去解释的东西,并对可以用来解释它的东西加以逻辑限定。打个比方,如果这些条件普遍成立,人的智力、性情或区域文化的区域差异就不太可能在资源管理系统的成败上起到根本性的作用。更有可能的是,关键原因和结果与组织过程之间的相互作用(例如渔业的关联和程序)以及自然资源的动态演变(例如某种鱼的耗竭对海底食物链的影响)有关。充分的技术性说明必须正确理解这些相互作用。

准则与竞争

然而,技术性说明还是要用准则来阐明。那些在犯罪研究中产生的估测问题,同样出现在了有关共享资源的研究中:例如,谁算是对污染控制的成本—收益分析中的污染者或受益者?但在有关共有品的新近讨论中,另一种准则凸显出来:产权准则。谁拥有什么成为公池制度的一个严肃议题,既因为权利和排他对这类制度的可行性影响重大,也因为它们启动了公私财产的法律准则。

例如,当管理者下发资源使用权或污染权许可证时,经济学家常说,权利应该成为有保障的私有产权,这样一来,那些使用者们就有了对其投资的动力。相反,环保人士"同样坚持认为,空气、水和鱼属于人民,所以从伦理的角度看,它们不应成为私有财产。在他们看来,没有任何目的能为共有权利的私有化辩护"（Ostrom et al. 2002: 205）。经济学家与环保人士之间的争论涉及某些原因-结果论证，但这就将战场转移到了范畴、程序和法律准则的解读规则上来。公平和所有权原则接替了解释原则。

尽管共用品专家小组报告了自身专业领域内的大量共识，他们并没有提供这一主题在当代科学中唯一可行的技术性说明。事实上，另一组从属于科学院的科学家们也在同时从生物多样性角度探究相关问题："有机体在所有层次上的所有基于遗传的变异，从某个单一局部种群或物种内的基因，到组成了某个局部群落的全体或部分的物种，再到包含世界上林林总总生态系统存活物的群落本身。"（Reaka-Kudla, Wilson, and Wilson 1997: 1）许多生态多样性专家，主要来自进化与生态生物学，以不同于公池拥窀的说法处理其主题。他们认为，记录和维护生态多样性本身就具有积极意义，并通常会鼓吹可持续发展：对可再生资源加以管理，使世界生态多样性不致因人类活动而降低，或许甚至还会提升。位于科利奇帕克（College Park）的马里兰大学（University of Maryland）的自然资源管理课程协调人帕特里克·坎加斯（Patrick Kangas）列出了这些可持续发展的障碍：

- 可再生资源的过度采集
- 秉承可持续发展理念的产品缺乏市场
- 短视的政治经济体对可持续发展或自然对经济的贡献重视不够
- 土地所有权问题，以及土地的不均衡分配

- 政府对成效不佳的土地使用项目的补贴
- 发达国家在土地利用和保护政策方面对欠发达国家施加影响而导致的政治反弹
- 暴力冲突，尤其是围绕自然资源的暴力冲突（Reaka-Kudla, Wilson, and Wilson 1997: 394）

这份清单凸显了社会过程，但与公池分析者眼中的过程大相径庭。公池专家关注人类稳定合作的条件，生物多样性研究者则强调人类对全球生物过程的干预——无论有意与否。

《科学》杂志后来以一期土壤科学专刊阐明了生物多样性视角的独特性（Sugden, Stone, and Ash 2004）。这期专刊涵盖了有关土壤退化、极地永冻层融化、真菌在植物环境活力中的角色、土壤固碳、人类对土壤的处理方法、地上和地下生命的生态关联以及地下生态系统的专家报告。专刊首页是一张展现了水土流失、污染、沙漠化与其他人为土壤破坏的世界地图，之后是一篇题为"遍体鳞伤的地球"的论文。尽管对人类无知、疏忽和破坏的警示在专刊中反复出现，但主要论证依靠的是来自生物学研究的技术性说明。

准则在这些科学家的研究项目中占有重要地位。但在这期专刊中，重要准则无关人类行为，而是关于地下过程的测量：

> 要展现土壤中微环境的多样性，就需要能够对水的分布、不饱和溶质流以及多孔介质的扩散建模。其中某些技术相对

先进，但对多相流（multiphasic flow）的建模仍然存在问题。要将这一领域的研究推进到接近于地上生态学的水平，就必须整合土壤研究，强调物理与生物过程的相互作用。（Young and Crawford 2004: 1637）

两组顶级科学家——公池专家和生物生态学家——研究互有重叠的现象。他们给出了对于解释对象的不同的定义，不同的解释，对人类干预后果的评估提出了不同的准则。他们各自偏好的技术性说明将他们引向不同的方向。

人类进化的技术性说明

我们已经看到，技术性说明有时为当下紧迫的问题及其解决方案提出理由。但它们经常满足的是关于令人困惑的前提、起因和结局的更普遍的好奇心，是对火山、星系、人口增长或技术创新的追根究底。随着对人类起源与发展的进化论解释在充实度和可信度上的改进，一种满足此类好奇心的旧式技术性说明重获新生：为非专业人士提供对人类史前史和人类历史的进化论解释的著作。法国人巧妙地称这类书为 *haute vulgarisation*，*vulgaire* 的意思并非"不礼貌"，而是普通人可以"看得懂的"，*haute* 则将普通人细化至受教育水平较高的读者。

即便是大体上接纳进化论观点的读者，对人类史前史和历史的进化论解释也要求高超的眼界。要获得成功，这类体裁的作者必须打消不同人口群体在财富或权力方面的既有差异源自基因遗传能力的潜藏念头，权衡专业人士在自然选择究竟只在基因层面发生、还是有可能发生在个体和种群层面这类问题的争论，坚持当下的科学共识与推测之间的区分，同时使原因-结果说明在复杂性和不确定性之间保持平衡。

让我们来比较一下在这方面取得成功的三位作者。生物学家查尔斯·帕斯捷尔纳克（Charles Pasternak）、路易吉·卢卡·卡瓦利-斯福尔萨（Luigi Luca Cavalli-Sforza）和贾雷德·戴蒙德（Jared Diamond）都以平易近人的论调将进化论思想运用于人类社会的研究。这三位都在相关的硬科学领域广受认可：帕斯捷尔纳克是以细胞膜研究而声名远扬的生物化学家，卡瓦利-斯福尔萨是研究对象从细菌转向人口的遗传学家，戴蒙德则是鸟类进化学者。他们都找到了简化遗传学中的原因-结果说明的办法，从而使其读者不必成为遗传学家也能跟上个中论证。但解释对象的不同导致了三位作者在说明展开方式上存在显著差异。帕斯捷尔纳克关注的是什么使人有别于其他动物，这一探询出乎意料但也不可避免地引领他思考人和其他生物的共同之处。卡瓦利-斯福尔萨试图解释遗传相似性和差异性在当代世界中的地理分布。戴蒙德的问题则是，为什么世界上的财富和权力在不同地区间大相径庭，他最终的回答是，人类在生物学上的进化并非关键原因。

为了展现各自技术性说明的独特性，容我先简要勾勒帕斯捷尔纳克和卡瓦利-斯福尔萨的著作，然后在戴蒙德的解释策略上多花一些篇幅。帕斯捷尔纳克的《探寻》有双重目标：找出一切生物进化的共同主题，并将人类经验与这些主题联系起来。在帕斯捷尔纳克看来，探寻（quest）是从单细胞原生动物到人类的一切生物的共有特征。探寻既可以相当被动，也可能极度主动：从面向光和食物的自发运动到对未知世界的恣意探索。帕斯捷尔纳克在这本书的第一页写道："动物在过去的五亿年间已经发展到相当高级的阶段，它们的寻找能力也是如此。这种能力在人类（Homo sapiens）身上达到了顶峰。我们不仅寻找粮食和水，寻找伴侣和居所，我们还毫无理由地寻找：单纯是好奇心，而不是需求，引导人们寻找尼罗河的源头，引导人们探索星球的起源。"（Pasternak 2003: 1）随着这本复杂的书的展开，帕斯捷尔纳克以一个技术性说明为这段描述做出了补充：成功的探寻推动了自然选择。自从作为一个独特的物种出现，人类就从其他动物中脱颖而出。他们继承了特殊的生理机能："直立行走，灵巧敏捷的双手，发达的言语能力，大量的皮层神经元。"（Pasternak 2003: 69）这些组合起来使得人成为最高级的探寻动物。

根据帕斯捷尔纳克的说法，人类之所以成为最高等的动物，原因在于其高超的探寻能力。这种能力在早期表现为大规模迁移、持续不断的发明以及对环境变化的高度适应。为了探寻这些主题，帕斯捷尔纳克分三点来讨论：探寻的遗传基础、人类探寻及其后果、围绕转基因食品等当前探寻的争议。在具体分析中，他不可避免地简化了原因-结果论证，不仅为相关的因果机制提供了浅显的漫画，而且淡化了增量、间接、交互、环境、协同和反馈效应。不同于向生物化学界同行做出的技术性说明，帕斯捷尔纳克在《探寻》中的解释更偏向故事。尽管如此,没有哪个厌恶或畏惧生物化学机制的人会试着了解帕斯捷尔纳克的论证。

卡瓦利-斯福尔萨的《基因、人种和语言》同样如此。尽管卡瓦利-斯福尔萨有着卓越的长时段视野,但他的研究以中期进化为主:变异如何累积并导致特定人种的代际变化,而非千年一变。他通过对 DNA、语言和文化形式的新近分布的反向探索,对重构人类迁徙和人口流动的研究做出了开创性贡献。但在这本书中,他所触及的进化论话题则广泛得多:对遗传变异的简介,对进化历程追溯手段的回顾,在重构人类起源和人口流动中的应用,人口和/或农业技术的扩散,语言、文化传播和进化的历史关联与变化。

总起来看,卡瓦利-斯福尔萨表明,群体遗传学的视角所阐明的远不止基因变化和分布。由于要同时论证几个观点,他如履薄冰:不同区域的种群具有独特的基因库;基因库仍在持续进化中;自然环境对进化方向具有长远影响;基因遗传影响了疾病等对环境因素的敏感反应;通常意义上的种族并不存在。

他指出,肤色和头发类型等人类的体表特征确实顺应气候变化;例如,长远来看,赤道附近的人一般肤色较深,而极地附近的人则肤色较浅。当人们只能观察到表面特征的不同时,他们很可能将不同区域的人划分成不同的群体,尽管表面特征明显存在渐变,尽管所有人种都能交叉繁育可育后代。观察者甚至有可能做出想象,认为皮肤颜色和头发类型与认知能力和其他更不可见的特征密切相关。

某些更不可见的特征，如血型（A、B、AB 或 O 型），确实在世界主要人种之间存在重大差异。例如，据估计，98% 的美洲原住民是 O 型血，而东亚人中 O 型血占 61%（Cavalli-Sforza 2000: 15）。但卡瓦利-斯福尔萨和其他遗传学家的研究确立了三条关于种族的重要事实：（1）体表特征的差异和其他更不可见的基因遗传差异没有多少关联；（2）不同人种间不存在非此即彼的遗传边界；（3）所有人种的遗传组成大体类似。同最近的亲属黑猩猩相比，所有人种都彼此相像。

多面戴蒙德[①]

人类与黑猩猩的比较经常出现在进化论科普作品中。贾雷德·戴蒙德获普利策奖的《枪炮、病菌与钢铁》是其早期科普作品《第三种黑猩猩》（1992）的续作。如书名所示，这部早期著作展现了人类与其近亲黑猩猩和倭黑猩猩（又名侏儒黑猩猩）之间惊人的遗传相似性。遗传物质的高度重叠和历史经验的巨大差异意味着，细微的差别产生了巨大的差异。戴蒙德尤其强调人类基于遗传的言语、合作以及——悖谬地——破坏能力，认为正是这些能力将第三种黑猩猩同近亲区分开来。

《枪炮、病菌与钢铁》的标题同样传递出了这本书的研究问题：欧亚大陆，而不是澳洲大陆、太平洋地区或美洲大陆，如何以及为

[①] 此处取"diamond"的双关含义。——译者注

何率先发明了武器、疾病和金属加工技术,并征服全世界?戴蒙德巧妙地以其早期作品的进化观来批驳各种种族主义——各种认为不同大陆的定居者承袭了不同的制造或应对复杂性之能力的论点。在新几内亚实地调研三十年后,戴蒙德萌生出一个新想法:由于要应对难以预料、恶劣凶险的环境,总的说来,新几内亚人实际上变得比西方人更聪明(Diamond 1998: 20-21)。

不过,这一论点在这本书中无足轻重。戴蒙德着力于一个相当不同的论点。大约两百万年前,已经作为单独物种在非洲存在了五百万年的人科成员(hominids)开始迁出非洲。到了约一百万年前,他们已经沿着欧亚海岸东移至东南亚,并随后向北迁移。到了约五十万年前,他们已经在欧洲定居了下来。人类最终在一万两千年前左右抵达南美洲。在这个时候,仍旧是单一物种的人已经定居在南极之外的所有大陆以及大陆之间的岛屿上。在一万三千年前,人类定居的主要地域之间并不存在显著的基因遗传或社会成就上的差异。

戴蒙德在一个奇思妙想中勾勒出,一个当时的观察者何以有理有据地预测非洲、美洲抑或澳洲/新几内亚即将开始的"大跃进"。在接下来的几千年,世界的不同地方确实出现了巨大差异。不过,在技术和政治实力方面加速前进的是欧亚大陆。戴蒙德认为,通过将类似人种置于截然不同的环境中,大自然进行了一场有说服力的实验。它赋予世界不同区域以不同的粮食生产手段,而能力相差无几的人在不同环境下尽心尽力。环境导致了不同人种之间的差异。

纵观全球，粮食供应的早期培育化和多样化导致了某些优势，这些优势促进了技术与社会组织的创新，最终惠及了欧亚大陆——亚洲先于欧洲，但不久就遍及整个广袤的欧亚大陆——在武器和冶金方面的领先地位。那病菌呢？戴蒙德辨识出一处颇具讽刺意味的情况：欧亚人对动物的广泛驯养使他们比其他民族更易患上传染病，人口在欧亚大陆的广泛迁移为致病微生物的传播创造了条件，但同时也增强了欧亚人口对这些疾病的抵抗力。结果是：欧亚人种具有较强的免疫力，但他们在外迁，遇到从未接触过这些致病微生物的其他人种时，却引发了致命的流行病。

戴蒙德并没有将这一论点打造为一个有关大获全胜的传说，先提出预设，再阐述它们的历史后果。相反，他将技术性说明呈现为一系列谜题，从而使其更为引人入胜：先指出主要地区之间的差异，再为这些差异寻求解释。和先描述犯罪率差异，再解释这种差异的暴力犯罪学者一样，戴蒙德也是从结果倒推至原因。事实上，他做出了一项经典区分：近端（proximate）与终极（ultimate）原因。在他看来，欧亚大陆统治地位的近端原因是欧亚人种的武器、疾病和冶金技术，也就是"枪炮、病菌与钢铁"这个标题的含义。终极原因则在于欧亚大陆和世界其他地区的环境差异。

戴蒙德大体上如此论证：一旦排除具体原因，我们可以用四个主要因素来解释各个大陆之间的差异。首先，在人类到达世界上所有主要地区时——戴蒙德认为是一万三千年前——各个大陆在有条件驯养和培育（以及相应的大规模粮食生产）的野生动植物方面存在重大差异。例如，澳洲大陆、新几内亚和美洲大陆在更新世（Pleistocene）晚期灭绝事件中失去了大多数或所有大型哺乳动物。从而，大陆内部的扩散和迁移影响了培育技术创新从先获利地区的传播。这引出了第二个因素：扩散的地理优势，当地形不存在关键障碍，且呈现东西走向时（减小与纬度有关的气候、光照和其他差异），扩散变得更加容易。再次，大陆之间的扩散有所不同，例如，澳洲大陆、新几内亚和美洲大陆相对隔离，而非洲与欧亚大陆相对邻近；非洲大部分家禽来自欧亚大陆。最后，地区面积和人口规模举足轻重，因为它们强化了竞争，加速了创新。孤立的岛屿在第三点和第四点上减分不少。

那么，为什么撒哈拉以南的非洲未能领导世界？毕竟，那里的定居者比他们的邻居早了约五百万年。戴蒙德指出三个主要因素：

1. 可驯养和培育的原生动植物品种的缺乏；
2. 适合本地粮食生产的地域狭小；
3. 南北轴线的走向造成了生态环境的差异，阻碍了粮食生产和发明的扩散。

以此为基础，戴蒙德运用考古学、语言学和遗传作图（genetic mapping）方法，打造了一项从一万三千年前到晚近过去的非洲史技术性说明。例如，他追溯了班图语支（Bantu）的农民从五千年前左右开始自西非内陆稀树大草原的一个定居点向南部非洲广衷土地的迁移。在整本书中，戴蒙德为区域差异的广义解释添加了简略的历史描述。当然，从我作为一个欧洲史学者的视角来看，故事在精彩之处戛然而止：欧亚大陆的定居者究竟是如何将其技术优势转化为世界霸主地位的？但对于那些视种族或文化差异为世界不平等根源的人来说，戴蒙德的著作无疑是沉重一击。

对于非洲，戴蒙德总结道：

> 总之，不同于白人种族主义者的假定，欧洲对非洲的殖民和欧洲与非洲人口本身的差异无关。更确切地说，这种殖民源于地理学与生物地理学意义上的偶发事件——尤其是这两个大陆的不同面积、轴线方向和野生动植物种类。换言之，非洲和欧洲的不同历史轨迹归根结底源于土地的差别。
>（Diamond 1998: 400–401）

这本书的天才之处在于，它将复杂程度各异的论点串联了起来：反对种族决定论，提倡地理决定论的相对简单的论证；关于世界不同区域人与环境相互作用的更为复杂的论证；以及关于特定发展轨迹（例如非洲班图人的迁移）的微妙（且常具有推理色彩的）论证。这本书同时是一种技术性说明；它既是对可靠原因-结果关系的不懈探寻，也利用了令人叹为观止的专业知识。如果我们相信了戴蒙德，原因不在于他给出的理由耳熟能详，不在于它们符合通常的准则，也不在于它们讲述了生动浅显的故事，而在于我们信任他的论证方式：提炼既有的专业证据，据此排除某些候选原因，提高其他原因的可信度。

再谈技术性说明

比较帕斯捷尔纳克、卡瓦利-斯福尔萨和戴蒙德的进化论技术性说明，我们可以看出重要的类似与不同之处。这三本书（以及诸多类似著作）都对解释做出了调整，使其有别于专业人士对同一现象的说明。从专业人士的视角来看，这些书近似故事。但从一般读者的视角来看，它们和我们每天讲述的生活故事又迥然不同。我们不妨将最优秀的进化论说明称为**高超故事**（superior stories），因为它们简化了因果过程，采用了故事形式，但倚仗常见于逻辑连贯的完整技术性说明中的实体（entities）和原因-结果关系。这再次告诉我们，故事和技术性说明处于同一个连续体，其两端都是对原因-结果的说明，但能动者和机制属于技术性说明一端，它们来自一种专业化形式的因果分析。

然而，帕斯捷尔纳克、卡瓦利-斯福尔萨和戴蒙德的书在解释对象上有所不同。帕斯捷尔纳克考察人与其他生物的异同之处，卡瓦利-斯福尔萨研究人类特征的地理学，戴蒙德则关注不同大陆在人类技术与活动上的历史差异。这些都没错；作者有权提出自己的问题，正如我以自己独特的方式提出本书的问题一样。但这些差异不可小觑，因为它们导致作者以大相径庭的方式运用同一类专业知识——此处是广义上的进化论。帕斯捷尔纳克告诉我们，一个被他称为"探寻"的、统领一切的定律，有助于解释单细胞生物产生之后的诸多变化。卡瓦利-斯福尔萨煞费苦心向我们表明，群体遗传学的专业研究手段能对人类特征和活动的地理分布做出出人意料但自相融贯的解释。

戴蒙德试图阐明，人类与不同自然环境的互动解释了社会制度安排的重大差异和变化。实际上，在全书的结尾，戴蒙德自信地认为，相同的理路可以帮助回答许多其他问题，例如中国为什么有时在技术实力上领先世界，有时却瞠乎其后（Diamond 1998: 411-17）。当然，在这一点上，人类学、经济学、政治学和其他学科各有差别的技术性说明都在竞逐关注。技术性说明为各自学科提供了有效的表征，但这绝不保证它们就是不容置喙的事实。这取决于他们所选定的解释区域内的学科真相，技术性说明的作者所处理的问题，以及二者之间的契合。

受帕斯捷尔纳克、卡瓦利-斯福尔萨和戴蒙德的启发，我们不妨立下高超故事的规则：简化你的解释起作用的空间，减少行动和行动者的数量，将增量、间接、交互、协同、环境和反馈效应降至最低；将你的说明——尤其是对因果机制的说明——限定在专业领域内有清晰明确、有理有据的对应物的要素之上。最后，别忘了你的听众：你必须根据听众的知识与动机的不同，以不同的方式讲述你的高超故事。讲述高超故事其实是一项关系性的工作。

第六章　调和理由

无论还要做什么别的事，给出理由都是政府委员会的分内之事。在英美政治传统中，政府经常在面临国家危机时颁布行政特令（executive order），组成皇家委员会和非皇家委员会。和美国国家科学研究委员会一样，它们给定并宣传当局的共识，以此平息论争。这些委员会由杰出公民组成，他们的声望使其免于党同伐异和假公济私的指控。委员会通常要传召证人并发布报告，但最终，他们为相关事宜提供自己深思熟虑的集体判断——他们的理由。

1963年11月22日，李·哈维·奥斯瓦尔德（Lee Harvey Oswald）在得克萨斯州的达拉斯市刺杀了约翰·F. 肯尼迪（John F. Kennedy）总统。这起暗杀震惊全国，有关发生了什么和为何发生的故事纷纷登场，不胜枚举。肯尼迪的继任者林登·约翰逊任命了一个以美国最高法院首席大法官厄尔·沃伦（Earl Warren）为首的委员会，委托他们对暗杀事件进行调查。在《纽约时报》上公布的委员会报告中，记者哈里森·索尔兹伯里（Harrison Salisbury）描述了肯尼迪遇刺后雨后春笋般的阴谋论。在他看来，这些阴谋论和流传至今的亚伯拉罕·林肯遇刺阴谋论如出一辙。鉴于遇难者的身份，这并不奇怪：

或许，因为悲剧就发生在我们中间；或许，因为这一切都在我们眼前的电视屏幕上发生，我们尚未完全意识到它的戏剧性。我们还没有认清一个事实：击中国王、帝王、独裁者或总统的一声枪响在人类舞台上无可比肩。当一发子弹夺走世上最有权势者的生命时，举世震惊是自然的反应。约翰·韦伯斯特（John Webster）曾（在《马尔菲公爵夫人》中）有过这样的感慨："其他罪行娓娓道来；谋杀却是惊声尖叫！"（Salisbury 1964: xvii；我本人曾在大学生话剧《马尔菲公爵夫人》中扮演在剧尾仍活着的少数人物之一，因而对索尔兹伯里的这句话感触颇深。）

沃伦委员会得出结论，并且斩钉截铁、不容置疑：奥斯瓦尔德是单独行动，没有同谋。尽管质疑者众多，四十年后，委员会的发现仍未被推翻。权威的理由给定往往能奏效。

在最后一章，我要回答前面几章提出但未解答的三个有关权威理由给定的问题：是什么让理由可信？专于某类理由给定的人如何让专业以外的人领会他们的理由？社会科学家在传达他们的理由、并将之与我们普通民众为自己的行动给出的理由进行调和时，会面临什么特定问题？我们将看到，政府委员会只提供了诸多理由传播方式中的一种。我们还会看到，理由的可信度永远取决于言者和听者之间的关系，这一定程度上是因为，给出理由总与关系本身有关。

在沃伦委员会发布约翰·F. 肯尼迪遇刺案报告四年后，约翰逊总统指派了另一个委员会。他任命新委员会对贫民窟暴乱、犯罪率上升、20世纪60年代层出不穷的示威活动、1968年马丁·路德·金（Martin Luther King）和罗伯特·F. 肯尼迪（Robert F. Kennedy）遇刺案以及暴力事件频发在美国引发的广泛关注做出应对。在1968年6月的行政特令中，约翰逊要求暴力起因与预防全国委员会（National Commission on the Causes and Prevention of Violence）调查：

1. 社会上违法暴力行为的起因和预防措施，包括暗杀、谋杀和人身袭击；
2. 违法违纪行为、对公职人员不敬行为以及个人和群体对公共秩序的暴力破坏的起因和预防措施；
3. 总统委派的其他事项。（Eisenhower Commission 1969: v）

约翰逊任命前总统德怀特·艾森豪威尔（Dwight Eisenhower）的弟弟米尔顿·艾森豪威尔（Milton Eisenhower，宾夕法尼亚州立大学、堪萨斯州立大学和约翰斯·霍普金斯大学前校长）为委员会主席。所谓的艾森豪威尔委员会面临着一个甚至比沃伦委员会更为艰巨的任务。法学、犯罪学、历史学以及社会科学等学科的两百多位学者被征召，提供相关咨询和帮助。我也略尽绵薄，为委员会写了一篇美国和欧洲集体暴力类型的比较文章（Tilly 1969）。

令我们有份参与的学者感到欣慰的是，委员们并没有采取严格的法序（law-and-order）立场。相反，他们建议向少数族裔和年轻人开放机会，给年轻人更多的政治发言权，并用结束越南战争——这是1969年，和谈刚开始，停战仍遥遥无期！——省下来的钱改善美国的福利保障（Eisenhower Commission 1969: xix-xxx）。他们的理由是，不平等以及机会的扼杀导致了个人和集体暴力。

委员会制度延续至今。2003年3月31日，星期一，美国遭受恐怖袭击全国委员会（National Commission on Terrorist Attacks Upon the United States）举行了首场公开听证会，地点是位于纽约曼哈顿的亚历山大·汉密尔顿美国海关大楼（Alexander Hamilton U.S. Customs House），和被夷为平地的世贸中心相距不远。在听证会上，委员会成员、纽约州州长乔治·保陶基（George Pataki）、纽约市市长迈克尔·布隆伯格（Michael Bloomberg）、纽约市警察局长雷蒙德·凯利（Raymond Kelly）、住在纽约和其他地方的多位"9·11"袭击幸存者、遇难者代表以及恐怖主义的学界专家均当场作证。首场听证会上的证词从许多不同角度触及了"9·11"袭击的恶性暴力。在为"9·11"袭击给出理由时，有的作证人给出了惯例，有人给出了准则，有人给出了故事，有人给出了技术性说明，也有人同时给出了几种理由。

在精心上演的听证会大戏中，我们见证了极具普遍性的过程展开。我们看到参与者不仅给出和接收理由，而且在此过程中协商相互的关系。恐怖主义和政府责任等话题使得理由的争夺格外激烈；我们也得以一窥，当人们格外看重给出这样或那样理由的后果时会发生什么。但深入考察关于恐怖袭击及其预防的辩论，我们最终会发现，事关生死事宜的理由给出其实和建立、确认、协商以及修复社会关系的日常活动一脉相承。

本书以人们为毁灭性的"9·11"袭击寻找理由开篇。如我们所见，在最初的理由给出者中，极少有人给出技术性说明。在那一刻，大多数当事人以故事的形式给定理由，距离较远的人则在故事、惯例和准则中选择。这三种理由最简单的版本如下：

故事：恐怖分子干的，但玩忽职守的官员给他们提供了机会。
惯例：现代生活遍布危险。
准则：因为我们有自卫的自由，我们必须打击恐怖主义。

专业人士花了更久来构建自己的技术性说明。这些说明涵盖了许多不同的问题，尤其是飞机如何撞塌本应牢不可破的大楼，美国情报系统出了什么差错，为什么是这些袭击者，他们为什么袭击，以及一个更宽泛的问题——为什么会有恐怖袭击。

委员会主席、新泽西州前州长托马斯·基恩（Thomas Kean）循环往复地谈遍了所有四种理由，既使用惯例，也呼吁充分的准则和技术性说明，还讲述了自己的故事。基恩的惯例包括：坚持认为，委员会具有非党派性（其实是两党性：五位民主党人，五位共和党人）；并指出，当天的听证会将不会采取盘问证人的调查模式，这种模式将出现在委员会随后的工作中。基恩呼吁制定相关的组织准则，以防止"9·11"事件再度发生，也就是说，委员会必须对政府机构在基地组织策划"9·11"袭击期间的安全保障工作进行考察。他宣布，委员会正在咨询国家恐怖主义方面的专家，"以厘清来龙去脉，为什么恐怖分子能够得逞，以及我们如何确保同类事件不再发生"（9/11 Report 2003: 7）。基恩倡导技术性说明，即便他并未给出自己的说明。

至于故事，基恩是这样说的：

> 死伤者多为美国人。遇难者和幸存者来自不同的背景、种族、宗教、信条，甚至国籍。他们只有一个共同点。他们都在那一刻竭尽全力挽救我们的民主，人类社会已知的最优秀、最强大、最富成效、最具创造力、最多元化、最受欢迎的民主。我们知道，这正是恐怖分子妄图摧毁的。
>
> 他们想毁灭自由、活力与多元化，这些特征代表了美国的生活方式，并使之成为世界上许多其他人类的希望堡垒。（9/11 Report 2003: 4）

当天发言的政府官员基本同意基恩对"9·11"事件的理由给定。他们讲述的多为故事。

在听证会上作证的幸存者也是如此。那些对死亡、坍塌或失踪问"为什么？"的人，他们想听到的往往是某些个人、单位或力量对浩劫负有道德责任的故事。事实上，"9·11"事件委员会的设立一定程度上是出于公众追问故事的压力。在政府不紧不慢、心有不甘地开始调查如何防止"9·11"惨剧重演时，社会上不可避免地出现了对可信故事的呼声。

一些在世贸中心袭击事件中丧偶的新泽西妇女开始向政府官员施加压力，要求展开调查。她们从要求对1988年苏格兰洛克比（Lockerbie）泛美航空103号班机爆炸案展开调查的前辈那里得到了建议，并在迫使委员会举行有关政府在"9·11"前对恐怖袭击的准备——或缺乏准备——的公开听证会中扮演了重要角色。对于自己的所作所为，这些妇女向《纽约时报》记者解释道：

> 她们中的三位嫁给了为坎托·菲茨杰拉德（Cantor Fitzgerald）公司效力的男子，但她们在袭击事件前并不认识。三十三岁的布赖特韦泽（Breitweiser）女士和四十三岁的卡萨扎（Casazza）女士在2000年的大选中投给了布什先生。四十九岁的范奥肯（Van Auken）女士和四十二岁的克莱因伯格（Kleinberg）女士则投给了阿尔·戈尔（Al Gore）。她们都坚称自己没有政治目的，不管是"9·11"之前还是现在。
>
> 但她们有一个焦灼的问题。"我们只想知道自己的丈夫为什么会遇害，"布赖特韦泽女士说，"他们为什么清晨出门上班，却再也没有回来。"（Stolberg 2004: 2；另参阅 Dwyer 2004）

显而易见，"恐怖主义确实存在"这种回答是她们无法接受的。在自己力促下设立的"9·11"事件委员会前作证时，明迪·克莱因伯格（Mindy Kleinberg）明确无误地道出了自己的观点：

> 异常的股票交易没有被监控到，这只是巧合吗？十五份不完整的申请表格畅通无阻地获得签证，这只是巧合吗？航空公司安检人员允许劫机者携带裁纸刀和胡椒喷雾登机，这只是巧合吗？联邦航空管理局（FAA）和北美空防司令部（NORAD）的应急方案没有得到遵守，这只是巧合吗？一场全国紧急状态没有及时向最高层政府官员汇报，这只是巧合吗？
>
> 在我看来，巧合只发生一次。当程序不断被破坏，法规不断被践踏，信息传递不断被阻碍，当这些问题不断出现，这绝不能说是巧合。
>
> 如果渎职人员的责任不被追究，我们又怎么能指望恐怖分子不再遇到巧合呢？（Kleinberg 2003: 6–7）

这一问题需要为灾难划定政治与道德责任的故事来回答。在"9·11"事件委员会于 2004 年发布报告后，克里斯滕·布赖特韦泽（Kristen Breitweiser）响应了明迪·克莱因伯格的呼吁。"三千条无辜的生命被'9·11'夺去，"她在 2004 年 9 月接受采访时抱怨道，"没有人对此承担责任。"（Jehl and Lichtblau 2004: A18）在 2004 年 11 月的总统大选前，包括这些新泽西孀妇在内的"9·11"幸存者组成了名为"家庭督导委员会"（Family Steering Committee）的游说团体，公开批评布什政府未听取委员会意见

（Shenon 2004: A20）。她们的故事开始染上政治色彩。

到了"9·11"事件委员会约谈证人时，幸存者的证词集中在蓄意将载满燃料的飞机撞向世贸中心双塔的恐怖分子身上。哈里·魏泽尔（Harry Waizer）和明迪·克莱因伯格[①]于同一天在"9·11"事件委员会前作证，他认可明迪·克莱因伯格的理由，但含蓄地指出，美国政府应该对这种不测事件有所防备。魏泽尔毕业于布鲁克林学院（Brooklyn College）和福坦莫大学法学院，曾在国家税务局工作，之后效力于纽约的两家律师事务所。在恐怖袭击发生时，他是坎托·菲茨杰拉德公司的副总裁和税务顾问，办公室就在世贸中心一号楼的一百〇四层。"9·11"当天，上午8点45分左右，乘电梯上班的他正在大楼的七十八层和一百〇一层之间：

> 电梯正在上行，忽然，我感觉电梯被一声爆炸震了一下，然后电梯开始垂直下坠。在电梯摩擦电梯井的墙壁时，我透过门缝看见四溅的橘黄色火花。电梯燃烧起来。我试图扑灭火焰，在此过程中手、胳膊和腿全部烧伤。我扑灭了火，但脸和脖子被门缝中窜进来的另一团火球击中。电梯在七十八层停了下来，电梯门一开，我就跳了出去。（Waizer 2003: 1）

魏泽尔被严重烧伤，但还是忍痛从七十八层走到地面。一位急救人员在五十层附近遇见他，陪他走完全程，并帮他找到一辆救

[①] 原文为 Mindy Weinberg，应属笔误。——译者注

护车。救护车将他送往纽约长老会医院（New York Presbyterian Hospital）的烧伤中心。魏泽尔昏迷了六七周。

十八个月之后，仍未痊愈的魏泽尔做出声明：

> 我对"9·11"当天发生的一切没有愤怒，只为许多逝去的无辜和宝贵生命以及损失无可弥补的亲人们感到深切的悲伤。丧心病狂的人从来都有，将来可能也不会消失。他们必须被阻止，但我们要以一种外科医生切除肿瘤时的冷静超脱去阻止他们。他们不值得我愤怒。对于那些本该预见并阻止悲剧发生的人，我也不觉气愤。如果有错，那就是自鸣得意的错，我们都犯了这种错。（Waizer 2003: 3）

对理由的评估在这里变得明晰起来：丧心病狂的人在那一天撞了大楼，但我们的自鸣得意给袭击提供了机会。故事变得简单而有说服力。

不出意料，专家的理由以通俗易懂的技术性说明为主。生于瑞典的芒努斯·兰斯托普（Magnus Ranstorp）是苏格兰圣安德鲁斯大学（St. Andrews University）的国际关系讲师，他在同一场听证会上作了证。他将自己描述为"一名研究好战伊斯兰主义（militant Islamism）与恐怖主义的外国学者"（Ranstorp 2003: 1）。不同于暴力袭击受害者、救援人员和被他们抢救出来的幸存者在同一场听证会上栩栩如生的发言，兰斯托普将中东恐怖主义的专业知识冷静地用于防止另一场"9·11"。

在对由公众人物而非专家组成的委员会适当简化后，兰斯托普展示了对恐怖主义的技术性说明。和贾雷德·戴蒙德对全球社会进化的技术性说明一样，兰斯托普首先将恐怖主义的成因分为近端原因和长期原因。近端原因侧重于基地组织和其他恐怖分子网络的既有组织与实力。长期原因主要是助长恐怖主义的全球变迁：

> 在许多方面，"9·11"袭击事件都是恐怖主义在全球扩张的终极表现，是玛丽·卡尔多（Mary Kaldor）笔下的"野蛮"全球化的象征。这种"新型恐怖主义"以全球化——跨文化交流与传播的扩展和改善；持续的人口流动——为契机，将自身改造为一个跨国界的非国家组织，一种数不胜数、遍布全球的网络和群集。恐怖主义行动现在可以从任何距离或任何偏远角落遥控。这种新型恐怖主义的独特之处在于它借助所谓的技术网络（techno-web），开创了信息传播与恐怖袭击模式无穷无尽的新可能，以此劫持了全球化。它唯一的局限是目标锁定和执行方面的想象力。（Ranstorp 2003: 2-3）

兰斯托普随后提出了更深层的第三道因果关系：恐怖主义的"根源"。这包括尚未解决的民族与国族主义诉求、贫困以及年轻人的失业问题。但他提出的对策建议侧重于监控、截断和摧毁恐怖分子网络。他关注的是恐怖主义的近端和中端原因。

对恐怖主义做出广义技术性说明的社会科学家，将关注点分别放在兰斯托普所说的三个层次上：近端原因——恐怖分子网络的组织和策略；长期原因——恐怖行动作为政治策略的优越性；根本原因——深层根源，如引发抱怨和不满情绪的因素。[①] 我本人对公众讨论所尽的绵薄之力主要在长期原因方面，但我极力反对以下观点：大多数采取恐怖手段的人和基地组织密谋者类似；大多数或所有恐怖主义行动具有相同的原因（Tilly 2002b, 2003b, 2004b）。

斯特恩的恐怖主义观[②]

与其检视我对恐怖主义的认识，我们不妨从别人对恐怖主义的分析中加深对理由给出的理解。哈佛大学社会科学讲师杰西卡·斯特恩（Jessica Stern）以目击者身份，用第一人称写了一本绘声绘色的书——《以神为名的恐怖主义》。这本书在向非专业人士提供通俗易懂的技术性说明方面做得棒极了。

斯特恩回忆自己在专业研究恐怖主义多年后——美国外交关系协会（Council on Foreign Relations）给了她一个"超级恐怖主义研究员"（Superterrorism Fellow）的响亮头衔——她开始主动接触宗教恐怖主义者，并询问有关他们生活的详尽问题。她从恐怖分子的自我构想中寻找理由。在初步分析中，她由此迅速从

[①] 参阅 Futrell and Brents 2003; González Calleja（原文误为 González Callejo。——译者注）2002b; Kushner 2001; Pape 2003; Schmid 2001; Senechal de la Roche 2004; Smelser and Mitchell 2002a, 2002b; Turk 2004。

[②] 此处取"stern"的双关含义。——译者注

根本原因（个人归信与忠诚的根源）跳到近端原因（恐怖组织的策略）。

正如中央情报局前局长约翰·多伊奇（John Deutch）的封底推荐语所言："所有美国人现在都认识到了恐怖主义的威胁。杰西卡·斯特恩是这方面的领军专家，她这部关于个人信念与恐怖行为关系的清晰易懂的著作，深入考察了全球真正的恐怖分子的想法，大大增进了我们的理解。"任何有效的技术性说明皆始于明确表述的问题。斯特恩明确了两个她在追问的主要问题：（1）什么样的不满引领人们加入并留在圣战组织？（2）头目们如何有效地领导恐怖组织？在给出回答之前，她讲述了一段危险地带的精彩之旅。

什么样的不满？1998年，斯特恩首先采访了恐怖分子凯瑞·诺布尔（Kerry Noble）。诺布尔曾因密谋持有未经注册的武器在狱中服刑数年。20世纪80年代初，他成为异教基督徒好战团体（militant Christian cult）"圣约、圣剑和天军"（the Covenant, the Sword, and the Arm of the Lord，简称为CSA）的第二号实权人物。CSA希望加快救世主回归世间的进程。他们觉得可以通过推翻美国政府达到这一目的，因为后者已经将自己出卖给了表现为犹太人、黑人、联合国和国际货币基金组织的敌基督（Antichrist）。CSA成员将敌人称为"犹太复国主义伪政府"（Zionist Occupied Government，简称为ZOG）。

1985年4月19日，联邦政府和州政府人员包围了这个异教团体在阿肯色州乡间地带修建的遍布武器的240英亩建筑群。

经过三天的谈判和一位知名种族主义牧师的斡旋,全副武装的CSA保卫队缴械。凯瑞·诺布尔被关入联邦监狱。十三年后,斯特恩在前囚犯诺布尔位于得克萨斯的一个拖车停车场的家中见到了他和夫人凯(Kay)。此时,诺布尔已经变成一个反异教团体的倡议人士,但宗教狂热并未消减。"尽管此前,我思考和研究恐怖主义已有数年,"斯特恩说,"我所读到或听到的对这场对话毫无帮助。信仰在这场对话中的分量丝毫不亚于暴力。"(Stern 2003: xiv)

对诺布尔的访谈揭开了斯特恩为期五年的全球之旅,在这五年中,她遍访基督教、穆斯林和犹太教好战分子,并与他们深入交谈。这些好战分子不仅内心为仇恨占据,更赌誓杀死他们的敌人。她的主人公之所以被当作**恐怖分子**,是因为他们从事恐怖主义活动,她将其定义为:"对非战斗人员的暴力行径或威胁,以复仇、恐吓或影响对方为目标。"(Stern 2003: xx)他们之所以被当作**宗教**恐怖分子,是因为他们以神的名义威胁或实施暴力,如她的书名所示。他们发动的是圣战。

那么,他们到底有什么不满呢?斯特恩认为,他们是自觉受辱的人,他们学会将自己的不幸归咎于特定群体身上。他们试图通过参与简化和净化整个世界的英雄举动来简化和净化自己的生活。屈辱可以发生在个人层面,也可能源于某个社会群体所蒙受的污名,例如所有穆斯林或所有犹太人。由于这个世界不断排斥羞辱的对象,并持续堕落,我们与他们之间的分界愈发明晰。这种分界本身激起了愤怒与使用一切手段反击敌人的决心,包括致命的暴力手段。

斯特恩说道,童年时代的凯瑞·诺布尔曾罹患慢性支气管炎。他由此变得弱不禁风,小学一年级时无法和男生上体育课,只得和女孩子们在一起。他成了所有男生霸凌的对象。他渴望在高中毕业时作为学生代表上台致辞,但多次搬家使他丧失了资格。由于童年的疾病,军方驳回了他的入伍申请。高中毕业后,他做着一份"糟糕的工作",某天晚上,诺布尔梦见了上帝,上帝在梦中给了他传授和教牧(pastoring)的天赋。那次显圣开启了他通往CSA的漫长道路,在此过程中,他接受了这个异教团体对世界的区分:少数将在世界末日的善恶对决(Armageddon)中挺身而出,成为圣徒的人;以及所有不敬神灵者,他们将受到诅咒,痛苦而迅速地死去(Stern 2003: 22-24)。

在处理个体恐怖主义者时,斯特恩的理由接近典型的故事形式:一定的时间和空间,有限的行动者和行动,一切原因都在行动者的意识当中,以悲剧收场。但在论及她的第二个问题,即"头目们如何有效地领导恐怖组织"时,斯特恩的技术性说明从意识转向人际过程。在斯特恩看来,什么样的恐怖组织能够生存和壮大?她强调如下特征:其领袖提供的奖励包含了精神、情感与物质成分,这些奖励迎合了正力求简化和净化世界的人的需求。尽管超凡魅力有其效力,对精神、情感与物质收益的持续供应更有影响作用。

斯特恩近距离观察了恐怖组织。2000年,她以防务专家的身份目睹了对哈勒凡·哈米斯·穆罕默德(Khalfan Khamis Mohamed)

的审判，后者是一个低级别的基地组织成员，曾参与 1998 年 8 月美国驻坦桑尼亚达累斯萨拉姆（Dar es Salaam）大使馆爆炸案。关于穆罕默德，她讲述了一个弱势年轻人致力于净化大业的常规故事，但随即讨论了拉拢他入伙的组织过程，并转向基地组织的层级结构：

> 出庭的证人颇为详细地解释了这个组织的结构。本·拉登被奉为"埃米尔"（emir），或领袖。直接受他领导的是由十二个成员左右组成的协商会议（Shura Council）。舒拉（Shura）监督整个委员会。军事委员会负责训练营和武器采购。伊斯兰研究委员会发布教令和其他宗教规章。媒体委员会发行报纸。旅行委员会负责购票和获取伪造身份证件，并受财务委员会的管辖。财务委员会监督本·拉登的生意。基地组织和慈善组织打交道甚多。首先，它利用后者进行掩护和洗钱。其次，以人道主义援助名义捐给慈善组织的钱经常落入基地组织的保险柜中。最后，可能最为重要的是，基地组织承担了一项重要的社会福利职能。它既是"慈善基金"的受益者，又是人道主义援助的提供者，近似于恐怖分子的联合劝募协会（United Way）。（Stern 2003: 250）

除了基地组织，斯特恩还研究了许多其他组织。她追述了自己与马克布勒·潘迪特（Maqbool Pandit）的交谈，后者曾在名为"真主穆斯林游击队"（Hizbul Mujahideen）[1]的克什米尔阿拉伯组织担任重要职务，后来退出该组织的活动。在回答有关组织运作的多个问题后，潘迪特反问斯特恩如何看待激进主义的起因。她不情愿地回答道：

> 这场斗争的焦点是不动产、国族认同、政治权力与利润——既关乎个人，也关乎组织。这场斗争之所以延续至今，是因为组织少不了它，因为对双方而言，人们都要糊口。走私货物。贩卖武器。放高利贷。办训练营。办"慈善组织"。训练弱势青少年，让他们相信，要获得人生的价值和意义，就必须发动所谓的"圣战"，在此过程中置人于死地或被人置于死地。圣战领袖住在豪宅中，执行任务者却在拿生命冒险。圣战组织在事业和金钱上都有利可图。他们怎么会愿意终结这场"圣战"呢？我问道。（Stern 2003: 235）

斯特恩继续指出，屈辱感、相对剥夺感和忧虑感将街头好斗者引向恐怖主义，但恐怖组织的整体运作少不了阔绰的同情者的支持，有时甚至包括外国政府。潘迪特沉默了许久，最后同意她的分析（Stern 2003: 236）。他赞同的是，恐怖组织之所以维系和壮大，需要从远超出基层宗教恐怖分子个人不满情绪的政治过程中寻找答案。

---

[1] 原文误为 Hiz-ul Mujahideen。——译者注

听者与高超的故事

然而,如果必须下注,我会预测,引用斯特恩的人更喜欢写恐怖分子心理的章节,而少有提及她对政治过程的分析。她论点的心理学部分与我们大多数人在大多数时候包装自己解释的故事最为贴近,而与社会科学家解释组织过程的技术性说明相去甚远。由于斯特恩将这本书的目标受众设定为受过教育的读者和政策制定者,而非她的政治科学家同行,她暗中下了注:高超的故事将吸引并教育她的读者。凯瑞·诺布尔的故事引我们不由自主地进入她的分析。

斯特恩采用了一条我们已经见过的有效原则,懂得如何打动非专业听众的作者和讲者将其运用于自己的技术性说明:与其将你的听众转变为专家,不如将你的消息转换为一种他们业已掌握的形式。"高超"的故事往往有此奇效。

高超的故事?像日常的故事一样,高超的故事简化了其原因和结果。它们保持时间和地点上的一致,只涉及数量有限的行动者和行动,侧重于这些行动如何引发了其他行动。它们忽略或淡化了差错、意外后果、间接效应、增量效应、协同效应、反馈效应和环境效应。但它们在有限的框架中**正确讲述了行动者、行动、原因和结果**。按照相关和可信的技术性说明标准,它们极度简略,但它们讲述的一切都是真实的。高超的故事让至少一部分真相为非专业人士所了解。

作为一名教书匠,我做出了一个强区分。我课堂上的本科生想对社会过程有些了解,但他们中的大多数将成为医生、律师、工程师、创业者、经理人或政府官员。(哥伦比亚大学能招到许多好苗子。)对他们来说,对同一现象,高超故事要比详尽的技术性说明更有效,对他们也更有助益。他们应当学习如何识别技术性说明以及如何寻找其有效性的迹象,但并不一定要巨细无遗地吃透社会过程技术性说明中的原因-结果论证。

如果我的教学是有效的,本科生将学会更批判地阅读报纸上对社会过程的说明,在自己的生活中识别这些社会过程的有趣特征,甚至在面临选择时去支持有关这些社会过程构想得更加周密的公共政策。方案是教给他们正好够用的相关技术性说明和估测准则,让他们思考这些知识从何而来,并启发他们之中的少数未来专家。此外,设法讲述最为生动的高超故事。

研究生也爱听故事,但他们从我这儿学到的多为技术性说明和相关准则。如果我如愿以偿,他们将学会在研究中对既有技术性说明和支持这些表述的准则——有关适当的证据、程序和结论的准则——做出修正。也许我的某位研究生会提出一套比我更好的对理由给出的技术性说明,或者一种收集关于理由的证据的绝妙新招。他们中的许多人会走上我的旧路,给未来的本科生讲述高超的故事。而这要求他们必须掌握相关的技术性说明及其准则。这便是从圈外人的角度看,我和我的研究生在讲行话的原因。

学生和我的关系仅仅是一个小案例,它属于一种普遍现象:理由的给出与接收。但这种关系阐明了本书的两个基本论点。首先,恰当理由的给出因给出者和接收者之间的关系而异;这一点既适用于惯例和准则，也适用于技术性说明和故事。其次，理由的给出建立、确认、协商或修复双方的关系。亚里士多德对修辞的分析让我们为这样一种观察做好了准备。惯例在日常生活中承担了极为重要的关系职能。对此我们应当感到庆幸，因为烦琐的准则、技术性说明和故事只会给生活平添麻烦。但故事是一项伟大的人类发明，因为它们提供了一种广为传播、机动灵活、言之有理的解释手段。当生活不幸横生枝节时，故事将承担大部分关系职能。

从而，理由与关系存在紧密的联系。我们不妨回到第一章，看看理由与关系二者关联的相关假设是否依然成立：

在其专业领域内，职业的给出者提倡并贯彻优先使用准则和技术性说明，而非惯例与故事。律师、医生、生物学家和社会科学家都向我们展示过这种对注意力的要求。

尤其是，职业的给出者多为将惯例和故事转换为自己偏好语言的熟手，并经常指导他人在这种转换中合作。我们已经在医疗诊断和刑事审讯等处见到这种转换的有力运作。

从而，在任何社会场景中，知识专业化程度越高，准则和技术性说明越普遍。法庭、实验室和医院充分展现了这一定律。我们圈外人普遍将对准则和技术性说明的依赖感受为云里雾里或故弄玄虚。

在理由给出者和接收者之间的关系较远，并且/或者给出者地位较高时，给出者给出程式，而非原因-结果说明。最具戏剧性的例子是医生宣布病情诊断和法官宣布司法判决。但这一定律同样适用于牧师、先知和王侯。

从而，程式的给出者宣告了自己的优越性或与接收者之间的差异。当我想在米兰市档案馆拍摄馆藏文档时，与钱帕会计师的不快遭遇即印证了这一原则。在一个海员要求支付工资时，身为军需官的我享有自由裁量权，这是另一个例子——我有权决定给他钱是否符合规定。

理由的接收者通常会要求给出者做出原因-结果说明，以此挑战对方所宣告的优越性。"9·11"袭击的幸存者提出的正是这种要求，他们要求相关人员对谁为他们的损失负责给出说法。

这些要求通常表现为对对方提出的程式表示怀疑，并要求了解Y究竟如何且为何发生的细节。明迪·克莱因伯格对于拿"运气不好"来解释"9·11"事件发生的严词拒绝即是一例。

然而，即便是当权者给出的准则，老练的接收者同样可以通过运用这些准则，表明给出者误用了它们，以此挑战给出的理由。医疗事故纠纷往往以这类交锋为核心。牢狱律师（jailhouse lawyers）——法律知识足够丰富并以此挑起麻烦的犯人——同样遵循这一原理。

即使理由给出者和接收者之间存在距离和/或不平等关系，只要接收者具有明显的影响给出者后继福祉的权力，给出者就会从程式转为原因-结果说明。再次以"9·11"为例，幸存者们利用政治压力和媒体报道，迫使政府展开调查。在我的学术生涯，挑战通常是这样的："我不关心你的统计方法和数据正确与否。我只想知道这个现象是怎么回事。"

当然，这些例子无法证明上述原则。但它们至少戏剧化地表现了理由给出关系性的一面。

传播专业理由

尽管如此，惯例和故事的流行仍给专业人士提出了难题。从复杂的准则或技术性说明中提炼理由的人必须二选其一：拿相关的理论向听众说教，或将自己的阐述转换为通俗话语——惯例或故事，这取决于理由涉及适当性还是原因-结果解释。医生、律师、神学家和其他必须经常和公众打交道的专业人士，通常能熟练地将准则和技术性说明转换为亲和力较强的理由给出形式。我也已经给出了自己偏爱高超故事的理由。

当然，高高在上的权威，诸如美国最高法院，或由诺贝尔奖得主组成的原子物理学家团体，大可宣布自己的发现，而将转化的工作留待他人。尽管偶有挑战，大部分西方人认可高等法院和原子物理学家的高深知识，至少在这些专业人士的领域之内。不仅如此，某些专业知识拥有极高的声望和迫切性，学校已经开始传授相关的准则和技术性说明。尽管自然科学家和数学家经常哀叹公众对其专业领域的无知，至少学校努力向学生传授相关基础知识。最值得同情的是语言学家、人类学家和经济学家，大多数学生在上大学之前对这些专业的理由给出形式一无所知！

社会科学家面临一个独特的问题。我可以拿自己多年的个人经验来作证，社会科学与故事、惯例和准则存在千丝万缕的密切关系。社会科学旨在对非专业人士以惯例与故事来对待的相同社会过程做出描述和解释。从而，社会科学家面临一堆问题：通常，对于他们试图解释的同样的行为和结果，人们在早年的生活中就学会了以惯例、故事和准则的模式给出说明。

社会科学家使用的证据往往包括人们为自身行动所给出的理由。但社会科学家的解释通常与惯例、广为流传的故事或通行的行动准则不相兼容。更糟糕的是，社会科学家的解释往往包含对人们为什么给出既定理由的原因-结果说明（Tilly 1999）。因此，作为研究者、作者、教师和公共讨论的参与者，社会科学家经常不受欢迎并引发质疑。无论如何，他们极少向公众提供技术性说明。在与公众沟通时，他们通常有三种标准手段：对公共生活进行有效的直接干预（如民意调查）；传播社会科学的逻辑（如报纸上的经济学专栏文章）；以重要的流行语或论点介入公共讨论（如戴维·里斯曼［David Riesman］笔下广为人知的"孤独的人群"）。但总的说来，社会科学的技术性说明限于学界内部，不为公众所知。

社会科学家难道不该直接效仿那些找到办法与业余听众沟通的领域吗？毕竟，工程师、医生、神学家和其他惯常以技术性说明做出解释的专业人士，经常将这些说明转换为故事，以此与顾客或非专业人士沟通。将技术性说明转化为故事更利于听者的理解和接受。

但如果某些社会科学的技术性说明涉及并不适于讲故事的重要原因-结果关系，因为它们与增量、环境、交互、协同或间接效应有关，那又该如何？例如，不关注既有人际网络对迁移人口、去向和迁移者新工作的微妙但重要的影响，就无法对国际移民潮做出解释（Hoerder 2002, Tilly 2000）。大多数社会过程具有类似的复杂性。对这些过程的解释要求系统的技术性说明。但社会科学家往往不擅长推销他们的说明。

能否开展刻意的造势活动，对言之有理的高超故事加以宣传？社会科学家相对擅长的是介入已有的解释性故事，而非直接干预或传播社会科学逻辑。例如，某些社会科学家推广了一种观点：如果整个类别的群体面临系统性的劣势，这与社会歧视和特定人生遭遇有关，而与这一群体的全体成员所共有的某种能力缺陷无关。在这儿，社会科学家以公共知识分子而非教书匠的身份上场。书籍、大众传媒和公共论坛提供了关键的契机。

在这种理由的给出中，社会科学家别无选择，只有将技术性说明转化为深入浅出的故事。这些故事永远无法涵盖所有相关的原因-结果关系。它们永远无法纳入完整的增量效应、环境效应、间接效应、交互效应、反馈效应以及意料之外的后果，遑论枚举专业领域内一切有关初始条件和偶发事件的关键详述。但高超的故事至少能弄对它们确实包含的原因-结果关系。这本身就是一个难得的贡献。

其实，几乎每个专业群体都面临着同一个问题：如何将通过专门的准则和技术性说明得出的发现、建言和解释，以一种可信、可理解的方式呈现出来。例如，职业历史学家在研究中极为倚重内行的准则：档案的恰当使用、考古材料的正确挖掘与解读、艺术作品的适当分析，等等（Gaddis 2002, Van de Mieroop 1999）。在很大程度上，他们还构建紧嵌在可靠的史料、已有的研究以及相关事件背景知识中的技术性说明。但在撰写面向一般读者的教科书或出版物时，他们别无选择，唯有尽力压制或简化自己的专业技能。高超的故事对他们也很合用。

哲学家、神学家、宇宙学家、生物学家、医生、律师和将军同样如此。他们必须混搭四个主要选项：

1. 只和同行的专业人士交流
2. 向（部分）听者传授专业准则和技术性说明
3. 将理由转述为高超的故事
4. 指望有经验的翻译者和解读者从事转述工作

只和同行专业人士交流最容易，但有可能被别人误解、歪曲或置若罔闻。向听众传授专业知识善莫大焉，如果你有这个能力和技巧的话。仰仗翻译者和解读者——科普作家、推广者以及懂行的业余爱好者——能省不少心，如果翻译者和解读者足够胜任的话。但对于许多领域的专业人士来说，自行撰写高超故事有助于他们反思自己的日常工作与全人类的关联，或至少与他们在研究、实验室或会议室之外接触到的人类的关联。

即便始于技术性说明，理由的给出也不止写作和演讲。医生和律师经常要将自己的技术性说明转换成患者与客户能理解并相应行动的故事。在此过程中，他们建立、确认、协商或修复与患者和客户的关系。还记得杰伊·卡茨医生与一位刚获悉乳腺癌噩耗的病人对治疗方案的讨论吗？卡茨并没有像那位外科医生那样轻易排除替代治疗方案（从而宣告了和患者之间的尊卑关系），而是耐心比较不同方案，直到病人获得足够的信息和自信，做出选择为止。他并非吁求医生和患者之间的平等——医学专业知识使得卡茨医生具有绝大多数患者所不具备的知识和信息——但他体现了一种相互尊重的关系。我们所给出的理由塑造了我们与理由接收者之间的关系。我们还可以从反方向解读本书的教益。别人给你的理由反映了他们如何看待与你的关系。在大多数情况下，惯例和故事确认了你已感知到的关系：你即刻辨别出那些"错误"的惯例或故事，拒绝承认它们所宣示的关系。当有人用你不熟悉的说法向你提供准则或技术性说明时，你会迅速在两种解读中选择：这个人或是误解了你们之间的关系，或是以内行的知识来宣示优越性，并期待你的顺从。当然，如果你请求对方扼要介绍相关准则和专业知识，你就已经确立了你在关系中的不平等地位，至少就这段对话的目的而言。一个机智、讨巧的对话者能将你想要的理由引向惯例和故事，从而改变关系的平衡。理由的给定具有广泛的社会职能，而塑造理由给出者和接收者的关系永远是其中之一。

其实，这也是我为什么将本书写成了一个高超故事。既然你、我和其他所有活生生的人每天都在给出和接收理由，我们为什么不试着探索理由的奥妙？

参考文献

Abbott, Andrew. 1988. *The System of Professions: An Essay on the Division of Expert Labor.* Chicago: University of Chicago Press.

Abbott, H. Porter. 2002. *The Cambridge Introduction to Narrative.* Cambridge: Cambridge University Press.

Abell, Peter. 2004. "Narrative Explanation: An Alternative to Variable-Centered Explanation?" *Annual Review of Sociology* 30: 287–310.

Adams, William M., Dan Brockington, Jane Dyson, and Bhaskar Vira. 2003. "Managing Tragedies: Understanding Conflict over Common Pool Resources." *Science* 302: 1915–16.

Adler, Bill, and Bill Adler Jr., eds., 2002. *The Quotable Giuliani: The Mayor of America in His Own Words.* New York: Pocket Books.

Atwood, Margaret. 1997. *Alias Grace.* New York: Anchor Books.

Barkan, Steven E., and Lynne L. Snowden. 2001. *Collective Violence.* Boston: Allyn and Bacon.

Bashi Bobb, Vilna. 2001. "Neither Ignorance nor Bliss: Race, Racism, and the West Indian Immigrant Experience." In Hector R. Cordero-Guzman, Robert C. Smith and Ramon Grosfoguel, eds., *Migration, Transnationalization, and Race in a Changing New York.* Philadelphia: Temple University Press.

Batcher, Robert T. 2004. "The Consequences of an Indo-Pakistani Nuclear War." *International Studies Review* 6: 135–62.

Becker, Howard S. 1998. *Tricks of the Trade: How to Think About Your*

Research While You're Doing It. Chicago: University of Chicago Press.

Berger, Bennett M., ed. 1990. *Authors of Their Own Lives: Intellectual Autobiographies by Twenty American Sociologists*. Berkeley: University of California Press.

Bertaux, Daniel, and Catherine Delcroix. 2000. "Case Histories of Families and Social Processes. Enriching Sociology." In *Prue Chamberlayne, Joanna Bornat, and Tom Wengraf, eds., The Turn to Biographical Methods in Social Science: Comparative Issues and Examples*. London: Routledge.

Berwick, Donald M. 2003. "Errors Today and Errors Tomorrow." *New England Journal of Medicine* 348: 2570–72.

Besley, Timothy and Anne Case. 2003. "Political Institutions and Policy Choices: Evidence from the United States." *Journal of Economic Literature* 41: 7–73.

Bosk, Charles L. 1980. "Occupational Rituals in Patient Management." *New England Journal of Medicine* 303: 71–76.

Brill, Steven. 2003. *After: How America Confronted the September 12 Era*. New York: Simon and Schuster.

Bronson, Po. 2002. *What Should I Do with My Life?* New York: Random House.

Broyard, Anatole. 1992. *Intoxicated by My Illness, and Other Writings on Life and Death*. New York: Clarkson Potter.

Bruce, Robert V. 1993. "The Misfire of Civil War R&D." In John A. Lynn, ed., *Feeding Mars: Logistics in Western Warfare from the Middle Ages to the Present*. Boulder, Colo.: Westview.

Burguie`re, Andreé, and Raymond Grew, eds. 2002. *The Construction of Minorities: Cases for Comparison Across Time and Around the World*. Ann Arbor: University of Michigan Press.

Burke, Kenneth. 1989. *On Symbols and Society*. Chicago: University of Chicago Press.

Burton, John R. and Jesse Roth. 1999. "A New Format for Grand Rounds." *New England Journal of Medicine* 340: 1516.

Burton, John W. 1997. *Violence Explained: The Sources of Conflict, Violence and Crime and Their Prevention*. Manchester: Manchester University Press.

Campbell, John L. 2004. *Institutional Change and Globalization*. Princeton: Princeton University Press.

Case, Christopher, and Ashok Balasubramanyam. 2002. "A Woman With Neck Pain and Blindness." *Medscape Diabetes and Endocrinology* 4, no. 1.

Catelli Case. 2003. "In the Matter of the Probate of the Last Will and Testament of Anna Villone Catelli." 361 N.J. Super. 478; 825 A.2d 1209; 2003 N.J. Super. LEXIS 235, from LexisNexis, April 21, 2004.

Cavalli-Sforza, Luigi Luca. 2000. *Genes, Peoples, and Languages*. New York: North Point Press.

CBS News. 2002. *What We Saw*. New York: Simon and Schuster.

Cicourel, Aaron V. 1984. "Diagnostic Reasoning in Medicine: The Role of Clinical Discourse and Comprehension." Unpublished paper, University of California, San Diego. 2002.

———2002. *Le raisonnement medical. Une approche socio-cognitive*. Paris: Editions du Seuil.

Cole, Steven A., and Julian Bird. 2000. *The Medical Interview: The Three-Function Approach*. St. Louis: Mosby (2d ed).

Der Spiegel. 2001. *Inside 9–11: What Really Happened*. New York: St. Martin's Press.

Diamond, Jared. 1992. *The Third Chimpanzee: The Evolution and Future of the Human Animal.* New York: HarperCollins.

———. 1998. *Guns, Germs, and Steel: The Fates of Human Societies.* New York: Norton.

Dietz, Thomas, Elinor Ostrom, and Paul C. Stern. 2003. "The Struggle to Govern the Commons." *Science* 302: 1907–12.

Dolsak, Nives, and Elinor Ostrom, eds. 2003. *The Commons in the New Millennium: Challenges and Adaptation.* Cambridge, Mass.: MIT Press.

Drew, Paul. 2003. "Precision and Exaggeration in Interaction." *American Sociological Review* 68: 917–38.

Duenes, Steve, Matthew Ericson, William McNulty, Brett Taylor, Hugh K. Truslow, and Archie Tse. 2004. "Threats and Responses: On the Ground and in the Air." *New York Times*, June 18, A16–17.

Dwyer, Jim. 2004. "Families Forced a Rare Look at Government Secrecy." *New York Times*, July 22, A18.

Eden, Lynn. 2004. *Whole Worldon Fire: Organizations, Knowledge, and Nuclear Weapons Devastation.* Ithaca: Cornell University Press.

Edgerton, Robert B. 1967. *The Cloak of Competence: Stigma in the Lives of the Mentally Retarded.* Berkeley: University of California Press.

Eisenhower Commission. 1969. *To Establish Justice, to Insure Domestic Tranquility: Final Report of the National Commission on the Causes and Prevention of Violence.* Washington, D.C.: U.S. Government Printing Office.

Falwell, Jerry. 1997. *Falwell: An Autobiography.* Lynchburg, Va.: Liberty House Publishers.

Feige, Edgar L. 1997. "Underground Activity and Institutional Change: Productive, Protective, and Predatory Behavior in Transition Economies." In Joan M. Nelson, Charles Tilly, and Lee Walker, eds. *Transforming Post-*

Communist Political Economies. Washington, D.C.: National Academy Press.

Fink, Mitchell, and Lois Mathias. 2002. *Never Forget: An Oral History of September 11, 2001*. New York: HarperCollins.

Fishkind, Russell J., Edward T. Kole, and M. Matthew Mannion. 2003. "Minimize Undue Influence Claims Through Proper Drafting and Execution of the Will." *New Jersey Law Journal*, May 26, from Lexis Nexis, April 17, 2004.

Fitch, Kristine L. 1998. *Speaking Relationally: Culture, Communication, and Interpersonal Connection*. New York: Guilford.

Franzosi, Roberto. 2004. *From Words to Numbers: A Journey in the Methodology of Social Science*. Cambridge: Cambridge University Press.

Frazier, Ian. 2004. "Bags in Trees: A Retrospective." *New Yorker*, January 12: 60–65.

Futrell, Robert, and Barbara G. Brents. 2003. "Protest as Terrorism: The Potential for Violent Anti-Nuclear Activism." *American Behavioral Scientist* 46: 745–65.

Gaddis, John Lewis. 2002. *The Landscape of History: How Historians Map the Past*. Oxford: Oxford University Press.

GAO [United States General Accounting Office]. 2003. *Medical Malpractice Insurance: Multiple Factors Have Contributed to Increased Premium Rates*. Washington, D.C.: U.S. Government Printing Office.

Glanz, James. 2004. "Reliving 9/11, With Fire as Teacher." *New York Times*, January 6 (Web edition).

Goffman, Erving. 1961. *Asylums: Essays on the Social Situation of Mental Patients and Other Inmates*. Garden City, N.Y.: Doubleday.

———. 1963. *Behavior in Public Places: Notes on the Social Organization* of Gatherings. New York: Free Press.

———. 1971. *Relations in Public: Microstudies of the Public Order.* New York: Basic Books.

———. 1974. *Frame Analysis: An Essay on the Organization of Experience.* New York: Harper and Row.

———. 1981. *Forms of Talk.* Oxford: Blackwell.

Gonzalez Callejo, Eduardo. 2002a. *La Violenciaenla Polıtica. Perspectivasteoricas sobre el empleo deliberado de la fuerza en los conflictos de poder.* Madrid: Consejo de Investigaciones Cientıficas.

———. 2002b. *El terrorismo en Europa.* Madrid: Arco/Libros.

Gould, Roger V. 2003. *Collision of Wills: How Ambiguity about Social Rank Breeds Conflict.* Chicago: University of Chicago Press.

Greenberg, Michael. 2004. "Freelance." *Times Literary Supplement,* December 10: 16.

Hardin, Garrett. 1968. "The Tragedy of the Commons." *Science* 162: 1243–48.

Hardin, Russell. 2002. "Street-Level Epistemology and Democratic Participation." Working Paper 2002/178, Instituto Juan March de Estudios e Investigaciones, Madrid.

Harding, Susan Friend. 2000. *The Book of Jerry Falwell: Fundamentalist Language and Politics.* Princeton: Princeton University Press.

Heitmeyer, Wilhelm and John Hagan, eds. 2003. *International Handbook of Violence Research.* Dordrecht: Kluwer.

Hershberg, Eric, and Kevin W. Moore, eds. 2002. *Critical Views of September 11: Analyses from Around the World.* New York: The New Press.

Hoerder, Dirk. 2002. *Cultures in Contact: World Migrations in the Second Millennium.* Durham: Duke University Press.

Horowitz, Irving Louis. 1977–1978. "Autobiography as the Presentation of Self for Social Immorality." *New Literary History* 9: 173–79.

————. 1990. *Daydreams and Nightmares: Reflections on a Harlem Childhood*. Jackson: University Press of Mississippi.

Insurance Information Institute. 2004. "Medical Malpractice." III Insurance Issues Update (Web edition).

Jackman, Mary R. 2002. "Violence in Social Life." *Annual Review of Sociology* 28: 387–415.

Jehl, Douglas, and Eric Lichtblau. 2004. "Review at C.I.A. and Justice Brings No 9/11 Punishment." *New York Times*, September 14, A18.

Katz, Jack. 1999. *How Emotions Work*. Chicago: University of Chicago Press.

Katz, James E., and Mark Aakhus. 2002. "Preface and acknowledgments." In James E. Katz and Mark Aaakhus, eds., *Perpetual Contact: Mobile Communication, Private Talk, Public Performance*. Cambridge: Cambridge University Press.

Katz, Jay. 2002. *The Silent World of Doctor and Patient*. Baltimore: Johns Hopkins University Press (rev. ed. [1984]).

Kitty, Alexandra. 2003. "Appeals to Authority in Journalism." *Critical Review* 15: 347–57.

Kleinberg, Mindy. 2003. "Statement of Mindy Kleinberg to the National Commission on Terrorist Attacks Upon the United States, March 31, 2003." www.9-11commission.gov/hearings/hearing1/witness_kleinberg. html, viewed November 10, 2003.

Kogut, Bruce. 1997. "Identity, Procedural Knowledge, and Institutions: Functional and Historical Explanations for Institutional Change." In Frieder Naschold, David Soskice, Bob Hancke, and Ulrich Jurgens, eds. *Okonomische Leistungsfahigkeit und institutionelle Innovation. Das* deutsche Produktions- und Politikregime im internationalen Wettbewerb. Berlin: Sigma.

Krug, Etienne G. et al. 2002. *World Report on Violence and Health*. Geneva: World Health Organization.

Kushner, Harvey W., ed. 2001. "Terrorism in the 21st Century." *American Behavioral Scientist* 44, no. 6.

Lawcopedia 〔 'Lectric Law Library Lawcopedia's Law and Medicine 〕. 2004. "Medical Malpractice." www.lectlaw.com/tmed.html (copied May 5, 2004).

Lieberman, Robert C. 2002. "Ideas, Institutions, and Political Order: Explaining Political Change." *American Political Science Review* 96: 697–712.

Lipton, Eric, and William K. Rashbaum. 2004. "Kerik Withdraws as Bush's Nominee for Security Post." *New York Times*, December 11, A1, A15.

Luker, Kristin. 1975. *Taking Chances: Abortion and the Decision Not to Contracept*. Berkeley: University of California Press.

March, James G., Martin Schulz, and Xueguang Zhou. 2000. *The Dynamics of Rules: Change in Written Organizational Codes*. Stanford: Stanford University Press.

Marjoribanks, Timothy, Mary-Jo Delvecchio Good, Ann G. Lawthers, and Lynn M. Peterson. 1996. "Physicians' Discourses on Malpractice and the Meaning of Medical Malpractice." *Journal of Health and Social Behavior* 37: 163–78.

Massey, Douglas S., Camille Z. Charles, Garvey F. Lundy, and Mary J. Fischer. 2003. *The Source of the River: The Social Origins of Freshmen at America's Selective Colleges and Universities*. Princeton: Princeton University Press.

Maynard, Douglas W. 2003. *Bad News, Good News: Conversational Order in Everyday Talk and Clinical Settings*. Chicago: University of Chicago Press.

Mazower, Mark. 2002. "Violence and the State in the Twentieth Century." *American Historical Review* 107: 1158–78.

McAdam, Doug. 1988. *Freedom Summer*. New York: Oxford University Press.

McCord Case. 2002. "Evans v. St. Mary's Hospital of Brooklyn." *New York Law Journal*, July 19, from LexisNexis, May 5, 2004.

McKeon, Richard, ed. 1941. *The Basic Works of Aristotle*. New York: Random House.

Mills, C. Wright. 1963. *Power, Politics, and People: The Collected Essays of C. Wright Mills*. New York: Ballantine.

Morris, Aldon. 1984. *The Origin of the Civil Rights Movement: Black Communities Organizing for Change*. New York: Free Press.

Moss, Philip, and Chris Tilly. 2001. Stories Employers Tell: Race, Skill, and Hiring in America. New York: Russell Sage Foundation.

Murphy, Dean E. 2002. *September 11: An Oral History*. New York: Doubleday.

NAS. 2004. National Academy of Sciences website, ww.nationalacademies.org/about/history.html.

New Jersey State Bar Association. 2003. "A resolution expressing the position of the New Jersey State Bar Association on medical malpractice reform." *New Jersey Law Journal*, May 19, from LexisNexis, April 30, 2004.

Newman, Katherine S. 1988. *Falling From Grace: Downward Mobility in the Age of Affluence*. Berkeley: University of California Press.

Nierengarten, Mary Beth. 2001. "Using Evidence-Based Medicine in

Orthopaedic Clinical Practice: The Why, When, and How-To Approach." *Medscape Orthopaedics and Sports Medicine eJournal* 5, no. 1.

Niles Case. 2002. "In the Matter of the Trusts Created by Laura J. Niles." A-7/8 September Term 2002, Supreme Court of New Jersey, from LexisNexis, May 17, 2004.

Niles Foundation. 2002. "Laura J. Niles Foundation." www.ljniles.org.

9/11. 2003. National Commission on Terrorist Attacks Upon the United States, Public Hearing, Monday, March 31, 2003. www.9-11commission.gov/archive/hearing/9-11Commission_Hearing_2003-03-31.html, viewed July 12, 2004.

————. 2004. *National Commission on Terrorist Attacks Upon the United States, The 9/11 Commission Report*. New York: Norton.

Noonan, John T. Jr. 2002. *Persons and Masks of the Law: Cardozo, Holmes, Jefferson, and Wythe as Makers of the Masks*. Berkeley: University of California Press (2d. ed. [1976]).

Nora, Pierre, ed. 1987. *Essais d'ego-histoire*. Paris: Gallimard.

North, Douglass C. 1997. "Understanding Economic Change." In Joan M. Nelson, Charles Tilly, and Lee Walker, eds. *Transforming Post-Communist Political Economies*. Washington, D.C.: National Academy Press.

Ostrom, Elinor. 1990. *Governing the Commons: The Evolution of Institutions for Collective Action*. Cambridge: Cambridge University Press.

————. 1998. "A Behavioral Approach to the Rational Choice Theory of Collective Action." *American Political Science Review* 92: 1–22.

Ostrom, Elinor, Thomas Dietz, Nives Dolsak, Paul C. Stern, Suisan Stonich and Elke Weber, eds. 2002. *The Drama of the Commons*. Washington, D.C.: National Academy Press.

Pape, Robert A. 2003. "The Strategic Logic of Suicide Terrorism." *American

Political Science Review 97: 343–61.

Pasternak, Charles. 2003. *Quest: The Essence of Humanity*. New York: John Wiley.

Petroski, Henry. 1992. *To Engineer Is Human: The Role of Failure in Successful Design*. New York: Vintage.［1982］.

Plummer, Ken. 2001. "The Call of Life Stories in Ethnographic Research." In Paul Atkinson, Amanda Coffey, Sara Delamont, John Lofland, and Lyn Lofland, eds. *Handbook of Ethnography*. London: Sage.

Polletta, Francesca. 1998a: " 'It Was Like a Fever . . . ' : Spontaneity and Identity in Collective Action." *Social Problems* 45: 137–59.

———. 1998b. "Contending Stories:Narrative inSocial Movements." *Qualitative Sociology* 21: 419–46.

———. 2002. *Freedom is an Endless Meeting: Democracy in American Social Movements*. Chicago: University of Chicago Press.

———. 2005. *It Was Like A Fever: Storytelling in Protest and Politics*. Chicago:
University of Chicago Press.

Polletta, Francesca, and James M. Jasper. 2001. "Collective Identity and Social Movements." *Annual Review of Sociology* 27: 283–305.

Post, Peggy. 1997. *Emily Post's Etiquette*, 16th edition. New York: HarperCollins.

Pretty, Jules. 2003. "Social Capital and the Collective Management of Resources." *Science* 302: 1912–14.

Ranstorp, Magnus. 2003. "Statement of Magnus Ranstorp to the National Commission on Terrorist Attacks Upon the United States, March31,2003." www.9–11commission.gov/hearings/hearing1/witness_ranstorp.html.

Rashbaum, William K., and Jim Dwyer. 2004. "Citing Debacle Over

Nomination, Kerik Quits Giuliani Partnership." *New York Times* December 23, A1, B10.

Reaka-Kudla, Marjorie L., Don E. Wilson, and Edward O. Wilson, eds. 1997. *BioDiversity II: Understanding and Protecting Our Biological Resources.* Washington, D.C.: Joseph Henry Press.

Reiss, Albert J. Jr., and Jeffrey A. Roth, eds. 1993. *Understanding and Preventing Violence.* Washington, D.C.: National Academy Press.

Richardson, Kristin M. 2002. "September 2002: Baylor Grand Rounds." *Medscape Diabetes and Endocrinology* 4 no. 2.

Riesman, David, Nathan Glazer, and Reuel Denney. 1950. *The Lonely Crowd: A Study of the Changing American Character.* New Haven: Yale University Press.

Riley, MatildaWhite, ed. 1988. *Sociological Lives.* Newbury Park, Calif.: Sage.

Roland, Alex. 1999. "Science, Technology, War, and the Military." In John Whiteclay Chambers II, ed. *The Oxford Companion to American Military History.* Oxford: Oxford University Press.

Rosenbaum, Thane. 2004. *The Myth of Moral Justice: Why Our Legal System Fails to Do What's Right.* New York: HarperCollins.

Roth, Julius A. 1972. "Some Contingencies of the Moral Evaluation and Control of Clientele: The Case of the Hospital Emergency Service." *American Journal of Sociology* 77: 839–56.

Rothman, David J. 1991. *Strangers at the Bedside: A History of How Law and Bioethics Transformed Medical Decision Making.* New York: Basic Books.

Salisbury, Harrison E. 1964. "An Introduction to the Warren Commission Report." In *Report of the Warren Commission on the Assassination of*

President Kennedy. New York: New York Times.

Samuel, Raphael. 1981. *East End Underworld. 2: Chapters in the Life of Arthur Harding*. London: Routledge and Kegan Paul.

―――. 1998. *Island Stories: Unravelling Britain*. Edited by Alison Light with Sally Alexander and Gareth Stedman Jones, London: Verso.

Schmid, Alex P., ed. 2001. *Countering Terrorism Through International Cooperation*. Milan: International Scientific and Professional Advisory Council of the United Nations Crime Prevention and Criminal Justice Programme.

Schwartz, Barry. 1975. *Queuing and Waiting: Studies in the Social Organization of Access and Delay*. Chicago: University of Chicago Press.

Scott, James C. 1990. *Domination and the Arts of Resistance: Hidden Transcripts*. New Haven: Yale University Press.

―――. 1998. *Seeing Like a State: How Certain Schemes to Improve the Human Condition Have Failed*. New Haven: Yale University Press.

Scott, W. Richard. 1995. *Institutions and Organizations*. Thousand Oaks, Calif.: Sage.

Senechal de la Roche, Roberta, ed. 2004. "Theories of Terrorism: A Symposium." *Sociological Theory* 22: 1–105.

Shenon, Philip. 2004. "9/11 Families Group Rebukes Bush for Impasse on Overhaul." *New York Times November* 28, A20.

Smelser, Neil J. and Faith Mitchell. 2002a. *Terrorism: Perspectives from the Behavioral and Social Sciences*. Washington, D.C.: National Academies Press.

―――. 2002b. *Discouraging Terrorism:Some Implications of 9/11*. Washington, D.C.: National Academies Press.

State. 2001a. U.S. Department of State. Office of the Coordinator for

Counterterrorism, "Patterns of Global Terrorism 2000." www.usis.usemb. se/terror/rpt2000/index.html.

———. 2001b. U.S. Department of State. International Information Programs. "Powell: 'A Terrible, Terrible Tragedy Has Befallen My Nation.'" www.usinfo.state.gov/topical/pol/terror/01091105.html.

———. 2002. U.S. Department of State. Office of the Coordinator for Counterterrorism. "Patterns of Global Terrorism 2001." www.usis.usemb. se/terror/rpt2001/index.html.

Stern, Jessica. 2003. *Terror in the Name of God: Why Religious Militants Kill*. New York: HarperCollins.

Stinchcombe, Arthur L. 1997. "On the Virtues of the Old Institutionalism." *Annual Review of Sociology* 23: 1–18.

Stolberg, Sheryl Gay. 2004. "9/11 Widows Skillfully Applied the Power of a Question: Why?" *New York Times* (Web edition).

Sugden, Andrew, Richard Stone and Caroline Ash, eds. 2004. "Ecology in the Underworld." *Science* 304: 1613–37.

Swidler, Ann. 2001. *Talk of Love: How Culture Matters*. Chicago: University of Chicago Press.

Tetlock, Philip E., Jo L. Husbands, Robert Jervis, Paul C. Stern, and Charles Tilly, eds. 1989. *Behavior, Society, and Nuclear War: Volume I*. New York: Oxford University Press.

Tilly, Charles. 1969. "Collective Violence in European Perspective." In Hugh D. Graham and Ted R. Gurr, eds. *Violence in America: Volume I*. Washington, D.C.: U.S. Government Printing Office.

———. 1993. "Blanding In." *Sociological Forum* 8: 497–506.

———. 1995. "To Explain Political Processes." *American Journal of Sociology* 100: 1594–1610.

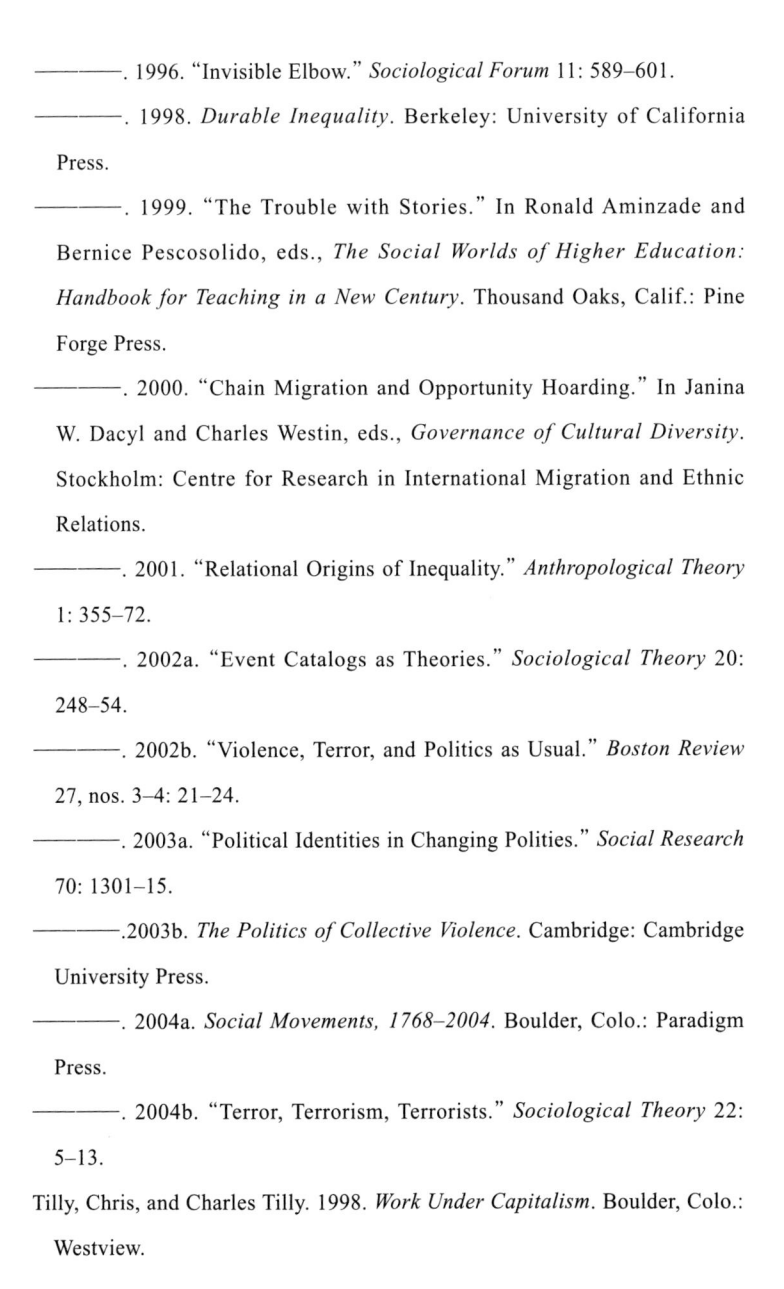

———. 1996. "Invisible Elbow." *Sociological Forum* 11: 589–601.

———. 1998. *Durable Inequality*. Berkeley: University of California Press.

———. 1999. "The Trouble with Stories." In Ronald Aminzade and Bernice Pescosolido, eds., *The Social Worlds of Higher Education: Handbook for Teaching in a New Century*. Thousand Oaks, Calif.: Pine Forge Press.

———. 2000. "Chain Migration and Opportunity Hoarding." In Janina W. Dacyl and Charles Westin, eds., *Governance of Cultural Diversity*. Stockholm: Centre for Research in International Migration and Ethnic Relations.

———. 2001. "Relational Origins of Inequality." *Anthropological Theory* 1: 355–72.

———. 2002a. "Event Catalogs as Theories." *Sociological Theory* 20: 248–54.

———. 2002b. "Violence, Terror, and Politics as Usual." *Boston Review* 27, nos. 3–4: 21–24.

———. 2003a. "Political Identities in Changing Polities." *Social Research* 70: 1301–15.

———.2003b. *The Politics of Collective Violence*. Cambridge: Cambridge University Press.

———. 2004a. *Social Movements, 1768–2004*. Boulder, Colo.: Paradigm Press.

———. 2004b. "Terror, Terrorism, Terrorists." *Sociological Theory* 22: 5–13.

Tilly, Chris, and Charles Tilly. 1998. *Work Under Capitalism*. Boulder, Colo.: Westview.

Timmermans, Stefan, and Marc Berg. 1997. "Standardization in Action: Achieving Local Universality through Medical Protocols." *Social Studies of Science* 27: 273–305.

Turk, Austin T. 2004. "Sociology of Terrorism." *Annual Review of Sociology* 30: 271–86.

Van de Mieroop, Marc. 1999. *Cuneiform Texts and the Writing of History*. London: Routledge.

Waizer, Harry. 2003. "Statement of Harry Waizer to the National Commission on Terrorist Attacks Upon the United States, March 31, 2003." www.9-11commission.gov/hearings/hearing1/witness_waizer.html, viewed 11/10/03.

Weber, Linda R., and Allison I. Carter. 2003. *The Social Construction of Trust*. New York: Kluwer/Plenum.

Weinholtz, Donn, and Janine Edwards. 1992. *Teaching During Rounds: A Handbook for Attending Physicians and Residents*. Baltimore: Johns Hopkins University Press.

World Bank. 2002. *Building Institutions for Markets: World Development Report 2002*. Oxford: Oxford University Press.

Young, I. M., and J. W. Crawford. 2004. "Interactions and Self-Organization in the Soil-Microbe Complex." *Science*. 304: 1634–37.

Young, Robert Vaughn. 2001. "That Wilder Shore: Intoxicated with Anatole Broyard." www.phoenix5.org/essaysry (copied January 6, 2004).

Zelizer, Viviana A. 2005. *The Purchase of Intimacy*. Princeton: Princeton University Press.

出版后记

查尔斯·蒂利是 20 世纪下半叶和 21 世纪初世界最杰出的社会科学家之一，被誉为"21 世纪社会学之父""美国最多产、最有趣的社会学家"。他的研究集中于宏观社会变迁与抗争政治，但本次推出的《为什么？》与《功与过》这两本书偏离了他之前的研究，它们所分析的是更动态、更微观的情景。

在《为什么？》中，蒂利探究人们给出理由的举动。他在此发现，每当人们彼此给出理由时，他们总在同时协商、建立、改变或确认彼此之间的关系。《功与过》的名字也十分直截了当，它所探究的是充斥在所有规模的社会生活中的人类评功论过的举动。这两本书是蒂利在面对自己所研究的主题时，为了获得更精准的分析而采取的新的路径，但同时也打开了面向普通读者的大门。

译者李钧鹏先生是蒂利正式指导过的最后一位学生，曾深深受到蒂利的影响。若无他的辛勤努力，这两本书无法以今日之貌面世。另外，由于编辑水平有限，错漏之处在所难免，敬请广大读者批评指正。

服务热线：133-6631-2326 188-1142-1266
读者信息：reader@hinabook.com

后浪出版公司
2020 年 7 月

图书在版编目（CIP）数据

为什么？：社会生活中的理由 /（美）查尔斯·蒂利著；李钧鹏译. -- 上海：上海文化出版社，2020.6（2021.11重印）
ISBN 978-7-5535-1797-1

Ⅰ. ①为… Ⅱ. ①查… ②李… Ⅲ. ①社会学—研究 Ⅳ. ①C91

中国版本图书馆CIP数据核字(2020)第032114号

Why?: What Happens When People Give Reasons... and Why by Charles Tilly
Copyright © 2006 by Princeton University Press
All Rights reserved. No part of this book may be reproduced or transmitted in any form or by any means, electronic or mechanical, including photocopying, recording or by any information and retrieval system, without permission in writing from the Publisher.

图字：09-2019-663号

出版人	姜逸青
策　划	后浪出版公司
责任编辑	任　战　葛秋菊
特约编辑	马　健　吴　琼
版面设计	肖　霄
封面设计	尬　木
出版统筹	吴兴元
营销推广	ONEBOOK

书　名	为什么？：社会生活中的理由
著　者	[美]查尔斯·蒂利
译　者	李钧鹏
出　版	上海世纪出版集团　上海文化出版社
地　址	上海市闵行区号景路159弄A座3楼　201101
发　行	后浪出版公司
印　刷	华睿林（天津）印刷有限公司
开　本	889毫米×1194毫米　1/32
字　数	186千
印　张	9
版　次	2020年8月第一版　2021年11月第二次印刷
书　号	ISBN 978-7-5535-1797-1/C.001
定　价	62.00元

后浪出版咨询（北京）有限责任公司常年法律顾问：北京大成律师事务所
周天晖　copyright@hinabook.com
未经许可，不得以任何方式复制或抄袭本书部分或全部内容
版权所有，侵权必究

本书若有质量问题，请与本公司图书销售中心联系调换。电话：010-64010019